이수정 이다혜의

범죄 영화 프로파일 2

이수정 이다혜의 범죄 영화 프로파일 2

이수정·이다혜
최세희·조영주·김진숙
지음

민음사

서문

서로 존재를 확인하고 온기를 나눌 수 있는 세상

이다혜   안녕하세요.《씨네21》기자이자 영화 저널리스트 이다혜입니다. 영화 속 범죄 유형과 심리를 독해하고 분석해 '범죄 영화' 장르를 감상하는 또 다른 방향을 제시하고자 하는 「이수정 이다혜의 범죄 영화 프로파일」이 시즌 2로 돌아왔습니다.

그리고 변함없이 범죄심리학자이신 이수정 박사님이 함께하십니다. 시즌 1이 끝나고 그동안 4개월 정도 공백이 있었는데요, 선생님 어떻게 지내셨어요?

이수정   그동안 여러 가지 일이 있었죠. 코로나19의 여파로 체중이 조금 늘었다가 줄기도 했고요. 그사이에 아시다시피 n번방 사건이 코로나19라는 엄중한 이슈를 뚫고 수면 위로 올라왔고 이를 계기로 여성이 피해자가 되는 여러 가지 관련 법률이 입법을 앞두고 있다는 점에 놀라움을 금치 못했습니다. 그리고 「이수정 이다혜의 범죄 영화 프로파일」이 그 방향에 눈곱만큼은 이바지하지 않았을까 하면서 우리들끼리 즐거워하고 있는 와중이었고요. 거기까지는 기쁜 소식이지만 개인적으로는 그 이후에 여기저기 공청회, 토론회 등 불려

다니는 통에 매우 바빴습니다.

이다혜 그러나 성범죄와 관련해 여러 가지 안타까운 뉴스들이 끊이지 않았습니다. 다크웹 운영자 손정우는 결국 미국으로 송환되지 않았고요, 서울 시장의 죽음도 있었습니다. 여러 사건이 연이어 터지는 상황을 보니 아무리 이야기해도 나아지는 게 없는 것 아닌가 하는 무력감이 굉장히 큰 시기였습니다. 과연 목소리를 높여 온 요구가 잘 반영되고 있는지, 제대로 바뀌는 중인지 기대해도 될지 궁금했습니다.

이수정 미투 사건만 봐도 문제 제기를 한 사람의 피해는 복구되지 않는데 가해자는 약한 처벌에 면죄부를 받는 일들이 반복되고 있어 박탈감이 크실 수 있겠습니다만 노력은 하고 있습니다. 스토킹 범죄처럼 원래 양형 기준조차 없던 디지털 성범죄의 양형 기준을 높이기 위해 노력하고 있고요. 이는 판사들이 법관의 재량으로 작량감경, 즉 형을 감경해 주지 못하게 만드는 아주 강력한 변화입니다.

이다혜 박원순 시장의 사건에서도 언론이 말하는 이른바 '알 권리'를 무기로 피해자를 추궁하는 방식의 보도를 하기도 했습니다. 저는 가능하면 피해자의 신상을 보도하지 않았으면 하는 바람입니다.

이수정 말씀하신 대로입니다. 저도 박원순 시장의 인생에 박수를 보내 왔고 그 극단적인 선택을 너무나 안타깝게 생각하고 있지만 이 사건에는 분명히 잘못이 존재하기 때문에 무조건 조의를 표하는 방식으로만 대응할 수는 없는, 복잡한 사건이라는 점을 시민 사회가 꼭 인지해 주셨으면 좋겠습니다. 공소권이 사라져 이대로 종결되어 버리는 사건에서 결국 발고한 피해자들에게 이 극단적 선택에 대해 책임을 지라는 식의 태도는 피해자들에게는 2차 가해가 된다는 사실을 인지해야 합니다.

이다혜　마지막으로, 2차 가해성 보도가 이어지고, 그런 뉴스를 소비하는 흐름이 이어지면 다른 피해자들도 위축될 수 있습니다. 내가 누군가를 죽게 할 수도 있으니까 견뎌야 하는 것 아닌가라고 생각할 수도 있고요.

「이수정 이다혜의 범죄 영화 프로파일」 방송을 잠시 쉬는 동안에 감사하게도 많은 청취자들이 반복 청취와 댓글로 계속해서 응원해 주셨습니다. 한 청취자분의 글을 짧게 소개해 드리려고 합니다.

"저는 시간 날 때마다 모든 에피소드를 듣고 생각하며 생활하는 한 직장인입니다. 두 분의 말씀에 크게 감화를 받고 같이 욱도 하면서 지금 제 자리에서 할 수 있는 일이 무엇일까를 생각하다가, 보호 감호청소년재활센터에서 검정고시 교육 봉사를 시작하게 되었습니다. 형법에 대해서도 생각 중이고요, 저를 바꾸고 행동할 수 있게 만들어 주셔서 진심으로 감사합니다. 사랑합니다."

이수정　그야말로 저희가 감사할 일입니다. 부디 서로에게 관심을 가져 주는 세상이 되었으면 좋겠습니다. 감사합니다.

이다혜　이렇게 나도 무엇인가 참여해 세상을 바꾸고 다른 사람들에게 긍정적인 영향을 주고 싶을 때 기부를 하거나, 실제로 봉사활동을 하는 방법이 있습니다. '나도 현장에 나가 볼까?' 하고 생각하는 분들께 한 말씀 부탁드립니다.

이수정　글쎄, 저도 처음에는 그냥 막연하게 도움을 주어야 한다고 생각했는데 실제로 가서 일을 하다 보니 제가 배우는 게 훨씬 많았습니다. 어쩌면 지난 20년, 저를 성장시킨 가장 주요한 힘은 바로 그들에게서 배운 여러 가지 상황에 대한 이해도일지도 모릅니다. 봉사하는 입장에서도 틀림없이 배우는 바가 많습니다. 특히 세상을 보는 시각이 넓어지는데 이는 스스로의 인생에도 굉장히 도움이 되는 일들이니까 부디 다양한 사람들을 많이 만나시기를 추천드립니다.

제가 천주교 신자여서인지 저는 기부보다는 노동 봉사가 더 잘 맞는 것 같습니다. 지금은 코로나19라 어렵기는 하지만 조금이라도 직접 말을 섞고 손을 섞는, 대면 접촉의 기회를 그들에게 준다면 서로의 존재를 확인하고 온기를 나눌 수 있을 듯합니다. 특히 범죄에 연루된 사람들은 고립된 경우가 많습니다. 그래서 우리가 '함께'라는 것을 인식시켜 주는 것만으로도 범죄를 예방하고 억제하는 효과가 있거든요. 그러니까 가능하면 그런 노력을 봉사에 녹여 주시면 더할 나위 없을 듯합니다.

이다혜　이렇게 사연 남겨 주셔서 저희도 마음이 뿌듯합니다. 많은 성원과 사랑에 감사드립니다. 그럼 두 번째 발걸음을 시작해 보겠습니다.

차례

1부 ## 아이들은 관대함과 보호 속에서
건강하게 자란다

― 아동/청소년 학대

2부 ## 연대란 함께 옳은 방향을 바라보며
같은 목소리를 내는 것

― 기업/조직 범죄

아이들은 관대함과
보호 속에서
건강하게 자란다

1

아동/청소년 학대

아동 청소년 방임,
대물림되는
폭력의 시작

그것만이 내 세상

감독 최성현 | 한국 | 2018년

한때 WBC 웰터급 동양 챔피언까지 지냈지만 지금은 오갈 데 없는 퇴물 복서 조하는 우연히 들른 식당에서 중학생 때 헤어진 엄마 인숙을 만난다. 아버지의 잔혹한 폭력에 시달리다 어느 날 집을 나가 버린 엄마. 조하는 그토록 무섭고 외로운 곳에 자기만 남겨 놓고 오랜 세월 동안 연락 한번 하지 않았던 인숙을 용서할 수 없다. 하지만 당장 잘 곳도 없는 처지라 함께 지내자는 인숙의 제안을 눈 딱 감고 받아들인다.

알고 보니 인숙은 혼자가 아니다. 자폐성장애가 있는 아들 진태와 함께 살고 있다. 처음 만난 낯선 동생 진태는 피아노에 천재적인 재능을 지녔다. 인숙과 진태의 삶은 한눈에도 그리 녹록해 보이지 않지만 그러거나 말거나 조하는 대충 이렇게 지내다가 돈이 모이는 대로 집을 떠나겠다고 생각한다. 하지만 진태와 지내는 시간이 많아지고 그 와중에 인숙의 비밀까지 알게 되면서 캐나다로 떠나려던 조하의 계획은 조금씩 어그러진다.

이다혜　　최성현 감독이 연출하고 윤여정, 이병헌, 박정민 씨가 주연한 2018년 한국 영화 「그것만이 내 세상」에 대해 이야기하겠습니다. 어느 늦은 밤, 이수정 박사님께서 제작진에게 이 영화와 함께 아동 청소년 방임 문제에 관해 이야기해 보고 싶다고 긴급 메시지를 주셨는데요, 참고로 말씀을 드리면 이런 경우는 거의 없습니다. 먼저 「그것만이 내 세상」이 박사님의 마음을 건드린 지점은 무엇이었나요?

피학대 경험이 폭력을 유발한다

이수정　　그날은 식구들이 다 늦게 들어오는 날이었습니다. 텔레비전 채널을 이리저리 돌리다가 평소 좋아하는 배우 한지민 씨가 나오기에 미모에 감탄하면서 보기 시작했어요. 자폐를 섬세하게 연기한 배우 박정민 씨도 굉장히 시선을 끌었고요. 스토리도 감동적이어서 영화를 끝까지 보고 거의 밤 10시 넘어서 제작진에게 문자를 보낸 것 같습니다. 이 영화를 다루고 싶다고 제안했는데, 사실 그 문자를 보냈을 때 제가 영화를 보고 펑펑 울고 있었거든요. 그래서 지금은 그때 문자를 보낸 앞뒤 정황이 기억이 잘 안 납니다. (웃음)

이다혜　　이 방송 들으시는 분들께서 이수정 박사님이 폭풍 감동한 영화다, 얼마나 훌륭할까 기대하고 영화를 보시면 약간 당황하실 수도 있는데요.

이수정　맞아요, 기자님이 초를 쳐야 돼요. 영화 자체는 사실 굉장히 식상한 스토리였거든요.

이다혜　저도 선생님의 강력 추천에 힘입어 뒤늦게 영화를 봤는데 등장인물들 설정이 전형적이더라고요.

이수정　맞아요. 제가 사실 식상하고 순수한 영화를 좋아하는 경향이 있습니다. 좀 알아주세요. (웃음)

이다혜　저는 영화를 보고 가장 궁금했던 인물이 윤여정 씨가 연기한 인숙인데요, 영화는 기본적으로 두 남자 형제에 대해 말하고 있어 인숙에 대해 그렇게 자세한 정보를 주지는 않습니다. 인숙은 남편의 폭력을 견디다 못해 자살 기도를 한 적이 있고, 그러다가 지나가던 행인에게 구조를 받았는데요, 그다음에는 어떻게 됐을까요. 돌아와서 남편과 이혼을 했을지, 아니면 이혼하지 않고 그냥 도망쳤다면 새 출발을 할 수 있었을까 하는 생각도 들거든요.

이수정　영화 스토리를 보건대 아마도 아이를 버려두고 그냥 혼자 집을 나간 것으로 추정됩니다. 이혼은 법적 절차가 필요한데, 가정 폭력 피해자는 법적 절차를 밟을 수 있는 여건조차 만들기 힘든 경우가 많으니까요. 때문에 가정 폭력에 노출된 여성들이 혼인 관계에서 탈출하지 못하고 결국 사망하거나 또는 배우자를 사망에 이르게 하는 사건들이 일어나고 있습니다. 이 영화에서 인숙은 도주하고 아들 조하는 엄마 없이 폭력적인 아버지 밑에서 혼자 살았던 것으로 보입니다.

이다혜　인숙이 살기 위해 집을 나가면서 이병헌 씨가 연기하는 주인공 조하가 아버지와 단둘이 남게 됩니다. 폭력적인 아버지와 살기가 힘들었으리라는 생각이 드는 동시에, 만약 조하가 여자아이였다면 무슨 일이 더 일어났을지 모르겠다는 생각도 했습니다.

설령 아버지가 때리지 않았다 해도 감옥에 들락거리는 아버지의 행태를 봤을 때 조하가 제대로 된 돌봄을 받으며 자랐을 가능성은 낮아 보입니다. 영화 속에서 성인이 된 조하가 교도소로 아버지를 찾아가는데 아버지는 여전히 자기를 떠난 아내에 대한 분노로 가득하고, 아들에 대해서도 따뜻하지 않습니다. 그런 점을 봤을 때 조하는 아동 청소년 방임의 전형적인 케이스인 듯합니다.

이수정　조하의 피학대 경험은 방임을 넘어 아동 학대 신고가 들어가 아동 보호 기관에서 개입해야 할 수위의 폭력에 노출됐을 정도로 추정됩니다. 만약 현실이라면 이토록 심각한 폭력 피해에 노출된 남자아이들이 조하 정도로 성장하는 것조차 힘듭니다. 조하는 품성 자체가 순수한 면이 있잖아요. 그런데 아동 학대에 노출된 아이가 그런 품성으로 자라기는 굉장히 어렵습니다.

우리가 학대 피해자들에게 동정심을 가지고 보호 대상이라 이야기는 하지만, 구조되지 못하고 학대 상황에 노출된 상태로 어른이 되면 폭력에 친화적이고 수용적인 태도를 갖게 되기 때문에 본인이 증오하는 아버지와 비슷한 캐릭터가 될 개연성이 높습니다. 만약 그런 상황이라면 이 조하라는 인물이 동생을 돌보지 못할 가능성이 높은 것이죠.

그런데 영화에선 조하가 결국 동생을 받아들이고, 돌보고, 보호자로서의 역할을 수행하잖아요. 저는 현실에서도 그런 일이 일어나면 정말 좋겠습니다. 뻔하고 전형적인 스토리였음에도 불구하고 제가 이 영화를 보며 눈물을 펑펑 흘렸던 이유도 현실은 영화 같지 않다는 걸 너무 잘 알기 때문이었어요.

이다혜　조하라는 캐릭터는 초반에는 거칠다가 점차 변화해 가는 식으로 설정돼 있습니다. 그래서 저는 조하가 어머니와 재회하고 그때 떠날 수밖에 없었던 이유를 받아들이면서 변화했을 수 있다고 생각했는데, 현실은 그러기가 굉장히 힘들다는 말씀이신 거죠.

이수정　그렇습니다. 조하는 살아온 과정이 굉장히 거칩니다. 복싱을 하면서 폭력적 성향을 배출했지만 현실에서 조하처럼 자란 사람이라면 장애를 가진 동생을 돌볼 만큼 휴머니즘을 가지고 있을 수 있겠는가, 그렇지 못할 개연성이 더 높다는 거죠.

문제의식을 갖기조차 어려운 피해 아동

이다혜　영화상에서 어머니가 집을 나갔을 때 조하의 나이가 중학교 2학년 정도였는데요. 이런 상황에서 중학교 2학년이 국가나 사회 시스템으로부터 도움을 받을 수 있는 방법이 있나요?

이수정　아동 보호 전문 기관에서 개입을 하면 아동 보호 시설로 갈 수 있습니다. 엄마는 집을 나가 없고 아버지가 폭력을 행사하는 상황에서 학대 가해자로부터 피해자를 보호해야 하기 때문에 가족을 물리적으로 분리시켜 피해자를 아동 보호 전문 기관으로 보낼 수 있습니다. 문제는, 한국은 그럼에도 불구하고 친권을 박탈하지 않기 때문에 아버지가 일정 기간이 지난 후에 자식이랑 같이 살고 싶다고 피력하면 아이를 원래대로 데려갈 수 있다는 점입니다.

또 아이이기 때문에 아무리 폭력적인 아버지라도 떨어져 있다 보면 아빠와 함께 살고 싶다고 생각할 수도 있어요. 결국 가족의 병리는 피해자와 가해자가 같이 살기 때문에 일어납니다. 그러니까 결론은 분리가 필요한데 그것이 잘 안 된다는 거죠.

이다혜　부부 사이뿐 아니라 부모 자식 사이도 마찬가지네요.

이수정　폭력적인 부모와 분리될 수 있는 유일한 방법이 가출입니다. 가출 패밀리가 성매매 카르텔을 형성하게 되는 이유도 결국 아이들 보호가 제대로 되지 않기 때문이죠.

이다혜　이 영화에서는 아버지와 아들이 남게 되지만, 현실에서는 할아버지나 할머니가 혼자 손자나 손녀를 돌보는 사례도 많습니다. 하지만 이런 경우 아이가 중학생이나 고등학생이 될 무렵이면 조부모의 나이가 너무 많아 생계 활동을 할 수 없는 경우가 있습니다. 꼭 폭력 가정이 아니더라도 그런 상황에서 조부모와 계속 같이 살기 위해 너무 이른 나이에 아르바이트를 시작한다거나, 돈을 더 많이 벌기 위해 위험한 길로 빠지기도 합니다.

국가나 사회 시스템이 개입하여 아이와 부모를 분리하는 방향이 나은 경우도 있지만, 같이 살면서 뭔가 개선할 수 있는 방법이나, 이를 위한 노력이 제도로서 잘 이루어져 있는지에 대한 의구심이 생깁니다.

이수정　잘 이루어지고 있지 않죠. 제도가 없는 것은 아닙니다. 후견인 제도 비슷한 것들이 있기는 하지만 그에 앞서 아동의 학대 사실 자체가 잘 드러나지 않는 것이 문제입니다. 실제 일어나는 아동학대 사건이 100이라면 기껏해야 10에서 20 정도만 드러나는 것이 현실입니다.

이다혜　부모는 태어나서 처음 만나는 성인이잖아요. 그 성인이 나한테 폭력을 가해 너무나 고통스러운 상황에서 또다시 모르는 어른에게 도움을 구하기란 쉽지 않을 것 같습니다.

이수정　그러면 아이들이 무슨 생각을 할 것 같으세요.

이다혜　어른들을 믿을 수가 없으니 어른들에게 의지하지 않는 방식을 찾을 것이고, 그러다 보면 가출로 이어질 수도 있어 보입니다.

이수정　아이가 상황에 대한 문제의식을 갖고 있다면, 주변 어른들에게 도움을 청하기도 하고 거절을 당해 신뢰를 잃기도 하겠지만, 외국의 연구들을 보면 아주 어릴 때부터 폭력에 노출된 아이는 문제의식조차 갖지 못하고 그냥 폭력적으로 변하는 경우가 태반입니다. 그냥 세상이 원래 그런 줄 알고 부당한 폭력에 대해 신고도 못 합니다. 그저 피해를 안 당하려면 가해자보다 더 폭력적이고 강해야 한다는 생각만 하게 되는 거죠.

이다혜　그렇다면 조하가 복싱을 배운 것도 같은 맥락으로 해석할 수 있을까요?

이수정　그럴 수 있죠. 나를 때리는 아버지에게 복수하려는 생각으로 운동을 했는지도 모릅니다. 사실 현실에서 조하와 비슷한 처지라면 복싱을 배우는 것이 아니라 훨씬 더 열악하고 취약하며 위험한 선택을 했을 가능성이 높습니다.

이다혜　학대받는 아동 청소년임을 알 수 있는 속성, 그리고 그런 아이를 발견했을 때 시민들이 취할 수 있는 조치가 있을까요? 피학대 아동 청소년이 직접 자기 부모를 고발할 수 없는 상황이라면 제삼자가 아동이 학대받고 있을 가능성이 높다는 걸 알아차리고 취할 수 있는 조치들이 있을 텐데요.

이수정　2015년에 인천 아동 학대 사건이 있지 않았습니까. 아이가 슈퍼마켓에 들어와 넋을 잃고 먹을 것을 도둑질하는데, 추운 날씨에 맨발인 데다 옷차림도 허술해서 이를 의심한 슈퍼마켓 주인이 신고를 했고, 결국 부모의 아동 학대 상황이 드러난 사건이었습니다. 지금은 신고 의무자가 정해져 있어 아동 학대를 인지하고도 신고를 안 하면 500만 원 정도의 과태료를 물게 되어 있습니다.

이다혜　신고 의무자들은 어떤 사람들인가요?

이수정　　의사 선생님, 학교 선생님, 상담 선생님, 어린이집 선생님도 다 해당됩니다. 그런데 그런 사람들뿐만 아니라 앞선 사건처럼 슈퍼마켓을 운영하시는 분도 신고해 주셔야 하고, 이웃집에서 비명이 들리면 당연히 신고하셔야 하고, 온 사회가 아동 학대에 문제의식을 갖고 민감하게 대응해야 합니다. 아동 학대는 은밀하게 집 안에서 벌어지는 폭력이기 때문에 그렇게 온 사회가 관심을 기울이지 않으면 막기가 굉장히 어려운 측면이 있어요.

합리적인 예산 배정의 필요성

이다혜　　지금 한국 사회에서 저출생이 큰 이슈인데요. 이미 태어난 아이들을 잘 돌보는 것부터 제대로 해도 좋지 않을까 생각이 듭니다.

이수정　　맞습니다. 저는 예산 배정이 항상 불만입니다. 국가 예산을 배정할 때 출산 장려금보다 아동 학대 예방의 차원에서 아이들에게 직접 예산을 지급하는 것이 미래를 위해 더 나은 선택이라고 생각합니다.
　　현재는 혼인을 독려하기 위한 예산이나 떨어지는 출산율을 막기 위한 출산 장려 예산, 또 양육 수당 등이 주를 이루고 있는데요, 이런 지원들이 정상 가족에게 이중, 삼중 지원하고 있는 것일 뿐 그 테두리 바깥으로 쫓겨난 사람들에 대한 지원은 아닐지도 모른다는 것입니다.
　　그러니까 차라리 학교 밖 청소년을 위한 서비스를 보강하거나 그에 앞서서 아동 학대를 예방하기 위한 예산으로 쓰거나, 친권 제한을 더 적극적으로 하고 아동 보호 기관에 좀 더 예산을 투입해 양질의 기관으로 만든다거나, 각 분야에 전문가들이 더 많이 투입될 수 있게 예산을 쓰는 것이 미래를 위해 훨씬 도움이 될 수도 있다는 생각입니다.

이다혜　만약 영화 속의 인숙이 다른 사람과 결혼을 했든, 경제적으로 자립을 했든 안정적인 삶을 꾸렸다면 조하를 데리러 올 수 있었을까 하는 생각도 했거든요. 남편의 폭력 때문에 집을 나간 아내가 자기 삶을 안정화한 다음 두고 갔던 아이를 다시 데려오고 싶은 경우 양육권 문제가 어떻게 되나요?

이수정　엄마가 소송을 제기해서 친권을 아버지와 나눠야 합니다. 또는 양육권 다툼 소송을 해야 할 수도 있고요. 아동 학대, 가정 폭력의 증거를 전부 수집해서 아버지가 아버지로서 부적합하다는 판정을 받도록 법원에 소송을 제기해야 합니다. 쉬운 일은 아니죠. 더군다나 인숙에게는 자폐스펙트럼장애를 가진 둘째 아들까지 있잖아요. 장애아인 둘째를 데리고 있는 엄마가 전 혼인 관계에서 태어난 첫째 아들 조하를 데리고 가기란 어려웠을 듯합니다.

이다혜　우선 둘째를 돌보는 것만 해도 힘든 일이었을 테니까요. 이 문제는 전에 이야기한 것처럼 가해자를 집에서 내쫓으면 어느 정도 해결되는 문제일 테지만 지금의 한국 사회에서는 답이 보이지 않는 것이 사실입니다. 만약 선생님께서 집을 나가기 전의 인숙을 만난다면 무슨 말씀을 해 주시겠어요?

이수정　현재의 대한민국 시스템을 감안하면 저도 경찰에 신고하라는 말 외에 별다른 조언을 하지 못했을 것 같습니다. 불행 중 다행히도 현재 경찰청에서 가정 폭력 가해자를 유치할 수 있는 권한을 갖기 위해 다방면으로 시도하고 있습니다. 그러니까 가해자를 유치장에 가둘 수 있는 권한을 경찰에 달라고 경찰청에서 법률 개정을 요청하고 있다는 뜻입니다.

가정폭력처벌법에 따르면 가해자가 상습적으로 폭행을 할 경우 피해자의 안전을 위해 임시 조치를 요청할 수 있게, 그래서 피해자 접근 금지 명령을 받을 수 있게 되어 있는데 그런 임시 조치 안에 경찰이 가해자를 유치할 수 있는 권한도 필요하다는 것이죠.

지금은 반의사 불벌죄이기 때문에 경찰이 가해자에게 경고만 하고 돌아가는 상황입니다. '때리지 마세요, 다음에 또 올 수 있습니다.' 이렇게 경고하는 것이 전부입니다. 피해자가 서류를 만들어서 가해자를 고소하지 않는 이상 다른 방법이 없습니다. 그런데 폭행을 하는 남편 밑에 있는 피해자가 자유롭게 고소를 진행할 수 있을까요? 쉽지 않습니다.

소년원 제과 제빵 교육이 보여 주는 기적

이다혜　아버지 혼자 돈을 벌어 가족을 부양하고 있는 경우 아버지가 처벌을 받으면 가족들이 다 같이 경제적으로 어려워질 수밖에 없잖아요. 그러니까 아이들이 어린 집에서는 어머니가 아이들을 위해서라도 폭력 피해를 참으려는 경우가 많을 듯합니다.

이수정　　실제로 그런 경우가 많습니다. 그렇기 때문에 앞서 이야기한 대로 화목한 가정의 방과 후 아이들을 돌보기 위한 예산을 늘릴 게 아니라 취약한 가정의 피해자가 가해자 없이도 살아갈 수 있게 돕는 예산을 늘려야 한다는 것입니다.

앞서 말한 대로 가해자를 유치장에 가두는 권한이 경찰에 생기면 일단 가해자를 유치장에 가둘 수 있는데요, 그러면 하루나 이틀이라도 나라에서 피해자에게 금전적인 지원을 하는 시스템이 있어야 합니다. 당신은 폭력 남편 없이도 살 수 있다는 것, 나라에서 기본적인 보호는 해 준다는 것을 확인시켜 주어야 합니다. 그래야 피해자가 고소 의지를 가질 수 있어요. 그 단계까지 가는 것조차 쉬운 일이 아니니까 일단 용기를 가질 수 있도록 만들어 줘야 합니다.

그런 식으로 시스템을 바꾸면 아동 학대를 조금이라도 줄일 수 있습니다. 학대하지 않는 부모가 얼마나 재량권을 발휘하느냐에 많은 것이 달려 있습니다. 엄마가 병적으로 학대를 너무 많이 받았거나 정신이 안정적이지 않다면 학대하는 파트너로부터 아이를 지킬 수조차 없습니다.

이다혜　　아버지에게 학대받고 방임된 조하는 혼자 밥 먹고, 혼자 운동하고, 아버지가 술을 먹고 들어오면 만화방 가서 잠을 잡니다. 상처나 분노의 부정적인 감정을 운동으로 승화한다는 차원에서 조하가 복싱을 한 것이 잘한 선택일 수도 있겠습니다.

복싱이 어느 정도의 폭력성을 가지고 있긴 하지만 어쨌든 규율을 지켜야 하는 스포츠이고, 복싱을 배우는 과정에서 관장 같은 어른들을 만나기도 하고, 자기 관리도 하고, 성취감을 느끼기도 하고, 돈도 벌 수 있기 때문에 조하는 비교적 괜찮게 컸다는 생각을 한 거죠. 그런데 선생님 말씀을 들으니까 조하의 상황은 너무 영화적인 설정으로 보이기도 하네요.

이수정　전형적인 영화적 설정이라고 생각합니다. 현실에서는 아버지에게 학대를 받고 방임되면 혼자 밥을 해 먹기보다는 대충 끼니를 때울 거고, 배가 고프면 동네를 돌아다니면서 비슷한 입장에 놓인 아이들과 어울릴 거고, 그러다가 함께 가출해서 여러 가지 불법 행위를 하게 될 거고, 그 와중에 소년 전과가 생기면 비행 청소년이 될 개연성이 높은데, 그러면 복싱을 어떻게 하겠어요.

웬만큼 잘하지 못한다면 복싱 도장을 다니는 데에도 돈이 들 거고, 그러면 인도해 줄 관장님을 만날 수도 없는 거고, 어려운 환경에 처한 자신을 악용하려는 어른 범죄자들만 만나게 될 확률이 높습니다. 최근에 오산 인근에서 백골 시신이 발견됐는데, 알고 보니 가출 패밀리 어른들한테 맞아서 열여섯 살짜리 아이가 사망한 사건이었습니다. 현실에선 조하 같은 사례보다 이런 사례가 훨씬 더 흔합니다.

저는 정말 현실이 영화 속 설정 같으면 좋겠어요. 강습비를 못 받아도 보호 받지 못하는 동네 아이들을 데려다 복싱을 가르쳐 주는 관장님이 있다거나, 그런 아이들을 후원해 주는 주민들이 있다면 아이의 인생을 바꿀 뿐 아니라 결국 사회 안전에도 도움이 되는 거죠.

이다혜　얼마 전 지승호 씨와 인터뷰하신 것을 보면 소년원에서 아이들에게 실시하는 제과 제빵 교육이 굉장히 도움이 된다고 하셨는데, 그런 것도 비슷한 맥락일까요?

이수정　그 상황은 소년원이니까 조금 특수하긴 합니다. 소년원에서는 여러 가지 교육 프로그램을 운영하고 있는데, 그중에서도 특히 제과 제빵 반이 기적적인 결과를 낸 것은 그 기술이 갖는 특수성 때문인 듯합니다. 학대받는 아이들은 보통 굶주리잖아요. 그렇게 굶주리던 아이들이 밀가루를 이용해 결핍을 해소하고 욕망을 충족시키는 방법을 배우게 된 거죠.

제과 제빵의 특징 중 하나는 시간과 계량을 정확하게 지키지 않으면 빵이 덜 익거나 맛이 달라지거나 타 버린다는 점입니다. 규율이 엄격하지만 그 규율의 중심에 자신이 있다는 점이 중요한데, 아이들은 그런 종류의 경험을 해 본 적이 없는 겁니다. 부모에 의해서 학대당하고, 학교에 의해 좌지우지되고, 그런 수동적인 무절제함 속에서 자란 아이들이 난생처음 절제와 통제를 배우는 것입니다. 통제력의 중심에 내가 있다는 걸 알게 되고요. 그 희열이 결국은 생활 습관까지 바꾸게 합니다.

더군다나 제과 제빵 선생님은 친사회적인 어른입니다. 지금까지 나를 학대하던 많은 사람들과 달리 이 어른이 시키는 대로 하면 결과물이 제대로 나옵니다. 아이들은 그런 어른을 보면서 친사회적 규범에 순응하는 법을 배우기 시작합니다. 아이들의 내면에 사회화의 규범이 형성되기 시작하는 거죠.

재미있는 것은 빵을 구울 때 한 개만 굽지 않잖아요. 여러 개를 구워서 남은 걸 친구들에게 나눠 줄 때 채워지는 인정 욕구, 고맙다는 인사와 칭찬을 받으면서 생기는 자존감이 아이들로 하여금 삶의 의욕을 갖게 만듭니다. 지금 이 영화에서는 복싱 관장님이 그와 같은 친사회적 규범의 모델이 되는데, 현실 지역 사회에는 그런 사람이 드물고, 결국은 비행을 저질러 소년원에 가야 제과 제빵 선생님을 만날 수 있습니다.

이다혜　　그러면 소년원 밖에서는 꼭 제과 제빵이 아니라고 해도 현실적으로 사용 가능한 기술을 가르치는 교육 지원이 없을까요? 소년원이 아니기에 굳이 매일 일정 시간을 투자해서 뭔가를 배우려고 하지 않을 수도 있겠지만요.

이수정　　그런 서비스 자체가 많이 없기도 하지만 그런 것이 있다 해도 아이들 입장에서 보면 그것 또한 자율이 아닌 타율이고 뭔가 잡혀 있는 느낌인 거죠. 강제력 없이는 교육 지원이 어렵다 보니 외국의 경우에는 비행 아동 청소년들이 경찰에 입건되는 비행을 저지르기 전에 법원에서 즉심 형태로 명령을 내려서 아이들에게 여러 가지 전환 프로그램을 제공하기도 합니다. 비행을 저질러 소년원에 가지 않도록, 갱생 가능성을 높이는 프로그램이라고들 이야기하죠.

분리 교육할 것인가, 통합 교육할 것인가

이다혜　　영화에서 자폐스펙트럼장애를 가진 진태가 밥을 먹다가 밥상머리에서 소변을 보자 조하가 "저런 애들은 병원에 있어야지." 하고 이야기를 합니다. 이 조하의 반응은 장애인들, 특히 전과 없는 정신 질환자들을 병원에 집어넣고 사회와 격리해야 한다고 주장하는 목소리를 연상시키기도 합니다.

이수정　　특수 교육 분야에서도 따로 전문적으로 가르치는 편이 더 나은지, 아니면 일반 아동들과 통합 교육을 하는 것이 나은지에 대해 의견이 충돌합니다. 요즘은 통합 교육이 장애가 있는 아이들에게도 도움이 될 뿐만 아니라, 비장애인들도 자기와 다른 사람을 어떻게 도와야 하는지 배울 수 있다는 쪽이 잠정적인 결론입니다. 이런 차원에서 보면 조하와 동생 진태의 조우는 조하의 성숙을 돕는 굉장히 중요한 계기가 되는 겁니다.

이다혜   한국은 보통 분리해서 교육하고, 북미 지역은 통합해서 교육하는 경우가 많은 것으로 알고 있습니다. 소아마비 때문에 휠체어를 타는 지인이 한국 생활과 미국 생활에 대해 말해 주었는데, 그분 말씀이 한국에서 문제가 생기면 사람들이 뭘 어떻게 해 줘야 할지 몰라 주로 구경을 한다고 합니다. 반면 미국에서는, 물론 이것도 대도시에 한정한 이야기였습니다만, 일단은 자기가 일상생활을 할 때 누구도 빤히 쳐다보지 않지만 뭔가 문제가 생겨서 도움을 구해야 할 때는 굉장히 빠르게 알아보고 다가와서 도움을 준다고 합니다. 이처럼 사실 통합 교육이 이루어지지 않으면 장애인에 대한 이해도가 떨어지기 때문에 어떤 것이 도움이 필요하다는 신호인지조차 알아볼 수 없습니다.

영화를 보면 진태가 가지고 있는 자폐성장애와 관련된 사실 세 가지 나옵니다. 첫 번째는 진태가 자폐성장애 2등급이라는 것이고, 두 번째는 탠트럼, 즉 분노발작이라는 특성, 세 번째는 서번트증후군입니다. 먼저 자폐성장애에 대해서 설명을 좀 해 주시겠어요?

이수정   과거에는 그냥 자폐증이라고 통칭했는데, 지금은 자폐증의 범위를 넓게 진단하기 때문에 자폐스펙트럼장애라는 용어를 사용하고 있습니다. 자폐스펙트럼장애의 경우 의사소통 능력이나 언어적 지능이 유달리 떨어지고, 그 결과 사회성도 떨어져서, 심한 경우에는 타인과 소통을 전혀 할 수 없는, 자기 세계에 거의 갇혀 지내는 특성들을 보이기도 합니다.

그리고 '분노발작'(Temper Tantrum)이라는, 일종의 발작 비슷한 행동을 하는 경우도 있습니다. 자제력을 잃고 격렬하게 감정을 표출하는 것인데 자기 자신은 물론이고 주변 사람에게도 위험을 초래할 수 있기 때문에 부모가 감당하기 어렵습니다. 이 경우 증상을 줄이기 위해 약물 복용을 할 수도 있습니다.

서번트증후군도 자폐스펙트럼장애 중 하나인데 이 영화의 진태의 경우는 이에 해당합니다. 서번트증후군은 고기능 장애로 특정 기능이 발달하는 면이 있기 때문에 의사소통 능력이나 언어적 지능 면에서 보통 사람과 다를 수 있지만 특출나게 잘하는 분야가 있어 아주 정밀하게 그림을 그린다거나 진태처럼 음악적인 감이 굉장히 뛰어나 절대 음감을 가지는 등의 경우들이 있습니다.

이다혜　사실 국내외에 서번트증후군을 다룬 영화들이 꽤 있거든요. 사회적인 부분은 거의 발달하지 않았지만 수학이나 예술적인 측면에서 재능이 발달한 캐릭터를 영화적인 낭만성을 바탕으로 그려 내는 영화들이죠. 「그것만이 내 세상」에서도 진태는 피아노를 굉장히 잘 치고, 음악적 재능이 있는 캐릭터로 등장합니다. 이 정도 장애를 가지고 있는 아동 청소년이라면 한국에서 보통 어떤 교육과 치료 과정을 밟게 되나요?

이수정　장애인을 위한 특수 교육은 한국도 다 제공하고 있고, 앞서 말씀드린 대로 분리 교육이 비판을 받고 있긴 하나 최근에 큰 특수 교육 학교도 지어졌기 때문에 장애인도 전문적인 기관에서 교육을 받을 수는 있습니다.

장애인 특수 교육의 실태

이다혜   그런데 장애를 가진 학생들을 위한 특수 학교의 경우에는 집에서 굉장히 멀리 있는 경우가 많고, 그 학교에 다니려면 통학을 위해 장거리 이동을 해야 하고, 부모 중 한 명은 이 자녀의 교육을 위해 시간을 오롯이 투자해야 하는 등 문제가 많은 것 같습니다.

그리고 자폐스펙트럼장애 같은 경우에 아이가 어렸을 때도 알 수 있잖아요. 그렇다 보니 부모가 자녀를 유기하는 경우도 있을 것 같거든요.

이수정   한국은 특히 그런 경우들이 많죠. 그래서 아동 보호 시설에 장애가 있는 아이들의 비율이 현저히 높은 걸로 알려져 있습니다.

이다혜   그런 경우에는 특수 교육이 어떻게 이루어지나요?

이수정   일반 학교에도 특수반이 운영되고 있습니다. 특수반에 가면 발달장애를 겪고 있는 자폐 아동도 있고, ADHD 아동도 있는데, 총 10명을 넘지 않는 경우가 대부분이어서 특수반 담임 선생님이 아이들을 위해 개별화된 교육을 할 수 있습니다. 물론 그렇다고 해서 자폐아들을 위한 전문 교육을 시킬 수 있다거나 ADHD 아동을 위한 특수 교육을 시키지는 못하죠.

이다혜   어렸을 때부터 시설에서 커서 부모가 직접 돌보지 못하는 아이들의 경우는 어떤가요?

이수정   아무래도 부모가 직접 돌보는 아이들만큼 특화된 교육을 받기는 힘들겠죠. 장애가 아주 심한 경우에는 중증 장애인들이 모인 시설에 수용되는 경우들이 많습니다.

이다혜   장애인 복지 분야에서 선진국이라고 할 수 있는 영미권은 상황이 어떤가요?

이수정   제 친척 중에 한 분이 미국에서 장애인 교육 기관을 운영하고 계십니다. 특수 교육 자격증이 있는 분인데, 그분이 운영하는 기관은 학생 숫자가 일단 20명을 넘지 않아요. 기숙 기관인데 소규모 그룹 홈처럼 운영되고, 학생 수에 따라 주 예산이 배정됩니다. 대규모 기관은 관리가 잘 안 될 경우 사각지대가 생겨서 학생별 프로그램을 특화하기 어려워지는데, 소규모 기관은 그런 면에서 이점이 있습니다.

이다혜   그런 경우에는 몇 살까지 다닐 수 있는 건가요?

이수정   성인과 아이들이 다 다니는데 연령에 따라 그룹 홈을 따로 운영하죠. 예산 규모가 한국과 비교가 안 될 정도로 많다고 보시면 돼요.

이다혜   다양한 방식의 교육 기관들이 존재할 수 있겠네요.

이수정　소규모 장애인 교육 기관은 주 정부에서 자주 나와 냉장고까지 열어 보며 감사를 합니다. 주 정부의 꼼꼼한 관리가 기관 안에서 인권 침해적 일들이 얼마나 많이 일어나는지를 좌우하기 때문에 예산만 배정하는 걸로는 충분하지 않습니다.

이다혜　지하철을 타고 다니다 보면 자폐스펙트럼장애를 가진 학생이나 성인들을 보호자들이 데리고 다니면서 통학 훈련을 하는 경우를 종종 보게 됩니다. 그런데 그런 모습을 낯설거나 무섭다고 느끼는 사람들이 많은 것 같습니다. 이런 이질감이나 공포감도 결국은 장애인 혹은 장애 전반에 대한 무지 때문이 아닐까요.

이수정　그렇죠. 자폐증은 위험한 질환이 아니에요. 조현병도 사실 위험하지 않고 그중에 극소수만 돌발 행동을 하는 것뿐입니다. 어떻게 보면 더 순수한 사람들일 수도 있기 때문에 과도한 경계심이나 공포심을 가질 필요는 없다는 생각이 들어요.

이다혜　형제 중에 누구 하나가 재능이 특출하거나 장애가 있어서 부모의 관심과 지원이 한쪽으로 쏠리는 경우를 꽤 보게 됩니다. 특히 장애가 있는 경우에 영화에서처럼 어릴 때부터 한 아이가 다른 형제자매의 보호자 노릇을 하기도 합니다.
　　그런 책임감 때문에 아이가 고통이나 외로움을 겪는다 해도 부모에게 하소연을 하기는 사실상 힘들겠죠.

이수정　어쨌든 아이이기 때문에 장애인 형제를 둔 아이에겐 부모의 더 큰 관심이 필요합니다. 인숙이라는 인물도 진태를 낳고 결국 선택을 한 거죠. 두 아이 중 더 멀쩡한 쪽을 버리는 선택. 영화에서는 다행히도 엄마와 화해를 했지만 조하 입장에서 보면 버림받은 것과 마찬가지이기 때문에 현실에서는 화해가 어려운 경우가 훨씬 많습니다.

이다혜 　영화 후반부에서 인숙의 건강이 몹시 안 좋습니다. 참고로 이 영화에서 인숙은 혼자 살아도 이것저것 자식들을 위해서 안배할 수 있는 경제적인 상황인 것으로 보이지만, 인숙이 성인이 된 조하를 다시 만나지 않았다면 대체 진태는 어쩌고 수술을 받았을까 하는 의문이 들었습니다.

조하는 원래 캐나다에 가서 살려고 했지만 그것도 포기하고 동생과 지내기를 선택하기 때문에 결국은 조하와의 재회도 인숙이 어느 정도 이용한 게 아닌가 싶었습니다. 어렸을 때 버림받은 조하는 성인이 된 다음에도 결국 이렇게 동생을 돌보는 역할을 수행하게 되는구나 싶은 거죠.

이수정 　물론 인숙도 어느 정도 이기적이라고 볼 수 있지만 이 가족의 원인을 거슬러 올라가 보면 사실 모든 것은 가정 폭력에서 시작됐고 책임은 조하 아버지에게 있습니다. 그래도 영화에서는 진태와 조하가 사이좋은 형제가 되는 결말이어서 다행이고 그래서 제가 눈물이 난 거죠. (웃음)

이다혜 　교도소에 있는 조하의 아버지는 갱생의 의지가 전혀 없는 인물로 보입니다. 교도소에서 나온다고 해도 나아질 것 같지가 않은데 그렇게 생각하면 실제로 책임을 져야 하는 사람은 자기 멋대로 살아가고, 그가 한 악행으로 인해서 피해를 입은 사람들은 죽을 때까지 극복이 어려운 점이 안타깝습니다.

이수정　그런데 그게 현실입니다. 가정 폭력의 문제가 그래서 심각하다는 거고요. 모든 사회악이 가정 폭력에서 시작된다고 해도 과언이 아닐 정도입니다. 제가 본 악행의 주인공들은 어린 시절에 부모를 잘못 만나면서부터 인생의 궤도가 틀어졌습니다. 이 영화도 역시 마찬가지고요.

폭력만이 학대는 아니다

이다혜　장애인이 비장애인과 함께 시민으로서 각자의 삶을 살아갈 수 있도록 돕는 것이 가장 이상적일 텐데요. 영화의 마지막, 즉 진태의 피아노 연주회 장면이 좋은 방법을 제시하는 것으로 보입니다. 그런 의미에서 자폐아라는 호칭도 다시 한번 생각해 보면 좋겠습니다. 자폐 장애를 가지고 있는 사람을 사람을 아이로 인식하게 만드는 듯해서요.

이수정　그렇게 볼 수도 있죠. 성인인데도 자폐'아'라고 부르는 경우가 흔하니까요. 다만 자폐스펙트럼장애에 해당하는 사람의 지능 발달은 아이에 머물러 있기 때문에 성인으로 대하기 시작하면 '다 큰 어른이 왜 저러지?' 하는 식의 비난을 받을 가능성이 있습니다. 그래서 보호의 대상, 어른의 책임을 다할 수 없는 대상으로 간주하는 것으로 보여요.

이다혜 　인숙과 조하의 관계에 대해서도 이야기하고 싶습니다. 조하는 항암 치료를 받고 있는 인숙을 찾아가 "엄마, 왜 나 안 데려갔어요?" 하고 묻습니다. 아마 이 질문은 조하가 평생 품고 있던 질문이겠지요. 조하는 인숙에게 엄마 아빠 둘 다 용서가 안 된다고 말합니다. 실제로 가정 폭력의 피해자인 아이들이 가해자인 아빠보다 엄마에 대한 원망이 더 큰 경우도 많다고 들었거든요.

이수정 　엄마는 어른인데 왜 나를 이 지옥으로부터 구조하지 못했느냐는 원망이겠죠. 엄마의 무력함에 대한 원망이고요. 그래서 가정 폭력 피해자 아들이 아버지의 폭력을 답습해 여성을 분노의 대상으로 삼는 경우가 많습니다. 아버지가 엄마를 적대시하고 비하했듯이 아들도 여자를 적대시하고 비하할 개연성이 높다는 것입니다.
　학대받았던 사람이 약자에 대한 관대함을 갖기는 굉장히 어렵습니다. 연민을 느끼고 용서하는 건 관대한 마음이 있어야 가능합니다. 아픈 동생까지 돌보는 조하 캐릭터가 현실에선 존재하기 어려운 이유입니다.

이다혜 　한지민 씨가 연기한 한가율 캐릭터에도 연민이 가는데요. 어린 나이부터 어머니의 강압적인 강요 아래에서 피아노 교육을 받아 피아노를 굉장히 잘 치게 되었지만 피아노 연주에서 큰 즐거움을 얻지 못했던 듯 보입니다. 사고를 당하면서 피아노를 아예 그만두게 되는데, 이 한가율 캐릭터는 성인이 되었음에도 불구하고 어머니로부터 독립하지 못합니다. 이 인물은 조하, 진태 형제의 드라마를 강조하기 위한 들러리 인물인데, 잘 뜯어보면 굉장한 드라마가 있습니다.

이수정　맞습니다. 저는 이 여성이 보이지 않는 학대의 피해자일 수 있고, 현실에서는 진태나 조하보다 더 흔히 볼 수 있는 캐릭터라는 생각이 들었습니다. 특히 극성 엄마들 밑에서 인생을 즐기지 못하는 너무나 많은 아이들을 한가율이 대변하는 듯해 연민이 들면서도 우리 딸도 저렇게 생각하는 것은 아닐까 하는 경계심이 들어 반성도 좀 했고요.

이다혜　선생님은 영화 속 한가율의 어머니처럼 갑부가 아니기 때문에…….

이수정　아, 자격이 없나요? (웃음)

이다혜　사실 자기가 뭘 좋아하는지보다 뭘 잘해야 어머니가 좋아할까를 생각하며 진로를 결정하는 사람도 굉장히 많습니다.

이수정　그렇죠. 언제나 엄마들이 '내 아이가 진짜 즐기는 인생을 살고 있는가.' 하고 스스로 물어야 하는 질문입니다.

이다혜　그런 질문을 하는 부모는 그래도 굉장히 이상적인 부모인 거죠. 조하는 다 잊은 척하지만 여전히 마음속에 응어리가 남아 있습니다. 가끔씩 제어가 되지 않아 경기 도중 심판을 폭행해 선수 생활이 끝나기도 했고, 인숙의 폭언에 화가 나 스파링 파트너를 패기도 합니다.
　부모로부터 학대와 방임을 당한 아이가 성장해서 자신의 상처와 분노로부터 벗어나 온전한 인생을 살려면 어떻게 해야 할까요?

이수정   어쨌든 일단 무사히 어른이 되어야 하고, 성인이 된 다음에는 자기 선택으로 한 일들에서 성취감을 느껴야 서서히 극복이 됩니다. 부모가 내 인생을 좌우할 수 없다는 것을 깨닫는 데에는 시간이 굉장히 오래 걸립니다. 쉬운 일이 아닙니다.

또 물질적으로 좋은 환경을 제공하는 부모조차 아이를 학대 상황으로 몰아갈 수 있습니다. 폭행만이 학대는 아니라는 겁니다. 한국 청소년들이 전반적으로 불행하다고 느끼는 이유가 무엇일까요. 아이들에게 자신의 인생을 즐길 기회를 충분히 주어야 합니다. 그렇지 못하면 아이들의 자존감이 떨어져요.

그 불행한 아이들 한쪽 끝에는 조하가 있고, 다른 쪽 끝에는 한가율이 있습니다. 어쩌면 둘이 동일한 문제를 안고 있을 수도 있다, 행복은 과연 어디 있느냐를 보여 주는 영화라고 저는 생각했습니다.

이다혜   영화의 중심은 조하와 진태 형제지만, 한가율도 그냥 흘려보낼 수 없겠다는 생각이 듭니다. 가정 폭력을 물리적인 폭력으로만 떠올리는 경우가 많지만, 돌봄을 잘 받고 있다고 보이는 경우에도 정서적으로 굉장히 어려움을 겪는 상황들이 있을 수 있겠다는 생각이 듭니다. 특히 한국은 부모의 기대에 부응하기 위해 어릴 때부터 아이들이 안간힘을 쓰며 사는 경우가 많다 보니 더 그런 생각을 하게 됩니다.

영화 「그것만이 내 세상」과 함께 가정 폭력으로 인한 아동 방임에 관해 이야기해 보았습니다.

'정인이 사건'의 문제점을 짚은, 정상 가족 신화의 폭력성

아카시아

감독 박기형 | 한국 | 2003년

직물 공예 예술가 미숙과 산부인과 의사 도일은 서로를 존중하는 금슬 좋은 부부다. 유일한 걱정거리가 있다면 둘 사이에 자식이 없다는 것. 둘은 배운 사람답게 핏줄에 연연하는 대신 더 늦기 전에 아이를 입양하기로 결정한다. 그렇게 방문한 입양 기관에서 미숙은 마치 오랫동안 기다려 온 것 같은 아이를 만난다.

아이의 이름은 진성, 표정이 어둡고 말수가 적은 여섯 살 아이는 그림에 천부적인 재능을 가지고 있다. 아이가 그린 묘한 나무 그림에 매료된 미숙은 도일을 설득해 진성이를 입양하고 정성을 다해 아이를 키운다. 아이는 처음에는 정원의 아카시아 근처를 맴돌며 낯을 가리다가 미숙의 다정한 마음 덕분에 점점 부부에 대한 경계심을 허물고 자주 웃게 된다.

하지만 불임인 줄 알았던 미숙이 임신을 하면서 평화롭던 가정에 미묘한 긴장과 균열이 생긴다. 아이가 태어나자 진성이는 소외감을 느끼며 조금씩 불안감을 표출한다. 그리고 어른들은 그런 진성이를 마뜩잖은 눈길로 바라본다.

이다혜 　박기형 감독이 연출하고 심혜진, 김진근 씨가 주연한 2003년 한국 영화 「아카시아」와 함께 입양과 관련된 문제에 대해 이야기합니다. 다루려는 주제와 별개로 이 영화에는 가정 폭력과 부부 강간이 등장하니 미리 이 점을 유의하시기 바랍니다.

　「아카시아」는 「여고괴담」으로 유명한 박기형 감독의 작품입니다. 이 영화는 금슬 좋은 중산층 인텔리 가족이 아이를 입양하면서 원래부터 있었을지 모를 균열을 드러내며 파국을 맞는 과정을 호러 영화의 문법으로 보여 주고 있습니다.

　안 그래도 아직까지 한국에서 입양에 대한 이미지가 긍정적이지만은 않은 경우가 많은데, 입양아를 중산층 가족 이데올로기의 허상을 폭로하는 장치로 써도 되나 싶어서 보는 동안 개인적으로는 뜨악했습니다. 박사님은 어떠셨나요?

이수정 　현실에서 입양아였던 정인이가 끔찍하게 사망에 이르는 일까지 일어나다 보니 영화가 의미심장하게 다가왔습니다. 아무튼 기분이 좋은 영화는 아니죠.

입양아에 대한 사회적 편견

이다혜　　이 영화는 2003년에 부산국제영화제 폐막작으로 처음 공개됐는데, 박기형 감독이 워낙 「여고괴담」으로 성공한 터라 다음 작품을 기대하던 사람들이 많았고, 저도 그중 한 명이었습니다. 「여고괴담」이 여자 고등학교를 배경으로 성적과 입시, 우정 사이에서 갈등하는 한국의 10대 이야기를 공포 장르로 잘 표현한 영화였거든요. 그래서 당시 「아카시아」도 내심 기대했는데, 보고 나서는 기대와 좀 달랐습니다. 이번에 프로그램 준비하면서 다시 보니까 전보다 더 거칠게 느껴지는 부분이 있었고요.

이수정　　거칠다는 게 어떤 뜻일까요?

이다혜　　아이를 그리는 방식 자체가 거칠게 느껴졌습니다. 이를테면 아이가 새로운 집에 적응하기까지 불안한 것은 자연스러운 일이니 어른들이 이를 포용하는 것이 당연한데도 아이가 누군가를 쳐다만 보고 있어도 음향 효과를 동원해 기괴한 눈빛으로 묘사하는 식이죠.

이수정　　당시 가지고 있던 입양아에 대한 편견이 반영된 결과겠죠. 문제는 오늘날 이 영화가 픽션이 아니라 다큐멘터리같이 느껴진다는 점입니다.

이다혜　　그렇게 생각하면 더 슬픈 이야기가 됩니다. 영화에서 주인공 미숙은 공예 예술가입니다. 입양 기관에 들렀다가 진성이의 그림을 보고 첫눈에 반하는데, 진성이의 그림은 너무 음산해 보입니다. 마치 부모와 함께 자라지 못한 아이들이 어둡고 속을 알 수 없고, 뭔가 이상한 일을 저지를 것임을 암시하는 그림처럼 말입니다. 사실 이런 설정에서부터 입양아에 대한 한국 사회의 편견을 느꼈습니다.

이수정　아마 그렇게 느끼라고 일부러 그렇게 그림을 설정한 것이자 일종의 복선이었겠지요. 어쩌면 진성의 그림은 정말 천재성을 보여 주는 그림이었는지도 모릅니다. 다만 영화 속 음산한 음악과 조명 효과로 편견을 부추기는 것일지도 모르고요. 실제 입양 부모의 모습과는 많이 다릅니다. 그러나 장하영 안성은 사건*을 생각하면 마냥 낙관적으로만 볼 수 없기에 안타까운 것이고요.

> **장하영 안성은 사건**
> 2020년 10월 13일 서울시 양천구에서 양부모가 아동을 학대 끝에 살인에 이르게 한 사건. 입양모 장하영, 입양부 안성은은 홀트아동복지회에서 8개월의 여자아이 정인(입양 후 안율하로 개명) 양을 입양했으나 장기간 심하게 학대했고 끝내 16개월의 나이에 아이가 사망했다. 그간 아동 학대 의심 신고가 3회 있었으나 경찰은 이를 무혐의로 처리했다. 2021년 5월 14일, 1심 재판부는 양부에게 징역 5년, 양모에게 무기징역을 선고했지만 양부모 모두 1심 판결에 불복하여 항소했고, 이에 검찰 또한 항소장을 제출했다.

정인이 부모의 경우 아이를 자신들의 이타성에 대한 증표로서 전시하기 위해 입양을 한 셈이잖아요. 그러니까 정인이가 영화 속 진성이 정도의 나이였다면 진성이와 비슷한 심정이었을 것으로 보입니다. 입양아에 대한 선입견뿐 아니라 입양이라는 지위가 결론적으로 아이들로 하여금 이렇게 사고하게 만드는 것 아닌가 하는 안타까운 마음도 듭니다. 아동 보호 시설에서 자라다 보면 부모 없는 아이라는 손가락질부터 시작해서 너희는 이 정도 대우로도 고마운 줄 알아야 한다는 식의 편견에 찬 말들을 쉽게 듣고, 그러다 보니 아무래도 아이들이 밝을 수가 없죠.

이다혜   아동 보호 시설에서 어린이날이나 크리스마스 같은 특별한 날 아이들이 평소 갖고 싶어 하던 선물, 예를 들어 브랜드 운동화 같은 것을 사 주기도 하는데, 그런 이벤트 사진이나 기사가 SNS에 올라오면 우리 애도 이런 비싼 운동화 못 신는데 시설에 있는 아이들이 이런 것을 신느냐는 식으로 반응하는 사람들이 있어서 논란이 되곤 합니다. 그런 것을 보면 특정한 몇몇의 문제가 아니라 사회 전체적으로 보호 시설의 아동들은 더 불행하고, 더 힘들어야 한다는 식으로 생각하는 사람들이 많다는 생각이 듭니다.

이수정   사람들이 자기 인생 살기도 너무 바쁘고 각박하다 보니 타인의 입장까지 고려하지 않고 이해하려는 인지적 노력도 하지 않는 것 같습니다. 어떤 현상에 대해 분석하는 것마저 에너지 낭비라 생각하고 그냥 선입견과 편견에 갇혀 사는 거죠. 이 영화 역시 입양아는 불행할 것이라는 진부한 전제로부터 시작된 셈이고요.

이다혜   박사님께서 보시기에 지금은 이러한 편견이 달라졌나요?

이 영화처럼 입양아를 음산하고 불운한 존재로 바라보는 것이 아니라 사회 전체가 보호하고 함께 성장시켜야 할 대상으로 생각하고 있나요?

이수정　오히려 전보다 더 인식이 후퇴한 것처럼 보이기도 합니다. 오늘날은 SNS를 통해 자신이 처한 상황을 드러내고 호소하며 문제를 제기하는 과정이 훨씬 수월해졌지만, 자신에 대한 문제가 아니라 제삼자의 문제일 경우에는 편견과 선입견을 버리지 못하고 이중 잣대를 들이댄다는 면에서는 예전과 별반 차이가 없어 보입니다.

이다혜　그런데 어린아이들은 스스로의 문제를 사건화하기 힘들기 때문에 우리는 항상 제삼자의 문제로만 접할 수밖에 없잖아요.

이수정　그렇습니다. 게다가 언론에 보도된 사건이라면 그나마 관심을 보이고 공분하는데, 사실 배후에 얼마나 비슷한 사건들이 많겠어요. 남의 일에 무관심한 것은 예전이나 지금이나 똑같은 것 같습니다.

'정의로운 세계 이론'의 함정

이다혜　외국의 경우는 어떻습니까?

이수정　개인적인 느낌으로는 한국의 편견이 다소 강한 것 같기는 합니다. 제삼자가 특이한 일이나 불행한 일을 당하면 사람들은 '내 인생에는 저런 일을 피하고 싶다.'라고 생각해서 아예 이해하려고 하지 않는 경향이 있습니다. '저 사람들은 원래부터 그런 대우를 받을 만했으니 어쩔 수 없다, 이건 내 일은 아니다.' 이렇게 생각해야 편하다는 거죠. 사회심리학에서는 이를 '기질적 귀인'(Dispositional Attribution)이라고 하는데, 이는 타인의 행동이 타고난 기질로부터 비롯되었다고 성급히 단정해 버리는 인지적 기재를 말합니다. 수많은 환경적 요인들을 무시하고 타고난 기질이 문제라고 오판하는 것입니다.

이것은 이른바 '정의로운 세계론'(Just-world theory)과도 일맥상통 합니다. 정의로운 세계론은 이 세상이 근본적으로 정의롭고 공평한 곳이라고 믿고 싶어 하는 경향을 말합니다. 그래서 이 믿음과 반대되는 불의나 부당함과 마주했을 때, 사람들은 어떻게든 그것을 해결하고 싶어 합니다. 그러나 현실적으로 해결할 수 있는 것이 별로 없을 때, 정의로운 세상에 대한 사람들의 믿음은 상처를 입게 되고, 그 결과 억울한 일을 당하는 사람은 그럴 만한 이유가 있기 때문일 거라는 식으로 자기 합리화를 하게 됩니다.

타인의 불행은 그들이 못나서 그렇고 자신이 안전하게 잘사는 것은 내가 잘나서 그렇다는 식의 생각은 사실이 아닙니다. 그럼에도 불구하고 경쟁이 심해지면 이런 사고는 더 심화됩니다. 한국은 경쟁이 심한 사회이기도 하고요.

이다혜   실제로 그런 것 같아요. 말씀하신 것처럼 자기가 잘되는 경우에는 누구의 도움도 아닌 자신의 능력 때문이라서 정당하다고 생각하지만, 상황이 안 좋아지거나 불운이 닥치는 경우에도 모든 것이 나 개인의 책임이라고 생각하기 때문에 수렁에서 빠져 나갈 방법이 더 좁아진다는 생각이 듭니다. 사회 전체가 어떻게 다 같이 잘살 수 있을까를 고민하는 것은 너무 어렵고 막연하기 때문에 다 개개인의 책임이고 개개인이 해결해야 하는 문제들로 여기는 것 아닌가 싶습니다.

이수정　예전 세대와 지금 20대의 생각이 그런 면에서 차이가 있는 것 같습니다. 경쟁이 더 가혹해졌기 때문이라고 볼 수도 있겠죠.

이다혜　사실 10년 전만 해도 한국은 OECD 회원국 중 유일하게 아동을 해외 입양 보내는 나라였습니다. 전쟁 이후에는 혼혈아, 고아들을 보냈고, 산업화 시대에는 도시 빈민의 자녀들과 미혼모의 자녀들을 해외로 입양 보냈습니다. 이렇게 보낸 아이들이 지금까지 20만 명 정도인 것으로 알려져 있는데요. 2010년대부터 싱글 맘 지원 정책이 본격화되면서 해외 입양이 크게 줄었다고 합니다. 그만큼 국내 입양이 늘어났다고 볼 수 있을까요?

이수정　전혀 그렇지 않습니다. 국내에서 한 해에 입양되는 아동 수는 기껏해야 몇백 명입니다. 공식적인 입양 절차를 거친 숫자는 아마 500명도 안 될 거예요.
　그런데 구미 3세 여아 사망 사건*의 경우 공식적인 입양 절차를 거치지 않은 사건이고 아이 한 명이 실종된 상태잖아요. 저는 오히려 출생 신고와 입양 절차가 까다로워지니 공식적인 절차를 거치지 않은 출산과 불법 입양도 많아진 것 아닐까 생각이 됩니다. 그런 사실을 고려했을 때 앞서 이야기가 나온, 2010년대부터 싱글 맘 지원 정책이 본격화되면서 해외 입양이 크게 줄었다는 이야기는 정책 홍보를 위한 표현일 뿐 실제 인과 관계는 그렇지 않을 수 있습니다.

사실 싱글 맘 지원 정책이 여전히 충분하지 않고요, 해외 입양을 보내는 사람이 싱글 맘뿐인 것도 아닙니다. 국내 입양 건수는 언제나 일정했을 겁니다. 다만 공식적인 절차를 거친 입양이 줄었을 가능성은 있습니다. 예전이나 지금이나 비밀리에 입양을 받거나 보내기를 원하는 부모가 많으니까요.

구미 3세 여아 사망 사건

2021년 2월 10일 경북 구미시의 한 빌라에서 당시 3세였던 피해자가 사망한 채 발견된 사건. 아래층에 거주하고 있던 외할머니 석 모 씨(48세)가 발견해 신고했다. 피해자의 모친 김 모 씨(22세)는 아이를 집에 버려 둔 채 이사를 갔고 수개월 간 아이는 전기도 끊기고, 먹을 것도 없는 상황에서 아사한 것으로 추정되었다. 이에 2월 19일 경찰은 김 씨를 살인, 아동복지법, 아동수당법, 영유아보호법 위반 등 4개의 혐의를 적용해 구속했다. 그러나 피해자의 DNA 검사 결과, 김 씨의 어머니가 친모라는 결과가 나왔고 경찰은 석 씨가 불륜을 저질러 가진 아이를 몰래 출산한 후 이 사실을 감추기 위해 김 씨의 아이로 바꿔치기하여 자신의 딸을 손녀로 둔갑시킨 것으로 결론 냈다. 석 씨와 김 씨 모녀는 임신과 출산 시기가 비슷했기 때문에 이와 같은 일이 가능했던 것으로 보고 있다. 즉, 피해자는 출생 신고조차 되지 않아 김 씨의 딸로 신분이 도용된 상태였던 것으로 파악되고 있다. 석 씨는 1심에서 징역 8년을 선고받았고 2심에서 징역 20년을 선고받았다. 9월 17일 대법원 상고를 포기했다.

사전에 작당하여 아이가 태어나자마자 쥐도 새도 모르게 불법적으로 빼돌려 마치 본인이 낳은 아이인 양 키우는 사람들이 아직도 있습니다. 아직까지 증거가 없어서 입증을 못하고 있지만 구미 사건 역시 불법 입양일 가능성도 있습니다. 기록상 출생 직후 아이가 증발한 것이니까요. 사실 병원을 끼지 않고 그런 일이 일어나기란 매우 어렵습니다. 그리고 10대 임신이 늘어 그것 역시 불법 입양과 상당히 연관이 있을 것으로 추정됩니다.

10대 출산과 아동 학대의 악순환

이다혜 　10대 출산이 늘었다는 것은 곧 임신 기간 동안 충분히 돌봄을 받지 못한 임산부와 산모가 증가했다는 뜻이잖아요. 그리고 비공식적인 루트로 입양이 된다는 건 그만큼 아이들의 상황에 대해 공적 기관에서 파악하지 못하는 경우가 많다는 의미이고요.

이수정 　맞아요. 그러다 보니 아동 학대가 한 해 3만 건 이상 발생하며 굉장히 많이 늘었습니다. 그런데 그렇게 학대를 당한 아이들이 집에 있을까요? 당연히 학대를 피해 가출하겠죠. 그러면 학업 중단자도 늘 텐데, 학업을 중단한 아이들이 24시간을 어떻게 보내며 먹고살고 있을까요? 휴대폰 채팅 앱에서 너무나 많은 성매매 산업들이 번성 중이라는 사실은 조주빈* 사건만 봐도 잘 알 수 있죠. 영상을 찍은 피해자들 중에 10대가 많아요. 그 아이들이 거리 위의 삶을 살다 임신을 하고, 출산을 하고, 그렇게 엄마가 되어 낳은 아이들을 또 학대하는 악순환이 반복되고 있습니다.

이다혜　최근에 있었던 아동 학대 사망 사건들을 보면 부모의 나이가 어린 경우가 많은 듯합니다. 부모가 셋째 아이를 죽였고 피해 아동 위로 두 아이가 더 있는데 부모의 나이가 겨우 20대 초반인 경우도 있었고요.

이수정　그러니까 기본적으로 입양을 나쁘게만 생각할 것은 아니라는 겁니다. 부모가 사정상 못 키우면 다른 사람이라도 좋은 부모가 되어 주면 되는 거고, 이렇게까지 입양 절차가 까다로운 데에는 나름대로 이유가 있겠지만 현실을 감안해 절차를 좀 더 간소화할 필요도 있어 보입니다.

이다혜　집안 어르신 중에 옛날에 업둥이를 키우신 분이 계세요. 예전엔 누군가가 자기 집 문 앞에 갖다 버린 아이를 업둥이라 부르며 거두어 키웠잖아요. 제가 어렸을 때는 그 사실을 잘 몰랐는데, 이모

할머니 중 한 분이 업둥이였다 하더라고요.

또 제 친구들 중에도 비슷한 경우가 있었는데, 삼촌 중 한 분이 이혼한 후 아이를 잘 돌보지 않아서 그 아이가 제 친구네 집에서 같이 자랐던 거죠. 입양한 것은 아니지만 대학에 갈 때까지 같은 집에서 자랐는데, 이런 사례가 저만 해도 가까이에 셋이나 있습니다.

친척 아이나 업둥이를 자기 가족으로 받아들인다는 것은 어떻게 보면 한정된 집안의 자원을 나누는 것이잖아요. 앞서 이야기했던 것처럼, 나에게 주어진 자원도 충분하지 않은 상황에서 남을 배려하는 것이 옳은가 하는 의문이 만연한 만큼 위와 같은 사례도 드물어지는 듯합니다.

이수정　예전에는 확대 가족이 해결할 수 있는 일이 굉장히 많았죠. 자식이 없는 사람들이 자식은 많지만 제대로 키우기 힘든 친척 집의 아이를 하나 데려다가 호적에 올려서 키운다거나 하는 일들도 흔했는데, 가족이 해체되면서 이제는 이런 일들이 거의 일어나지 않게 됐습니다. 그러면서 어른들의 보호를 받지 못하는 아동들이 사회 문제로 비화하는 경우가 많아진 것 같습니다.

이다혜　입양 절차가 까다로워서 생기는 문제점이나 보완점은 어떤 것이 있을까요?

이수정　한국은 입양할 때 나이 제한, 경제 상황 등도 다 제출해야 합니다. 입양이 되는 아이도 출생 등록을 반드시 마친 아이여야 하다 보니 제도가 참 이상적인 출생과 이상적인 가족, 이상적인 입양 부모를 전제로 하고 있다는 느낌입니다. 그런데 현실은 이상과 너무도 다르다는 것이 문제죠.

입양에 이르게 되는 아이들은 어쩔 수 없이 엄마 혼자 낳은 경우가 많고, 엄마가 경제적인 어려움으로 인해 아이를 포기할 수밖에 없는 경우가 태반인데, 그런 경우 기록이 남는 것을 원치 않는 엄마들이 많습니다. 그런데 우리는 기록이 안 남으면 입양 대상이 될 수 없습니다. 공식적으로 국내에 입양되는 아동이 1년에 몇백 명밖에 안되는 건 절차가 너무 까다로워서 그럴 수도 있다는 거죠.

이다혜　제 친구가 아이를 입양해 키우고 있는데, 그 친구가 최근 일어난 입양 아동 사건들을 보고 정말 기가 막힌다고 하더라고요. 본인이 그 절차를 다 거쳤기 때문에 입양이 얼마나 까다롭고 어렵게 진행되는지를 알고 있는데, 어떻게 이런 일들이 일어나도록 방치할 수 있는지 매우 안타까워했습니다.

이수정　공식적으로 입양 후속 절차가 없는 것은 아닙니다. 다만 정인이 사건 때까지는 후속 절차가 제대로 집행되지 않았다고 봐야겠죠. 정인이 사건 이후 지자체에서 정기적으로 입양아들 가정 방문도 하고 실사도 하겠다고 발표했는데, 입양한 부모들에게는 아이가 계속 정기적으로 심사 대상이 된다는 점, 그리고 가정의 프라이버시를 침해당한 채 계속 감시 감독을 받아야 한다는 점이 문제가 되고 있습니다.

이다혜　아이가 자신이 입양되었다는 사실을 모르는 경우도 있잖아요.

이수정　모르기를 원하는 부모들이 많은데 그렇게 감독 심사를 하게 되면 아이가 모를 수 없게 되는 거죠. 감독 기관이 입양아 본인에게도 직접 물어봐야 할 테니까요. 입양 부모들이 정인이 사건 때문에 굉장히 불안해하고 스트레스를 많이 받고 있는 것이 사실입니다.

이다혜　그럴 것 같아요. 제 친구는 공개 입양을 한 경우이고, 아이가 어릴 때부터 그 사실을 조금씩 설명해 주고 있는데, 아이가 아직 어린 나이인데도 우리 엄마는 어디 있을까 같은 생각을 한다고 합니다. 아직은 어리니까 엄마 아빠에게 터놓고 이야기하지만, 사실 더 성장해서 사춘기가 오면 입양한 엄마 아빠한테 상처 주기 싫으니까 말을 안 하는 경우도 생길 수 있는 거죠.
　제삼자 입장에서 보면 입양 후 일정 기간 동안 관리 감독을 꼼꼼하게 해야 정인이 사건 같은 비극이 안 생길 것 같지만, 사실 입양 가정 입장에선 그렇게 단순한 문제가 아닌 것 같습니다. 아이를 친자식처럼 키우고 있는 상황에서 언제 아이에게 입양 사실을 말해 줄 것인지 부모가 아이의 상황을 봐 가며 조율할 수 없게 될 수도 있으니까요.

이수정　그러니까 입양이 쉽게 늘지 않는 것입니다. 입양을 하는 순간 모든 절차에 편입되고, 프라이버시를 지키기 힘들어지기 때문에 입양을 생각했던 사람들도 '아, 이거 너무 복잡하구나.' 하면서 입양을 포기하게 되는 거죠.

정상 가족을 판단하는 기준은 누구의 잣대인가

이다혜 　지금은 이성애 부부, 정상 가족이어야 입양 절차가 가능한 것으로 알고 있는데요. 그렇지 않으면 아이들의 가족이 될 가능성이 전혀 없는 건가요?

이수정 　심사에서 일단 입양 부모로서 적합하지 않다고 나옵니다. 외국의 경우에는 동성혼 부모도 아이를 입양할 수 있는 나라가 굉장히 많습니다. 제가 그런 가정을 한국에 초대해 본 적이 있는데, 남자아이 한 명을 입양한 외국 학자 동성혼 부부였어요. 아이가 부부 중 한 명은 파파라고 부르고 다른 한 명은 대디라고 부르더라고요. 저는 그 남자들 셋으로 구성된 가족이 너무나 정상으로 보였거든요. 그러니 정상 가족이라는 걸 판단하는 기준이 도대체 누구의 잣대인지 생각해 볼 일이죠. 사실 아이가 친엄마 친아빠와 함께 살더라도 가정 폭력이 난무하는 걸 구성원 중 일부가 참고 있는 거라면 그게 더 비정상 가족입니다.

이다혜 　'정상 가족'이라는 표현은 가족의 생김새만 보고 붙이는 말인데요. 이 이야기를 친구들과 꽤 많이 해 봤는데, 예를 들어 여자 혼자 사는데 경제력이 충분한 경우에 입양 의지가 있다면 허용하는 것이 맞지 않겠냐는 이야기가 나왔습니다. 그런데 그럼 혼자 사는 남성이 입양하려는 건 어떻게 생각하느냐고 물어보니 거기에서부터 다들 말이 없어지더라고요. 성인 남성이 어린 여자아이를 입양하려고 할 때 그걸 막을 근거가 없잖아요. 그래서 입양 절차가 이렇게까지 까다로워지는 이유는 알겠는데 지금 이대로 가는 것도 답이 아닌 것 같고, 현장에 계신 분들의 고민이 깊을 것 같습니다.

심사숙고 끝에 절차에 따라 입양했더라도 아이를 파양하는 경우가 있을 텐데요. 무엇이 파양의 이유가 되는지, 또 그럴 때는 어떤 절차를 밟는지 알고 싶습니다.

이수정　대부분 파양의 이유로 아이에게 문제가 있다는 이유를 많이 대죠. 아이가 발달장애가 있다거나, 지적 능력이 떨어진다거나, 주의력결핍이 있어서 폭력적이라거나 하는 식으로 이유를 댑니다. 어떤 이유를 대더라도 파양은 아이에게 큰 상처가 됩니다. 그렇기 때문에 처음에 입양 부모로서 적합한지 심사를 철저히 해야 하는 건 맞는 것 같아요. 그래야 차후에도 지속적으로 관계를 유지할 수 있을 테니까요. 그런데 앞서 이야기한 대로 껍데기에 치중해 경제력 같은 것만 심사 기준으로 삼는 건 적합하지 않아 보이고, 그런 것보다는 품성이나 관계의 질이나 이런 것들을 보는 것이 지속 가능성이 훨씬 더 높다는 생각입니다.

이다혜　최근 한국에서 전해진 입양 관련 뉴스는 다 끔찍하고 험악한 것들입니다. 그중에서도 최악은 주택 청약을 위해 아이를 입양한 후 파양하는 경우인데요. 이런 사람들이 얼마나 되는지에 대해서 조사가 이루어지고 있나요?

이수정　그런 조사는 전혀 이루어지지 않고 있습니다. 입양을 하면 주택 청약에 가산점을 받고 대출 액수가 늘어나는 등 혜택이 주어지는데, 이건 국토교통부에서 가족 대상자에게 좀 더 좋은 환경을 주기 위한 방책으로 만들어진 것이기 때문에 무작정 잘못됐다고 이야기하기는 또 어렵습니다. 예를 들어 한국에서 아동 수당을 준 지 얼마 안 됐지만 이미 오랫동안 아동 수당을 지급해 온 나라들이 많거든요. 아동 수당을 지급해 온 나라에서 수당을 노리고 아이들 머릿수를 늘리거나 불법적인 행위들을 저지르는 경우가 굉장히 많이 늘어났습니다. 이건 이미 해외에서는 수치로 검증된 사실이거든요.

이다혜　그렇더라고요. 경제적 뒷받침이 부족한 상황에서 아이를 무책임하게 계속 낳는 가정이 늘면서 아동 학대가 심화되기도 하고요.

이수정　그런 일들이 워낙 많이 발생하니까 영국 의회에서는 아이를 출산하려면 자격증을 받게 해야 한다는 이야기까지 등장할 정도로 해외에서 굉장히 문제가 되고 있는 사안입니다. 수당을 무조건 남발할 게 아니고 지자체에서 수당을 지급하는 가정에 대하여 수당이 아이들을 위해 제대로 쓰이고 있는지 확인하는 제도도 함께 집행했어야 하는 거죠. 그런데 꼭 병폐가 먼저 발생하고 뒤늦게 제도를 만들어서 수습하는 식이라 문제입니다.

이제 지자체마다 아동 학대 전담 팀을 만들기로 했는데, 중요한 건 아동 학대 전담 팀을 만든 실무자들이 아동 학대에 대해 잘 모른다는 겁니다. 그냥 일반 수당만 지급하던 사회 복지사들에게 어느 날 갑자기 "당신이 아동 학대까지 맡아." 이렇게 지정해 버리니까 이런 사달이 벌어지는 겁니다. 그런 식으로 아동 학대 전담 팀이 만들어진들 아동 학대가 관리가 될까요?

이다혜　일을 새로 만들어서 원래 일하던 사람들에게 추가로 시키다니, 이거 너무 한국적인 상황이네요. 사회 복지사분들도 엄청나게 고생하고 계실 텐데, 정작 개선은 잘 이루어지지 않고 있으니 안타깝습니다. 이런 뉴스들을 보면 생모가 사망하지 않는 이상 입양보다는 미혼모 지원을 확실하게 해 주는 것이 아이들의 행복에 더 도움이 되지 않을까 하는 생각도 들거든요.

이수정　그렇죠. 전 개인적으로 연예인 사유리 씨가 선택한 방식이 앞으로 한국에 도입되고 허락되어야 한다는 생각이 듭니다. 지금 한국의 혼인율이 현저히 떨어졌잖아요. 동시에 혼자 살지만 어느 정도 경제력이 있는 사람들은 늘어났는데, 그런 사람들이 계속 혼자 살기만을 원하는 것은 아니거든요. 사유리 씨처럼 가족을 만들고 싶은 사람들의 욕구를 해결해 줄 수 있는 새로운 제도의 도입이 필요합니다.

가부장적인 가장이 있고, 엄마는 보조를 하고, 그 밑에 토끼 같은 아이들이 옹기종기 크는 가족이라는 낡은 이미지와 우리의 고정 관념을 이제는 갈아 치울 때가 됐다는 생각이 듭니다. 그런 이미지 때문에 입양도 잘 안 되는 거고, 입양된 후에도 그런 선입견으로 인해 문제가 생기고 있으니까요.

무표정은 해석하는 자의 심리를 보여 준다

이다혜　이 문제에서 제일 중요한 건 가족의 모습을 다양하게 상상할 수 있어야 한다는 점 같습니다. 예를 들어 동성혼을 한 가정에서 아이를 입양할 수 있게 한다는 건 동성혼이 전제되어야 하는 거잖아요. 지금 한국은 이성애 중심의 가족 구조 외에는 인정받지 못하기 때문에 문제의 해결 방법 역시 부족한 것 같습니다.

다시 「아카시아」 이야기로 돌아가 보면, 영화는 입양 온 진성이를 시종일관 섬뜩하게 묘사합니다. 아이는 내내 무표정하고, 말이 없고, 가족과 잘 어울리지 못합니다. 그런데 생각해 보면 다 너무 당연하고 평범한 반응이라는 거죠. 하다못해 성인이 외국에 어학연수를 가서 홈스테이를 해도 똑같은 상황이 벌어질 것입니다. 낯선 사람들하고 있는 거잖아요. 심지어 영화 속 진성이 같은 경우는 나이가 어리기 때문에 더더욱 그런 혼란이 클 수밖에 없는데 이 영화에서는 그런 당연한 모습을 무척 이상한 듯 표현합니다. 마치 입양이 되었으면 그 즉시 바로 엄마 아빠라고 부르고, 가서 안기고, 웃고, 재잘거려야 정상인 것처럼 말이죠.

이수정　이 영화는 일단 기본적으로 친족주의, 혈연주의를 올바른 것이고 당연한 것이라고 전제한 듯합니다. 그러다 보니 십수 년이 지난 지금 보면 굉장히 불편한 부분이 많은 거죠. 가족은 그저 같은 공간과 시간을 공유하는 사람들일 수도 있는 겁니다. 꼭 식탁에 둘러앉아서 다같이 따뜻한 밥을 먹어야 가족은 아닙니다. 저희 집만 봐도 식구 넷이서 같이 밥을 먹어 본 기억이 거의 없어요. 다 각자의 생활 패턴이 있기 때문에 그냥 같은 공간에서 공존하는 것뿐입니다. 그렇다고 저희 가정이 정상 가정이 아닐까요? 가족을 그 정도로 생각했다면 무표정한 아이를 굳이 기괴하고 음흉하게 묘사할 이유가 없는 거죠.

이다혜　그런데 한편으로 영화의 시선 자체가 도일과 미숙의 시선이 아닌가, 그러니까 영화가 비판하려는 것이 양부모의 시선 그 자체가 아닌가 하는 생각도 들었습니다. 아이가 이상한 것이 아니라 그들이 아이를 이상하게 보니까 이상하게 묘사했다는 거죠. 이 영화 자체가 정상 가족 이데올로기를 깔고 만든 것이 아니라 오히려 그걸 비판하기 위해서 만든 것이고, 이렇게 입양아라는 타자가 들어온 후에야 비로소 정상 가족 이데올로기가 얼마나 위선적인지 보인다는 점을 꼬집을 수 있다는 것입니다.

이수정　그렇게 볼 수도 있겠네요. 그러니까 우리가 영화의 묘사 방식이 문제라고 느끼고 불편했던 것이 사실은 감독이 의도한 불쾌감이었다는 거죠. 그렇다면 감독이 잘 만든 거네요.

이다혜　글쎄요. 영화를 정말 잘 만든 것인지는 조금 더 생각해 보고 말씀드리겠습니다. (웃음) 보통 무표정은 상대의 심리 상태에 따라 해석에 다양한 영향을 미치지 않나요? 흥미롭게도 무표정을 해석할 때 약자들의 무표정에 대해서 더 비판적인 경향이 있는 것 같습니다. 예를 들어 나이 든 남자들이 무표정일 때는 뭔가 심사숙고하고 있다거나 권위 있는 표정이라고 생각하는 경우가 많아요. 그런데 젊은 여자가 무표정하게 있으면 저 여자 무슨 일 있나, 화났나, 왜 저런 표정이지 하고 삐딱하게 보는 시선이 더 많다는 겁니다.

이수정　무표정에는 감정이 포함되어 있지 않아요. 그냥 표정이 없는 것뿐이죠. 저는 평생 무표정하게 살아왔는데, 제가 젊었을 때는 다들 그런 선입견을 갖고 절 바라봤겠군요. (웃음)

이다혜   이를테면 무표정을 해석할 때조차 그 사람의 사회적 지위부터 시작해서 성별, 처한 상황 같은 것에 따라 편견을 갖는다는 거예요. 특히 진성이 같은 경우는 나이도 어리고 새로운 환경에 적응해야 하는 상황이었기 때문에 이 영화에서 더더욱 그런 시선이 강조되지 않았나 하는 생각이 듭니다.

이수정   진성이 같은 어린 시절을 경험하면 일단 풍부한 표정을 지니기가 어렵습니다. 오히려 그런 상황에서 싹싹하고 헤죽헤죽 잘 웃는다면 그것이 훨씬 더 가식적인 행동일 수도 있어요. 사람은 생후 6개월부터 의미 있는 미소를 짓기 시작하는데, 그건 엄마 아빠의 존재를 깨닫기 시작하면서 상호 작용을 하고, 부모의 얼굴 모습을 따라 하면서 감정적인 표정이 생기기 때문입니다. 3세 정도까지 그런 상호 작용을 보장받지 못하는 상황에서 성장하면 표정을 잘 지을 줄 모르는 문제가 생기는 거죠. 그러니까 아이 탓은 전혀 아닌 겁니다.

이다혜   그래도 도일과 미숙은 계속 노력을 합니다. 덕분에 진성이도 마음을 열고 두 사람을 부모로 받아들여요. 그런데 바로 그때 미숙이 아이를 임신합니다. 한국의 속설 중에 아이가 생기지 않으면 입양을 하라는 말이 있는데요. 입양아를 도구화하는 사고방식이기도 하고, 핏줄에 따라서 내 아이, 남의 아이를 나누는 것도 굉장히 끔찍한 일입니다. 실제로 영화 속 도일과 미숙은 친자식을 낳은 뒤에 진성을 파양하진 않지만 점점 더 미심쩍은 시선으로 바라봅니다.

이수정   사실 이렇게 되기가 어려워요. 아이와 정이 드니까요. 아무리 무표정한 아이라도 엄마 아빠가 2년 정도 키운 거잖아요. 물론 어렵게 임신해 엄마 배 속에 자라고 있는 태아가 귀하기는 하겠으나 그렇다고 그간 길러 온 아이를 배척하고 음흉하다 여기는 부모는 드뭅니다. 이것은 드라마틱한 전개를 위한 설정에 불과하다고 보입니다. 앞서도 이야기했지만 우리가 이렇게 성토하는 것이 감독이 의도한 거라면 무척 성공적인 연출을 한 셈입니다. (웃음)

이다혜　이런 상황에서 진성이는 점점 더 소외감을 느끼고 불안해합니다. 그리고 그런 불안과 불만을 소소한 말썽으로 표현하는데요. 미숙이 만든 직물 공예품의 실을 풀어 버린다거나 태어난 동생이 우니까 조용히 하라면서 입을 막아 버린다거나 하는 식입니다. 그런데 사실 이것도 너무나 있을 법한 일이거든요. 친동생이 태어나 관심을 빼앗기면 질투하는 것이 당연한 발달 과정이라고 배워 알고 있습니다. 그리고 어린아이가 아기의 입을 막는다고 해서 그게 해치려고 하는 것은 아니잖아요.

이수정　아기가 자꾸 울어서 시끄러우니까 나온 아이다운 행동일 뿐이죠.

이다혜　충분히 있을 법한 일이고 사실 별일 아닐 수도 있는데, 이 부부는, 특히 미숙은 진성에게 성격적으로 문제가 있는 것이 아닐까 자꾸 의심합니다. 이런 의심에서 한 걸음만 더 내디디면 학대로 이어질 것 같아서 굉장히 불안한 마음으로 보게 되거든요.

이수정　제가 애 둘을 낳아 키워 보니 큰애가 작은애한테 질투하는 정도가 이루 말할 수 없어요. 우리 큰애는 작은애가 움직이지도 못하는데 가서 깔고 앉아 압사시킬 뻔한 적이 한두 번이 아니었어요. (웃음) 이건 그냥 애가 둘 이상이면 너무 당연한 일입니다.

사체는 많은 것을 말해 준다

이다혜　이 영화에서는 그게 마치 한 핏줄과 다른 핏줄의 문제인 것처럼 이야기하지만 사실은 그냥 같은 핏줄로 태어나도 그럴 수 있는 일이기 때문에 영화 속 상황이 더 안타깝게 느껴졌습니다.

지금부터는 스포일러입니다. 말을 안 듣고 속을 썩이는 진성이와 옥신각신하다가 미숙은 우발적으로 진성이를 죽입니다. 퇴근하고 집으로 돌아와 그 모습을 본 도일은 진성이를 마당의 아카시아 아래 파묻는데요. 그 과정에서 의식을 차린 진성이를 다시 한번 살해합니다. 그리고 한집에 살던 도일의 아버지는 그 광경을 보고도 묵인합니다. 저는 이 장면이 정말 이해가 안 가더라고요.

이수정　저도 그 장면이 이해하기 힘들었습니다. 우발적인 사고가 일어났으니 당연히 신고해야죠.

이다혜　게다가 도일의 직업은 산부인과 의사였습니다. 어쩌면 아이를 살려 낼 수도 있는 사람이고, 배울 만큼 배웠고, 어쨌든 진성이를 헌신적으로 돌봤던 사람들이 왜 119에 전화하는 대신 암매장을 택한 것인지 이해할 수 없었습니다.

이수정　이렇게 넋이 나간 상태에서 일어나는 범죄는 생각보다 없습니다. 학대도 바깥에서 보기에는 어느 날 갑자기 아이가 죽는 것 같지만 사실은 다릅니다. 굉장히 오랜 기간 동안 아이가 죽어 가는 것입니다. 수사 기록에서 그런 것들을 보고 있자면 정말 처참합니다. 아이가 정신을 잃기도 하고, 다쳐서 응급실에 실려 가기도 했던 기록들이 다 남아 있어요. 그렇게 아이가 죽어 가는 과정이 진술 내용이나 증거로 다 입증이 됩니다. 그러니까 이렇게 어느 날 갑자기 실수로, 우발적으로 사람이 죽는 일은 잘 발생하지 않아요.

아동 학대 치사 사건이 일어나면 법의학 하시는 분들이 전문가 증언을 하러 많이 오십니다. 제가 통영지청에서 아동 학대 치사 사건으로 만난 법의학자분은 연세가 많아 은퇴한 교수님이셨는데, 피해 아동이 죽어 간 과정에 대해 설명을 잘 해 주셨어요. 몸에 흔적이 다 남아 있으니까요. 멍의 색깔도 다르고, 골절이 일어나면 몸의 세포들이 재생되기 때문에 석회질이 남아서 이건 몇 달 된 흔적이고, 저건 몇 주 된 흔적인지 다 알 수 있습니다. 남은 사람들의 진술은 절대 믿을 것이 못 됩니다. 죽은 자는 말이 없다지만 사체는 많은 것을 말해 줍니다.

이다혜　극심한 학대를 경험하고도 치사에 이르지 않은 경우 그 트라우마가 얼마나 클지, 그리고 그런 것에 대해서 다른 사람들의 이해를 얼마나 받을 수 있을지 회의적인 생각만 듭니다. 막을 수 있다면 막는 것이 최선일 텐데요.

이수정　막기 위한 노력들이 다각도로 진행되고 있습니다. 온 국민이 다 신고할 수 있게 바뀐 후 요즘 신고 건수가 굉장히 늘었습니다. 아동 학대야말로 모두가 함께 감시해야만 합니다.

이다혜　　어쨌든 이 영화에서는 우발적으로 사건이 벌어진 다음 아이를 암매장한 후 실종 신고를 합니다. 이 부분에서 평택 아동 살해 암매장 사건*이 떠오르면서, 영화에서 표현되지 않았지만 어쩌면 이 부부가 평소 진성이를 학대했을지도 모른다는 생각이 들었습니다. 전에 박사님이 친자식 중에서도 한 아이만 학대를 당할 수도 있다, 그런 경우 가족은 그 아이를 침입자라고 생각한다는 말씀을 하신 적이 있습니다. 이런 사고 메커니즘이 입양아에게 어쩌면 더 잘 작용할 수도 있겠구나 싶습니다.

평택 아동 살해 암매장 사건

경기도 평택시에서 2013년 8월부터 2016년 2월 말까지 발생한 아동 학대 사망 사건. 피해자 신원영(당시 7세)의 초등학교 입학 유예 관련 심의를 앞두고 부부가 "아이가 없어졌다."라고 하여 실종에 관한 경찰 수사가 시작되었다. 결국 피해자의 시신이 야산에서 발견되었고 경찰은 아이의 누나로부터 학대 사실에 대한 진술을 받아 친부와 계모를 아동 학대 혐의로 구속했다. 2017년 4월 13일 대법원은 계모 김 씨에게 징역 27년, 친부 신 씨에게 징역 17년을 선고한 원심을 확정했다.

이수정　　아이가 여러 명일 경우 핸디캡이 있는, 뭔가 좀 취약성이 있는 아이를 화풀이 대상으로 삼는 경우가 종종 있습니다. 양육 스트레스가 분명 영향을 주죠. 입양하는 경우가 아니라고 해도 사실은 양육이라는 것 자체가 굉장히 큰 스트레스를 동반하는 일일 수밖에

없는데, 이 아이만 없으면 왠지 너무 평화로울 것 같다는 생각을 하지만 그건 오산입니다. 잘못된 사고죠. 양육 스트레스는 배우자와 함께 나눠야 이완이 되는데, 애들은 엄마가 키우는 거라면서 양육에 전혀 관여하지 않는 남자들이 여전히 많습니다.

이다혜　영화는 진성이를 살해하는 데 공모한 사람들을 초자연적인 방식으로 응징합니다. 여기부터 본격적으로 공포 영화스러워지는데, 힘없는 아이가 어른들을 처벌할 수 있는 방도가 따로 없을 것 같기도 합니다. 영화에서 진성이는 6살 미취학 아동이고, 어린이집도 안 다니고, 병원에 가는 장면도 없습니다. 진성이가 사라져도 옆집에 사는 친구 민지 말고는 아무도 그 사실을 알 길이 없는 셈입니다. 이렇게 시야 밖에 놓여 있는 아이들을 어떻게 보호할 수 있을까요?

이수정　이제는 아이들에 대한 수당도 있고, 더군다나 입양아의 경우 국가에 의해서 기록이 남기 때문에 이런 사건이 일어나면 뒤늦게라도 처벌받을 수밖에 없습니다. 만약 영화 속에서 그랬듯 양부모가 실종 신고를 내면 당장 조사가 시작될 겁니다.

이다혜　마지막으로 입양이나 입양아에 대한 인식이 더 개선되려면 사회가 어떤 노력을 더 기울여야 할까요? 저는 미디어에서 보여 주는 입양아의 모습이 좀 더 다양했으면 좋겠다는 생각이 듭니다. 지금은 해외 입양 갔다가 학대를 받았다든가 아니면 정체성 때문에 방황했다든가 하는 부정적인 이미지가 많은데, 입양한 자녀와 행복하게 살아가는 가족의 모습이 더 노출되어야 하는 것 아닌가 하는 생각이 듭니다.

이수정 일부 동의합니다. 다만 저는 입양에 대한 판타지를 심어 주는 것은 바람직한 일이 아니라고 봅니다. 그 판타지 때문에 정인이 엄마가 입양을 했다가 아이를 감당하지 못하고 사망에 이르게 했잖아요. 그러니까 입양에 대해 실용적으로 접근하는 것이 제일 좋겠다는 생각이 듭니다. 가족의 가치를 운운하는 허울 좋은 소리는 치우고, 아이가 친부모 밑에서 클 수 없을 때 대신 키워 줄 부모를 찾아 준다는 실용적 제도로서 입양을 바라보아야 한다고 생각합니다. 이른바 정상 가족을 이상화할 것이 아니라 세상에 태어난 아이를 사회가 책임지고 제대로 키워 내는 것에 집중해야 할 때라고 봅니다.

친족 성폭력, 반드시 말해져야 한다

우리들의 행복한 시간

감독 송해성 | 한국 | 2006년

현직 사립대 미대 교수에 전직 대학가요제 출신 유명 가수, 남부러울 것 없어 보이는 유정의 시간은 십수 년 전, 15세에 멈춰 있다. 이제는 결혼해 아빠가 된 사촌 오빠가 그를 강간했던 바로 그때다. 당시 엄마에게 피해 사실을 고백했을 때 "다 큰 계집애가 처신을 어떻게 했길래?"라는 말을 들은 순간 유정의 시간은 멈춰 버렸다. 어떻게든 상처를 치유하고 앞으로 나아가려고 할 때마다 엄마는 "유정이가 나쁜 꿈을 꿨나 보다. 짓궂은 장난을 당한 것뿐인데 저런다, 쟤 대체 왜 저런다니." 하며 유정을 좌절시켰다.

세상에서 가장 가까운 사람, 살가운 관계는 아니지만 든든한 울타리라고 믿었던 존재에게 배반당한 유정이 그만 생을 포기하기로 한 그해 겨울, 유정은 고모의 손에 이끌려 간 교도소에서 윤수를 만난다.

비딱하고 차가운 말투로 서로를 밀어내기만 하던 두 사람은 차츰 서로가 닮았다는 것을 알아챈다. 가난하고 꼬여 버린 과거를 가진 윤수와, 부유하고 화려했지만 불행했던 유정, 둘은 매일 목요일에 만나 서로의 이야기를 주고받으며 상처를 치유해 가지만 그들에게 허락된 시간이 얼마 남지 않았다.

이다혜   송해성 감독, 이나영, 강동원 씨 주연의 2006년 한국 영화 「우리들의 행복한 시간」을 중심으로 친족 성폭력에 관해 이야기해 보고자 합니다. 이 영화는 2005년에 출간된 작가 공지영의 동명 소설을 영화화한 작품인데요. 이나영 씨가 어릴 적 사촌 오빠에게 강간을 당한 이후 그 트라우마 때문에 고통받는 주인공 유정을 연기했습니다.

저희가 지난해 영화 「룸」과 함께 친족 성폭력 이슈를 다룬 적이 있는데요. 이후 게시판 비밀 댓글로 정말 많은 분들이 친족 성폭력으로 인한 고통을 호소하셔서 다시 한번 이 주제를 다루게 됐습니다.

영화 속에서 유정은 열다섯 살에 강간을 당합니다. 경찰청에서는 친족 성폭력 통계를 따로 내지 않기 때문에 한국성폭력상담소 자료를 살펴봤는데요. 2017년 만 스무 살 이하 청소년들이 친족과 친인척에게 성폭력 피해를 입은 비율이 전체의 11.4퍼센트를 차지했습니다. 그리고 나이가 어릴수록 이 비율이 높아졌는데요. 10대 피해자 중 7세 이하가 40.5퍼센트라고 합니다. 이 통계를 통해 알 수 있는 사실은 무엇인가요?

형사 사건인가, 아동 학대 사건인가

이수정   천벌 받을 사람이 세상에 너무 많다는 사실을 알 수 있네요. 한국에 친족 성폭력 피해가 이 정도로 많다는 사실이 알려진 지 겨우 10년도 채 되지 않았습니다. 옛날에도 무척 많았을 것이고 앞으로도 완전히 없어지지는 않을 것이겠지만, 예전에는 실태조차 제대로 파악하지 못했기 때문에 오늘날 신고가 이루어져 이렇게 범죄 건수가 파악된다는 사실만도 고무적으로 느껴집니다.

친족 성폭력은 근절이 굉장히 어려운 범죄입니다. 피해자와 가해자가 한 가족 안에 있기 때문에 가족의 해체를 무릅쓰고 피해를 밝혀 사건화하기가 쉽지 않습니다. 게다가 한국은 가족과 연관된 범죄들에 대단히 보수적으로 접근하는 편입니다. 때로는 친족 성폭력 가해자가 가족의 생계를 책임지고 있다는 이유만으로 집행유예 정도로 마무리하기도 합니다.

지난 5월 청주의 한 아파트에서 성범죄와 아동 학대 피해를 당한 두 여중생이 동반 자살을 한 사건이 일어났습니다. 두 학생은 친구 관계였고, 그중 한 학생의 계부에게 둘 다 성폭행을 당했습니다. 의붓딸 친구의 부모가 피해 사실을 신고해 경찰이 성범죄를 저지른 계부에 대한 체포 영장과 구속 영장을 여러 차례 신청했지만, 검찰은 번번이 보완 수사를 요구하며 반려해 영장을 반려한 검찰에 대해 비난이 쏟아진 바 있습니다.

어떤 사건이든 형사 사건이 되는 순간 적법한 절차를 거쳐서 방어권이 보장되게 소송을 해야 합니다. 그러니까 형사 사건화되면 검찰이 모든 요건을 충족시켜 신중하게 기소를 할 수밖에 없기 때문에 경찰에게 전문가 진술 의견서를 추가해라, 하는 식의 요구를 하며 영장을 반려하는 경향이 있습니다.

그런데 이 사건은 사실상 의붓아버지가 아이와 아이의 친구를 성학대한 '학대 사건'입니다. 그렇기에 형법을 적용할 수도 있고, 아동학대처벌법을 함께 적용할 수도 있습니다. 아동학대처벌법이 적용되면 피해자 분리 조치를 내릴 수 있기 때문에 형사 사건은 형사 사건대로 진행하면서 피해자 보호 및 분리 조치를 할 수도 있는 사건이었던 것입니다. 이것을 단순히 성폭력 사건이라고만 접근한 것이 지금까지도 무척 안타깝습니다.

이다혜　피해자가 미성년자인데도 그 특수성을 고려하지 못한 것을 믿을 수 없네요. 최근 들어 끔찍한 뉴스가 많았지만 그중에서도 이 사건이 가장 받아들이기 어려운 뉴스였습니다.

이수정　이런 사건이 만약 독일에서 일어났다면 어땠을까요? 먼저 의붓아버지는 즉시 퇴거당합니다. 경찰이 임시 조치를 취할 수 있어요. 그런데 한국은 대부분 가해자를 퇴거시키지 않습니다. 그렇다면 최소한 부모가 있는 피해 아동은 예외로 치더라도 의붓딸은 쉼터로 보냈어야 합니다.

그 둘은 무척 친했기 때문에 둘 중 하나라도 구조가 가능하다는 사실을 확인하고, 제대로 된 어른들에게 조언을 받았다면 둘 다 죽지 않았을 거라고 생각합니다. 그런데 한국의 사법 제도는 가해자가 적법한 절차를 거치도록 하는 데에 치중하느라 피해자인 아이들을 그냥 내팽개친 것입니다.

이다혜　결국 피해 신고를 하지 말라는 것 아닌가요?

쉽게 은폐되는 친족 성폭력

이수정　이미 여러 차례 이야기한 바 있지만, 우리의 사법 제도가 이런 식으로 피해자 보호에 소홀한 면이 있습니다. 그러니 아이들이 결국 자구적 노력을 한 거죠. 끔찍한 현실에서 탈출할 방법을 찾다가 결국 극단적인 선택을 하게 된 겁니다. 언론이나 경찰이 이런 종류의 사건을 열심히 다뤄야 하는데 한강에서 술 마시다 실족사한 의대생 사건만 그렇게 열심히 다루고 있으니 기가 찹니다. 청주 여중생 동반 자살 사건은 여기저기 기사가 나 봤자 공무원들만 욕을 먹을 테니 어떻게든 크게 이슈화되지 않도록 애쓰겠죠.

우리가 다루고 있는 「우리들의 행복한 시간」의 주제가 회복이잖아요. 피해자가 사형수와의 관계를 통해서 상처를 극복하고 회복하는 이야기인데, 피해자의 보호와 회복은 너무나 중요한데도 현실에서 그만큼 중요하게 다뤄지지 않고 있습니다. 아, 그러고 보니 이 영화에서는 사형수가 끝내 사형을 당했지만 한국은 이제 사실상 사형이 비공식적으로 폐지된 국가라는 점을 지적하고 싶습니다.

그리고 전 성폭력 피해자가 사형수를 통해서 위안을 받는다는 설정이 좀 불편하더라고요. 현실적으로 성폭력 피해자 회복 프로그램이 얼마나 부실하면 사형수를 만나 위안을 받나 싶고요. 물론 그림은 예술이었죠. 두 주인공 다 미남 미녀니까요. 저는 미남 미녀 나오는 그림을 무척 좋아합니다. (웃음)

이다혜　선생님 갑자기 표정이 밝아지셨네요. (웃음) 다시 영화 이야기를 해 보겠습니다. 주인공 유정은 비교적 유복한 가정의 막내딸입니다. 그래서인지 봉사 활동으로 만나는 범죄자 윤수를 비롯해 주변의 어느 누구도 유정이 그런 일을 겪었으리라는 짐작하지 못합니다. 친족 성폭력은 보호자가 없거나, 있어도 제대로 된 지지와 보호를 못 하는 가정에서 주로 발생할 거라는 편견이 있는데 실제로는 어떤가요?

이수정　전혀 그렇지 않습니다. 오히려 괜찮아 보이는 가정일수록 친족 성폭력이 은폐됩니다. 중산층 이상의 가정일수록 피해자가 피해 발고를 해도 엄마가 그걸 덮으려고 압박하는 경우가 있습니다. 가족의 명예를 훼손하는 일이라고 생각해 집안 남자들이 모두 여성 피해자의 발고를 불편해하고 오히려 책임을 전가하기도 합니다.

십수 년 전 제 수업에 들어온 학부생이 사촌 오빠한테 성폭행을 당한 피해자였습니다. 교양 과목 수업이 끝난 후 저한테 와서 굉장히 많은 것들을 의논했지만 성폭력 피해로 인한 상처를 극복한다는 것이 말처럼 쉬운 일이 아니었어요. 너무 어렸을 때 당한 피해이고, 그 일로 인해 모든 가족 구성원, 엄마, 아빠까지 신뢰하기 어려워졌기 때문에 아무리 상담을 받고 노력해도 회복이 잘 되지 않았습니다.

피해자와 가해자는 사촌이지만 그 윗대는 형제잖아요. 그러다 보니 가족들이 피해 사실을 알면서도 쉬쉬하고 피해자만 고립됐던 것 같아요. 사촌에 의한 성폭력 피해라는 건 발고하는 순간 형제지간의 연이 끊기고 가족이 해체되는 걸 의미하는데, 기성세대는 그런 것을 감당하기 어려워합니다.

결국 그 친구는 조현병으로 정신 병원 입퇴원을 반복했어요. 한번은 조현병 약을 한꺼번에 많이 먹고 "선생님 머리가 어지러워요, 저 지금 한강 다리 위에 있어요, 길이 막 벌떡벌떡 일어나요." 이러면서 밤늦은 시간에 전화를 하기도 했습니다. 그런데 조현병 약을 한 번에 많이 먹는다고 해서 죽지는 않거든요. 다행히 극단적인 선택까지 가지는 않았지만 안타깝게도 결국 치료는 잘 되지 않았어요. 지금은 연락이 끊겨서 근황을 알지 못하는 상태입니다. 이렇게 친족 성폭력 피해 당사자는 이중 삼중으로 고통을 받습니다.

성폭력보다 더 무서운 가족의 2차 가해

이다혜　　말씀하신 것처럼 가족들의 2차 가해, 회유와 협박 때문에 오히려 피해자는 말을 하려 하면 할수록 더 고통받는 듯합니다. 가족들의 2차 가해 유형에는 책임 전가가 있습니다. 영화에서처럼 여자애가 처신을 대체 어떻게 한 거냐며 오히려 피해자를 질책하는 경우인데요. 가해자가 장난삼아 한 일을 괜히 문제 삼는다는 식도 많은 것 같습니다. 엄연히 피해자가 존재하는데 별일 아닌 척 넘어가는 경우도 많고요. 보호자들의 이런 반응을 어떻게 이해해야 할까요?

이수정　　저는 이해는 할 수 있을 것 같습니다. 관계로 얽힌 친인척 혹은 가족 사이에서 피해자 편에 서는 것이 얼마나 어려운 일인지. 그러나 이해는 이해일 뿐, 절대 이런 2차 가해는 있어서는 안 됩니다.

이다혜　　피해 사례를 보면 친척들 간에 돈이 얽혀 있어 친족 성폭력 사건화를 하지 못한다든가, 아니면 가해자가 친오빠인데 가족의 생계를 책임지고 있어 피해자의 발고를 일방적으로 막는다든가 하는 상황이 적지 않습니다. 아들이나 남성을 우선시하는 가부장적 사고가 이런 현실의 한 원인이 아닐까 싶은데요, 관련 보고서를 보면 성폭력 자체보다 가족들의 이런 2차 가해가 피해자에게 더 상처가 되는 듯합니다. 그래도 인식이 좀 바뀌면서 요즘은 이런 분위기가 퇴색했다고 들었는데 어떤가요?

이수정　글쎄요. 달라졌다고 말하기는 좀 어려울 듯합니다. 명예를 중시하고 위계가 견고해 헤게모니에 대한 도전이 어려운 조직일수록 2차 가해가 더 심한 경향이 있습니다. 이를테면 공무원 조직도 마찬가지입니다.

위계 사회에서 피해자는 대부분 가장 서열 밑바닥에 있는 사람들이거든요. 피해자가 피해를 발고하는 순간 조직 구성원이 하나로 뭉쳐 조직의 명예가 무너진다, 질서가 무너진다며 피해자를 탓하고, 네가 우리 조직의 수치라고 단정하면서 오히려 피해자에게 책임을 묻는 일들이 여전히 흔합니다. 이런 위계 조직에서 벗어나 공적 시스템 내에서 피해자들을 어떻게 구조할 것인지에 대한 문제의식을 갖고 접근해야 합니다.

이다혜　얼마 전 두 딸을 일곱 살 때부터 장기간 성폭행해 온 아버지가 1심에서 징역 10년을 선고받았습니다.* 이 사건의 경우 피해 사실을 고발한 큰딸이 현재 중학생이라 아버지가 출소할 때는 아마 성인이 돼 있을 거예요. 그런데 피해자들이 미성년자인 경우에는 아버지가 친권을 행사하려 들 수도 있지 않습니까? 이런 사태를 법적으로 막을 수 있나요?

개선이 시급한 피해자 신변 보호 시스템

이수정　피해자 접근 금지 명령 같은 것들을 내릴 수는 있겠죠. 문제는 그 접근 금지 명령이 징역 10년을 채우고 만기 출소한 자에게는 적용되지 않습니다. 사건 직후엔 접근 금지 명령이 가능하지만 만기 출소한 가해자의 경우에는 문제가 다릅니다. 가해자의 양육권이 박탈됐기 때문에 일정 기간 동안 연락을 취할 수는 없겠지만, 가해자가 만기 출소한 후 원적 회복, 주민 등록 등을 확인하는 과정에서 피해자들이 어디에 있는지 결국은 알게 됩니다. 주민센터 같은 데에서는 전과 기록을 갖고 있지 않으니까, 알려 달라고 하면 알려 줄 수밖에 없는 상황이 생기거든요.

그래서 출소한 가해자에 의한 2차 피해를 법적으로 막아 달라는 호소들이 실재합니다. 만약 출소한 가해자가 기초 생활 수급자 신청을 했다면 부양 의무자인 자식, 즉 피해자의 소득을 조회하면서 피해자가 가해자에게 다시 노출되는 일들이 있습니다.

여러 번 한 이야기지만, 한국은 피해자 신변 보호 시스템이 너무나 취약합니다.

이다혜   법조차 피해자를 지키지 못하면 이 작은 나라에서 도망도 못 간다는 이야기잖아요. 게다가 징역 10년이라니, 아이들 두 명의 인생을 망가뜨렸는데 10년이라니 너무 가벼운 형량 아닌가요. 요즘 100세 시대라는데 그중에 고작 10년이면 너무 적죠.

이수정   더군다나 가석방되기 때문에 6~7년이면 출소합니다.

이다혜   애초에 선고된 10년도 너무 적고, 만기 출소가 아니면 더 일찍 나올 수도 있고, 나와서는 피해자가 어디로 이사 갔는지 언제든 쉽게 알 수 있다면 피해자인 자녀들 입장에선 대체 어떻게 살아야 하느냐는 겁니다.

이수정   저는 요즘 한국에서 사적 복수를 주제로 한 드라마가 흥행하는 이유가 사법 제도에 대한 불신 및 불만 때문일 수도 있다고 봅니다. 저는 그런 드라마를 반대하는 입장이지만 사적 복수를 통쾌해하는 그 심정만은 이해가 됩니다.

이다혜   영화 「우리들의 행복한 시간」에서 유정의 엄마는 2차 가해와 함께 사건을 덮어 버립니다. 이런 반응이 피해자들에게 정신적으로 굉장한 충격을 줄 수밖에 없지 않나요?

이수정   무척 심각한 충격을 줍니다. 세상에 내 편은 오직 나뿐이고, 모든 가족이 나의 적이라면 가족과 등지거나 죽는 것 말고 피해자들에게 남은 방법이 없는 것처럼 보일 수 있습니다. 그러니까 이런 피해자들이 당면한 문제는 말할 수 없이 심각한 것입니다.

이다혜   영화를 보면 유정의 시간은 15세에 멈춘 듯 보입니다. 유정은 오빠들과 달리 학업 성적도 별로 좋지 않았고 진득하게 한 가지 일에 몰두하지도 못했어요. 서른 남짓까지 세 번이나 자살 시도도 하고요. 이 모든 걸 성폭력 피해자들의 트라우마 반응으로 이해해도 될까요?

이수정   단순히 성폭력 피해자들의 반응이다 이렇게 이야기하긴 좀 어렵습니다. 그런 고정 관념이 또 피해자다움을 강요할 수 있기 때문입니다. 성폭력 피해자들의 트라우마 반응은 사실 다양합니다. 강간을 쉽게 극복하고 자기 인생에 더 몰두하는 사람도 얼마든지 있을 수 있어요.
그러나 미성년자라면 부작용이 더 심할 수 있습니다. 더군다나 어디에서도 도움을 못 받았다면 해바라기센터로 가실 것을 추천합니다. 해바라기센터에는 전문가 집단이 있기 때문에 피해자들을 지원하는 시스템 속으로 자연스럽게 편입될 수 있습니다.
물론 「우리들의 행복한 시간」의 배경은 2006년인데, 해바라기센터를 비롯한 시스템은 2008년도에 구축됐기 때문에 유정이 전문가들의 도움을 받을 수는 없었죠. 그런데 많은 분들이 이 점을 아셔야 합니다. 성폭력 사건으로 처리를 하실 거면 피해자를 반드시 해바라기센터로 데려가야 하고, 친족 성폭력의 경우에는 동시에 아동 학대가 성립한다는 사실 말입니다.

아동 학대가 성립하기 때문에 가정법원은 아동학대처벌법에 의해 피해자들을 보호하는 임시 조치를 취할 수 있습니다. 일단 가정법원에서 아동 학대 사건으로 처리되는 동안, 가해자에 대한 처벌은 형사 사건으로 적법한 절차를 거쳐서 진행된다는 점, 아동 학대와 성폭력을 동시에 병과할 수 있다는 점을 아셔야 합니다.

사건 초기에 담당 경찰이 잘 모르고 사건 처리를 잘못 하면 피해자가 제대로 보호받지 못하는 일이 발생할 수도 있습니다. 또는 형사과를 가면 형사과는 여성청소년과가 아니라서 해바라기센터로 피해자를 데려가지 않고, 피해자 본인도 잘 몰라서 강간 사건으로만 처리하겠다고 하면 피해자 보호가 제대로 안 되는 거죠. 그래서 처음에 해바라기센터로 가는 것이 매우 중요합니다.

'한국성폭력상담소'와 '한국여성의전화'가 이루어 낸 성과

이다혜　　아마 제일 중요한 이야기일 것 같습니다. 보통은 경찰을 찾아가는 것이 제일 확실한 방법이라 생각할 수 있는데, 언제나 이상적인 경찰만 만난다는 보장이 없죠.

영화 속에서 아마도 유정은 여러 번 정신 병원에 입원했던 것 같습니다. 그런데 윤여정 씨가 연기한 고모, 모니카 수녀가 이번에는 다른 해결책을 제시합니다. 3명의 여성을 강간 살해한 혐의로 복역 중인 사형수 윤수를 면담하는 일종의 봉사 활동인데요. 이런 접근법에 대해서 어떻게 생각하시나요?

이수정　실제로 천주교 교정사목회에서 사형수 상담을 합니다. 저도 거기 일원인데, 교정사목회에 계신 수녀님들은 영화 속 모니카 수녀가 하는 일들을 하고 있어요.

이다혜　이외에도 피해자의 회복에 도움이 될 만한 활동이 있는지 궁금합니다. 해외에서는 트라우마로 발전할 수 있는 각종 충격적인 사건에 대해서 상담을 받는 경우가 흔해 보이는데요.

이수정　국내에도 피해자의 회복을 위한 다양한 활동이 있습니다. 한국성폭력상담소도 이런 목적으로 탄생한 것이고요. 저는 한국 사회에서 여성의 인권과 연관된 다양한 이슈에 한국성폭력상담소와 한국여성의전화가 이바지한 바가 매우 크다고 생각합니다. 비슷한 피해를 당한 사람들끼리 상호 보조하며 스스로 회복을 도모하는 데에 이런 기관들이 큰 역할을 합니다.

　그리고 사법 절차의 개선에도 굉장히 많은 영향을 미칩니다. 성폭력 사건 재판을 참관하는 일도 굉장히 오래 해 왔고요. 이분들은 아무런 대가 없이 자발적으로 이런 일에 참여하시는 훌륭한 분들입니다. 진심으로 존경심을 느낍니다.

성폭력 피해자, 말해야 산다!

이다혜　들여다볼수록 복잡해지는, 관계가 복잡하게 얽힌 사건들은 관련 사건을 많이 다뤄 본 경험이 없으면 알 수 없는 절차상의 난점들이 분명히 있기 때문에 여성의전화나 해바라기센터를 꼭 알아 두면 좋겠다는 생각이 듭니다.

유정은 윤수를 계속 만나다가 어느 날 자신의 과거를 털어놓습니다. 그리고 그날 간만에 단잠을 잡니다. 예전에《한겨레21》친족 성폭력 관련 기사에서 '작은 목소리라도 말해야 산다.'라는 성폭력 생존자의 말을 인용한 것이 기억납니다. '말하기'라고 하는 것이 성폭력 피해를 회복하는 과정에서 어떤 의미를 가질까요? 이게 '미투 운동'과도 관계가 있어 보여서요.

이수정　성폭력 피해 회복에서 말하기는 굉장히 중요한 계기입니다. 말을 하는 순간 모든 사람들의 손가락질을 받고 나의 치부가 드러난다는 두려움 때문에 많은 피해자들이 하고 싶은 말들을 가슴에 묻거든요. 그런데 그렇게 하면 결국 정신이 망가집니다. 그렇기 때문에 일종의 커밍아웃이라고도 볼 수 있는 말하기는 무척 중요합니다.

내가 피해자라는 사실을 말하고 도움을 요청함으로써 제로 베이스에서 새로 출발할 수 있어야 합니다. 성숙한 사회라면 피해자가 피해를 당했다고 발고할 때 그것을 그대로 받아들여야 합니다. 피해자를 피해 호소인이라 부르는 것은 비겁한 일입니다. 피해 발고 후에 생길 많은 고통을 알면서도 오죽하면 그것을 감수하고 피해 발고에 나섰을까를 생각해야 합니다. 피해자가 말을 안 하면 스스로를 공격하는 자학으로 빠지기 쉬운데 이는 극단적 선택으로 이어지는 가장 빠른 경로가 될 수 있습니다.

이다혜　그런데 이렇게 말하기까지 정말 오랜 시간이 걸립니다. 2019년 한국성폭력상담소 자료를 보면 친족 성폭력 피해자의 55.2퍼센트가 첫 상담을 받기까지 10년 이상이 걸린다고 합니다.

이수정   피해자에게 힘이 생겨야 비로소 말을 할 수 있으니까요.

이다혜   친족 성폭력이 10대 때 발생하는 경우가 굉장히 많다는 점을 생각해 보면, 피해자가 힘을 회복해 피해 사실을 말하기도 전에 공소 시효가 지나거나 심지어는 가해자가 세상을 떠나기도 한다는 점이 안타깝습니다.

이수정   가해자가 사망하면 공소권이 없어서 아무것도 안 되는 거죠.

이다혜   만 13세 미만 피해자를 제외하면 공소 시효가 10년이고, DNA 같은 과학적 증거가 있을 때만 10년이 더 연장되는데, 미성년 피해자들은 과학적 증거를 제때 챙길 수 있는 방법 자체를 습득하지 못한 상태잖아요.

이수정   저는 그나마 13세 미만의 경우 공소 시효가 폐지된 것이 굉장히 고무적이라고 생각합니다. 그간 얼마나 많은 단체에서 오랫동안 호소했는지 몰라요. 그 눈물겨운 과정들이 지금도 기억납니다.

'피해자다움' 따위는 없다

이다혜   이번 어버이날에 서울 광화문에서 친족 성폭력 피해자들이 주도한 시위 내용도 바로 이 공소 시효 폐지였습니다. 그래서 현재 입법 기관에서는 이 문제에 대한 앞으로의 개선 방향 같은 것들이 논의되고 있나요?

이수정   시효를 폐지하기 위한 성폭력 특별법 개정안은 그동안 수도 없이 발의되어 왔습니다. 사법 기관에서 고민하는 것은 증거가 진술밖에 없는 사건의 경우에 진술의 신빙성을 어떻게 입증할 것인가입니다. 허위로 발고하는 경우에 어떻게 입증할 것인가, 그냥 시효만 폐지하면 문제가 발생할 수 있는 회색 지대가 있지 않은가, 그런 문제들 때문에 쉽게 입법이 이루어지지 않고 있습니다. 시효가 폐지되면 그 반대급부로 피해를 당하고도 무고죄로 고발당하는 위험성이 높아지기도 합니다.

이다혜   저는 이렇게 입법에 신중한 것도 좋지만 피해자를 어떻게 보호할 것인가에 대해서도 그만큼 신중하게 고민해 달라고 말하고 싶습니다. 최소한 미성년자 피해자인 경우에는 지금보다 더 적극적으로 보호받아야 하지 않나요?

이수정   중요한 지적입니다. 공소권이 없어도 피해는 피해로 인정해 주고 피해자 지원 시스템 내에 피해자들이 편입될 수 있도록 도와야 합니다. 가해자가 형사 처벌이 안 된다고 해서 피해자 보호도 하지 않는 것은 옳지 않습니다. 흑백 논리로 접근할 문제가 아닌 거죠. 그러니까 범죄피해자보호기금법이나 피해자지원법은 범인을 검거하지 않아도 피해자를 보호해 주도록 피해 지원의 범위를 넓히면 됩니다. 그런데 현재는 범인을 검거해서 구속 요건을 충족시키고 기소가 돼야 비로소 피해자 지원을 받을 수 있거든요.

이다혜　그런데 기소까지 가기가 무척 어렵잖아요.

이수정　그러니까 성숙한 사회라면 경찰 단계에서 신고만 해도 피해자 지원이 시작되는 시스템이 마련되어야 한다고 봅니다. 이건 단순히 처벌을 쉽게 하라는 요구와는 다른 문제입니다.

이다혜　미디어의 재현이나 표현에 대해서도 짚어 보고 싶습니다. 저희가 친족 성폭력을 주제로 다루려고 했을 때 이수정 박사님이 피해자가 잘 사는 영화는 없느냐고 말씀하신 적이 있는데요. 아마 피해자가 잘 먹고 잘 살면 이야기가 진전이 안 되어 그런 것 같기는 하지만, 정말 그런 영화가 거의 없더라고요.

이수정　저는 피해자가 잘 사는 영화도 있어야 한다고 생각해요.

이다혜　미디어의 재현이 피해자 스테레오 타입을 더 강화한다는 지적이 있습니다. 그래서 잘 먹고 잘 사는 피해자들을 보면 '진짜 피해 입은 거 맞아?'라는 식의 의심의 눈초리를 보내기도 합니다.

이수정　그래서 재판 과정에서도 피해자답지 못하다는 식의 발언이 자주 등장하잖아요. 성폭력 피해 후에 된장찌개, 김치찌개를 주문하면 피해자가 아닙니까? 말이 되지 않는 소리입니다. 피해자에 대한 스테레오 타입이 오히려 소송 과정에서 악용되는 사례는 많습니다.

이다혜　마지막으로 성폭력 사건을 설명할 때 흔히 사용하는 '씻을 수 없는 상처'라는 표현에 대해서 여쭤 보고 싶은데요. 성폭력의 상처는 정말 씻을 수 없다고 보시나요?

이수정 　씻을 수는 없죠. 그런데 씻을 수 없는 상처가 있다고 해서 우리가 성장할 수 없는 건 아니잖아요? 상처를 껴안고 성장할 수도 있는 거죠. 암과 함께 살아가듯 상처를 안고도 얼마든지 새로운 삶을 살 수 있습니다. 그러니까 좀 더 다양성을 인정해 주고, 피해를 극복하는 내용의 영화도 많이 나왔으면 좋겠습니다. 제가 인간 승리 이런 거 좋아하거든요. 유치찬란한 거, 기자님이 싫어하는 그런 영화를 제가 좋아한다니까요. (웃음)

이다혜 　친족 성폭력 관련해서 오늘 다시 한번 이야기하게 됐는데, 전반적으로 인식 개선이 이루어져야 하는 부분도 있고, 법 제도가 나아가야 하는 부분도 있고, 여러 가지 생각을 하게 됩니다.

이번 방송을 준비하면서 작가님들이 게시판 글들을 다시 한번 죽 훑어보았는데, 친족 성폭력 생존자분들이 전에 쓰셨던 글 대부분이 지워져 있다고 하시더라고요. 글을 쓰신 마음도, 지우신 마음도 저희가 다 헤아릴 순 없겠지만 언제든 내키는 대로 이야기해 주시면 저희가 여기 이 자리에서 다 함께 귀담아 듣겠습니다.

그리고 썼다가 지우셔도 괜찮아요. 앞서 성폭력 피해에서 회복하는 데에는 말하기가 중요하다고 한 것의 일환이라고 생각하거든요. 누군가에게 직접, 누구나 들을 수 있게 말하는 것이 아니어도 어디엔가, 누군가가 읽을 거라 생각하는 공간에 글을 쓰는 것도 굉장히 중요하다 생각합니다. 쓰신 글에 직접적으로 답하지 않는다고 해도 저희 작가님들이 빼놓지 않고 보고 계시기 때문에 언제든지 쓰셔도 괜찮고 또 언제든지 지우셔도 괜찮다는 말씀 꼭 드리고 싶습니다.

이수정   그리고 전 생존은 그 자체로 굉장히 중요한 가치라고 생각합니다. 생존은 그 자체로 존중받아 마땅하고, 그렇기 때문에 물론 상처가 없으면 좋겠지만, 상처가 있다 해도 우리가 그 상처를 끌어안고 매일매일의 삶을 이어 가는 것이 매우 귀중하다는 말씀을 드리고 싶습니다.

촉법 소년,
한국 사회가
미래 세대를
길러 내는 방법

히든

KBS 드라마 스페셜 | 한국 | 2019년

여성청소년과 소속 경찰 주경은 초임 시절 존경하던 선배를 교통사고로 잃은 상처가 있다. 훌륭한 경찰이 세상을 떠나고 졸지에 남편과 아버지를 잃은 가족은 비탄에 잠겼지만 가해자는 10세도 안 된 범법 소년이라 아무런 법적 처벌도 받지 않았다. 이후 주경은 범법이고 촉법이고 간에 아동 청소년이 얽힌 사건이라면 진저리를 친다. 그에게 아이들이란 어리고 순진한 얼굴을 하고 언제 흉악한 범죄를 저지를지 모르는 시한폭탄일 뿐이다.

그런 주경 앞에 고등학교 동창 선주가 중학생 아들 건이가 집을 나가 연락이 안 된다면서 하루빨리 찾아달라는 부탁과 함께 나타난다. 뭔가 이상한 낌새를 직감한 주경은 선주와 건이에 대해 탐문을 시작한다.

그렇게 알게 된 사실은 끔찍했다. 건이는 몇 년 전 세상을 떠들썩하게 했던 범법 소년이었다. 각각 화가, 교수로 사회적 명망이 두터웠던 부부는 당시 사건을 덮기에 급급했고 지금 건이는 만 14세 미만의 범법 소년은 처벌받지 않는다는 법의 빈틈을 노려 또 다른 범죄를 저지르려 한다.

이다혜　윤지형 극본, 이현석 연출, 류현경, 서동현 주연의 2019년 KBS 드라마 스페셜 「히든」과 함께 촉법 소년에 관해 이야기하겠습니다. 지난 1월 교육부가 향후 5년의 학교 폭력 예방 대책을 내놓으면서 촉법 소년의 연령을 현행 만 14세에서 만 13세 미만으로 낮추는 방안을 추진하겠다는 뜻을 밝혔는데요. 오늘은 과연 이 정책이 얼마나 실효성이 있는지, 또 어떤 문제점이 있는지 한번 짚어 보려고 합니다. 먼저 박사님, 형법에서 말하는 범법 소년, 촉법 소년, 범죄 소년에 대해 설명 부탁드립니다.

우범 소년, 촉법 소년, 범죄 소년

이수정　범법 소년이라는 용어보다는 우범 소년이라는 용어를 더 많이 사용하는데요, 즉 아직 범죄를 저지르지 않았지만 저지를 수도 있는 위험에 노출된 소년을 말합니다.

이다혜　범죄를 저지르지 않은 경우인데도 이렇게 카테고리화하는군요?

이수정　정부 부처에 따라서 카테고리화의 용어는 달라질 수 있습니다. 여성가족부에서는 위기 청소년이라고 하고요. 사회학적으로는 비행 청소년, 법적 기준으로 보면 우범 소년입니다. 범죄를 범할 우가 있는 소년이라고 이해할 수 있겠습니다.

촉법 소년과 범죄 소년은 법적 명칭입니다. 범죄 소년은 범죄를 저질러 형법을 적용받는 경우고, 촉법 소년은 형법이 아니라 소년법상의 처벌 대상이 되는 경우를 가리킵니다. 촉법 소년의 연령을 14세 미만으로 정하면 14세 이상이 되어야 형사 처벌을 할 수 있는데, 그 연령 기준을 지금 13세로 낮추겠다고 교육부에서 발표한 것입니다. 법무부에서 발표한 것은 아니고요.

이다혜　연령을 낮추는 것이 효력이 있나요?

이수정　효과를 발휘하기가 쉽지 않을 듯합니다. 13세의 나이로 형사 처벌을 받는 아이들은 약 100명이 조금 넘는 정도, 다 해도 총 몇백 명도 되지 않을 정도로 적습니다. 더군다나 출산율 감소로 인해 청소년 비행 인구 자체가 감소하고 있어요. 7~8년 전과 비교하면 2분의 1로 줄었습니다. 10대 인구가 격감하고 있기 때문에 10대와 연관된 모든 통계 수치 역시 큰 폭으로 줄어들고 있는 추세입니다. 그런 차원에서 보면 촉법 소년의 연령을 낮춘다고 해도 처벌을 받는 소년의 숫자가 크게 늘지 않으리라고 예상됩니다.

또 발달 과정상 이 연령이 갖는 의미를 생각해 보아야 합니다. 겨우 중학교 1학년입니다. 우리가 중학교 1학년이었을 때를 한번 생각해 보세요. 저는 중학교 건물이 낡고 오래되어 화장실이 무척 음산했는데, 화장실 가기가 너무 무서워서 하루 종일 배변을 참았다가 집에 가서 해결할 정도였어요. 뭐 어쩌면 좀 지렸을 수도 있고요. (웃음)

이다혜 　뜻하지 않게 선생님의 과거를 알게 되네요. 갑자기 좀 친해진 느낌입니다. (웃음) 사실 중학교 1학년이 그만큼 어린 나이라는 뜻인데요.

이수정 　그렇죠. 무서워서 화장실도 못 가는 어린 중학교 1학년을 어떻게 어른 교도소로 보내겠느냐는 겁니다.
　형사 처벌을 받으려면 먼저 구치소로 가야 하는데요, 구치소에는 청소년을 위한 별개의 공간이 없습니다. 재판이 끝날 때까지 아이가 연쇄 살인범 등 다양한 성인 범죄자들 사이에서 기다려야 한다고 상상해 보세요. 소년법을 적용받는 소년이라면 특별히 분류 심사원이라는 곳에서 아이들끼리 있을 수 있습니다. 형법을 적용받으면 그때부터 그 어린 소년들이 성인 살인범이나 성폭력 사범들과 같이 생활해야 하고요.

기질적 귀인 착오

이다혜 　사실 재판 과정이 생각보다 시간이 꽤 걸리기 때문에 그 안에서의 안전이 보장되어야 할 텐데요.

이수정 　어린아이들이 구치소에 가면 당연히 집단 괴롭힘에 쉽게 노출됩니다. 그래서 외국은 강간 피해 등을 이유로 소년범들과 성인 범들의 수용소를 분리합니다. 소년범 엄벌주의가 오히려 소년 범죄를 악화시킬 뿐 도움이 안 된다는 논의가 많은데, 한국은 아직 그런 인식이 부족합니다.

어떤 사건이 일어났을 때 가만히 앉아서 댓글을 달며 비난하는 것은 쉽습니다. 특히 소년범들이 처한 환경이나 배경을 알 길이 없으니 결국 그 아이가 타고난 악마라는 식으로 비난이 흐르곤 합니다. 사람들은 타인에게 발생한 사건을 지각할 때 본능적으로 이른바 기질적 귀인 착오(Dispositional Attribution Error)를 저지릅니다. 기질적 귀인이란 타인의 행동이 타고난 기질에서 비롯되었다고 성급히 단정해 버리는 인지 착오입니다.

예를 들어 12세 아이가 학교에서 동급생을 칼로 찔러 살해했는데 그 이유는 피해 아동이 가해 아동의 부모가 이혼 과정에 있다는 소문을 퍼뜨렸기 때문일 경우, 얼마나 악마 같으면 칼로 친구를 찌르느냐고 가해 아동을 비난하고, 그 아이만 형사 처벌하면 될 것처럼 쉽게 생각해 버리는 겁니다. 가해 아동에게 부모의 학대 혹은 이혼 과정과 배경이 어느 정도의 상처를 줬는지는 알지도 못하고 알려고 하지도 않습니다. 이처럼 수많은 환경적 요인들이 실재했을 것임에도 불구하고 타고난 기질이 문제를 일으킨 원인이라고 오판하는 것이 기질적 귀인 착오입니다.

제대로 된 정보에 접근하려 하지 않고 결과만 가지고 이야기하며 나는 그 가해자와 다르니까 나에게는 그런 일이 없으리라고 생각하고 싶어 합니다. 그런 아이만 학교에서 제거하면 우리 아이는 악마 같은 애가 없는 환경에서 성장할 수 있을 거라고 생각하지만, 그건 이상적인 바람일 뿐 현실은 다릅니다.

이대혜　　제가 어제 서울역에서 어떤 사람 둘이 큰 소리로 시위하고 있는 현장을 보았는데요, 그 논지가 뭐냐면, 코로나 바이러스의 원흉인 중국인 입국을 불허하라는 거였어요. 그런 경우도 역시 기질적 귀인 착오로 보입니다.

이수정　맞습니다. 이런 기질적 귀인 착오는 사회적으로 혐오 정
서를 퍼뜨리고 인종 차별의 근거가 됩니다. 각종 차별을 줄이기 위해
서는 정보 처리 과정에 의식적인 노력을 기울여야 합니다.
　　형사 처벌 연령을 한 살 낮추는 문제도 마찬가지입니다. 만 13세
를 교도소로 보내면 소년 범죄가 줄어들까요? 그저 비난할 대상이
필요한 것은 아닐까요? 소년범들의 열악한 가정 환경이나 학교의 방
만한 학생 관리를 전반적으로 살펴보려 하지 않고 가해자를 징벌적
으로 취급하면 뭔가 나아질 것이라고 착각하는 것입니다. 이런 근시
안적인 움직임을 국민 전체의 여론이라고 보면 무척 곤란합니다.

이다혜　최근 2~3년 사이에 집에서 나와 생활하는 청소년들이
다른 가출 청소년들에게 성매매를 시키기도 하고, 끔찍한 폭력을 가
하는 식의 흉악한 범죄를 저지른다는 뉴스가 굉장히 자극적으로 보
도되면서 아예 어린 나이부터 엄벌로 다스리자는 분위기가 형성된
것 같기도 합니다.

이수정　다들 살기가 어려워졌기 때문이라고도 볼 수 있습니다. 그
러면서 아이들 키우기도 더 어려워졌고, 아이들 중 일부는 가정에서
보호를 못 받으니까 거리로 나오고, 거리에서 계속 반사회적인 비행을
저지르다 보면 형사 처벌을 받을 만한 일까지 일으키게 되는 것이죠.
　　보호받지 못한 아이들은 SNS를 통해 여러 가지 피해에 노출되고
그것이 곧 가해로 이어집니다. 아이들은 피해를 당하면서 금방 범죄
수법을 습득합니다. SNS나 인터넷상의 청소년 유인 범죄를 먼저 제

재할 생각보다, 형사 처벌 연령을 낮춰 소년범도 엄벌해야 한다는 식으로만 방향을 설정하면 결국 달라지는 건 하나도 없을 겁니다.

이다혜　　앞서 말씀하신 것 중에 우범 소년 혹은 비행 청소년처럼 형법이 적용되지 않는 전 단계의 경우에는 경찰에 잡히면 훈방 조치 정도로 끝나는 것인가요?

다이버전, 전환 정책의 중요성

이수정　　형사 처벌을 할 만한 전통적인 범죄의 경우에는 소년법이나 형법을 적용받는데, 그것은 검사가 결정합니다. 엄벌하기 어려운 경우에는 훈방도 많습니다. 예를 들어 요즘은 남의 주민 등록 번호를 도용하면 인터넷으로 굉장히 많은 것들을 할 수 있잖아요. 그런 종류의 행동은 주민등록법 위반으로 벌금이나 훈방 조치를 받게 됩니다. 앞으로는 훈방의 범위가 더 넓어질 가능성이 높습니다. 경찰에서 수사 종결권을 갖게 되어 아마 더 많은 소년들이 훈방을 받고 사건이 종결될 듯합니다.

이런 것을 다이버전[1], 즉 전환 정책이라고 합니다. 외국에서는 적극적으로 다이버전을 펴는데 그 이유는 아이들의 문제가 개인만의

---

[1] 다이버전은 형사 사법 기관이 통상의 사법 처리 절차를 중지하는 조치, 형사 제재의 최소화를 뜻하는 개념으로 나누어 파악할 수 있다. 범죄자가 유죄 판결을 피할 수 있도록 도와 낙인 효과 방지, 형사 사법 제도에 융통성을 제공하여 범죄를 효과적으로 처리, 과밀 수용 방지로 교정의 효과를 극대화하는 등의 장점이 있어 합리적인 대안으로 이야기되고 있다.

문제가 아니라 취약한 환경 때문이라고 보기 때문입니다. 비행 청소년을 지역 사회에서 끄집어내 어딘가에 가둬 버리고 비사회화된 방식으로 엄벌하면 아이들이 다시 사회화의 과정 속으로 복귀하기 어렵습니다. 그래서 경찰이 지역 사회 내의 자원을 이용해 아이들을 갱생할 수 있는 여러 상담 프로그램도 연결해 주고, 만약 부모가 학대나 방임을 한다면 아동 보호 시설로 보내거나 하는 식으로 지역 사회 내에서 전환을 하는 것입니다. 이것이 즉 경찰이 갖는 수사권 종결의 순기능일 수 있다는 것이고요.

그런데 형사 처벌 연령을 만 13세로 낮추는 것은 완전히 반대되는 정책입니다. 그러니까 한 정부 안에서 경찰에 수사 종결권을 주는 관대한 정책과 소년 엄벌주의 정책을 동시에 집행하겠다고 발표한 셈입니다.

왜 이런 모순적인 일이 벌어졌을까요. 댓글에서 볼 수 있는 징벌주의자들이 여론을 대표한다고 생각했기 때문입니다. 또 일부 학교에서 선생님들이 아이들을 관리하기가 너무 어렵다는 민원을 제기하니까 일종의 정치적 제스처의 의미도 있는 것으로 보입니다. 법무부도 아니고 교육부에서 발표한 학교 폭력 대책이다 보니 그런 생각이 드는 것이 사실입니다. 학교 내 제도의 미비로 인해 학교 폭력 문제가 잘 해결되지 않고, 피해자와 가해자 분리도 잘 되지 않으니 형사 처벌 연령을 낮추는 방편으로 어떻게든 면피해 보려는 의도로 읽힙니다.

그런데 학교 폭력을 저질러서 형사 처벌을 받는 경우는 거의 없습니다. 학교 폭력을 해결하기 위해서는 더 근본적 정책이 필요합니다.

이다혜   근본적인 대책을 취하려고 들면 티도 잘 안 나고 사람들은 관련 부처에서 아무것도 안 하는 것처럼 느끼기도 하고, 그렇다고 해서 당장 관심을 끌 수 있는 대책을 발표하면 근본적인 문제 해결에 도움이 되지 않으니 악순환이 벌어지는 것 같습니다.

그러면 우범 소년이라 부를 수 있는 단계에서는 형사 처벌만 받지 않는 것인지, 민사 소송을 통해서 피해 보상을 청구할 수는 있는 것인지 궁금합니다.

용인 아파트 벽돌 투척 사건

이수정 　 피해 보상을 청구할 수 있습니다. 아이들이 형사 처벌을 받느냐 안 받느냐와 관계 없이 피해자는 가해자 아동의 부모를 상대로 피해 보상 청구를 할 수 있습니다. 드라마 속 건이가 저지른 범죄의 모티프가 된 사건, 아파트 옥상에서 길고양이 밥을 주는 사람한테 아이들이 벽돌을 던진 '용인 아파트 벽돌 투척 사건'*도 손해 배상 청구를 할 수 있었고 아마도 했을 것으로 추정이 됩니다. 아이들이 처벌을 받지 않는다고 해서 피해 보상도 못 받는 것은 아닙니다.

얼마 전에 촉법 소년끼리의 집단 폭행 사건이 있었는데, 새벽 6시경에 어떤 집에서 여러 명이 아이 한 명을 폭행했어요. 가해자들 중에는 만 14세가 안 된 아이, 14세가 넘은 아이들이 섞여 있었는데, 이 기사에 촉법 소년 연령이 문제다, 소년법을 폐지하라는 내용의 댓글이 주로 달렸습니다. 하지만 우리가 이 사건에서 정말 눈여겨봐야 할 것은 새벽 6시에 어떻게 아이들이 한 집에 모여 자기네들끼리 술을 먹고 피해자를 폭행할 수 있는 환경이 가능했는지입니다.

용인 아파트 벽돌 투척 사건도 마찬가지예요. 방과 후에 아이들이 어디서 무엇을 하는지 확인해야 할 사람이 필요합니다. 미성년자들, 특히 특정 연령대 아래에 있는 아이들은 부모에게 관리의 책임이 있습니다. 조금 전에 예를 든 것처럼 새벽 시간대에 아이들끼리만 있도록 방치하고 온 동네의 문제아들이 다 그 집에 모일 수 있는 환경을 제공했다면, 방과 후에 아이들 관리를 못했다면 그렇게 만든 부모에게도 책임이 있는 것입니다. 우리는 그런 문제에 대해 처벌할 생각을 안 합니다. 아동 학대나 방임은 잘 처벌하지 않는 나라에서 소년에 대해서는 엄벌하라는 것도 정말 이상하지 않나요?

용인 아파트 벽돌 투척 사건

2015년 10월 8일 경기도 용인시 수지구 아파트에서 55세 여성과 29세 남성이 옥상에서 떨어진 벽돌에 맞아 여성은 사망하고 남성은 중상을 입었다. 당시 피해자들이 아파트 화단에서 길고양이의 집을 짓던 중 변을 당해 처음에는 캣맘 혐오 사건으로 알려졌으나 추후 '벽돌 투척' 사건으로 정리되었다. 용의자는 만 9세의 초등학생으로 사건 당일 친구 2명과 함께 옥상으로 올라가 옥상에 쌓여 있던 벽돌 하나를 아래로 던졌다가 사고를 낸 것으로 밝혀졌다. 만 9세는 만 10세 이상 만 14세 미만의 촉법 소년에도 해당하지 않아 형사 책임 완전 제외자로서 사실상 처벌이 불가능한 대상이다. 경찰은 용의자를 2015년 11월 불기소 의견으로 검찰에 송치했고, 함께 있던 만 11세 학생은 벽돌을 던진 당사자는 아니지만 사건에 적극 가담한 것으로 판단, 법원 소년부로 송치, 보호 처분하기로 결정했다.

이다혜   드라마 속 건이가 어릴 때 저질렀던 범죄의 모티프가 된 사건이 2015년에 실제로 있었습니다. 당시에는 캣맘에 대한 혐오 범죄다 뭐다 말이 많았는데 수사 결과 초등학생이 한 일이라고 밝혀졌죠. 그 당시에 촉법 소년이었던 이 아이들에 대한 처벌과 부모들의 행태를 놓고 사회적으로 많은 논란이 있었습니다. 박사님은 이 사건을 어떻게 보세요?

이수정   그때 아주 첨예한 논쟁이 있었고 결국 소년법을 적용받아서 이 아이들이 관대한 처분을 받았습니다. 가해 아이들 중 한 명이 소년원에 가는 정도의 처분을 받았던 것으로 기억하는데, 그 당시 교도소를 보내라, 형법을 적용해라, 소년법은 너무 관대하다는 말들이 아주 많았습니다.

이 사건은 어느 날 갑자기 아이들이 옥상에 올라가서 벽돌을 던져 사람을 죽인 사건이 아닙니다. 아이들이 꽤 오랜 기간 동안 아파트 옥상에 올라가서 여러 물건을 던졌고, 아무도 관리를 안 하다 보니 벽돌까지 던지게 되었고 결국 인명 피해가 난 사건이었습니다. 그러니까 초기에 막을 수 있는 기회가 분명히 있었으며, 아동의 방임에 대한 책임이 누구에게 있는가에 대해서는 전혀 논의가 되지 않았습니다.

이다혜   이 드라마에서는 보호자들이 자기 자신과 아이의 미래를 위해 처벌도, 반성도, 사과도 없이 사건을 덮기에 급급했다는 식으로 묘사하고 있습니다. 촉법 소년 문제가 사람들의 공분을 불러일으킨 지점도 이런 부분이고요.

이수정　　그렇습니다. 아이들이 사소한 잘못을 저질렀을 때 적극 개입해야 하는데, 이렇게 은폐에만 급급한 태도는 아이들의 비행력을 진전시키는 이유가 될 수도 있습니다.

이다혜　　아이들도 알고 저지른다는 식의 주장도 있습니다.

이수정　　그것이 바로 영미법에서 다이버전을 하는 이유입니다. 전환 정책의 가장 큰 특징은 사건이 일어난 직후 경찰을 거쳐 즉심 형태로 법원의 개입이 이루어진다는 점입니다. 신속하게 재판을 진행해 한 달 이내에 법원에서 선고가 나오는데요, 제가 봤던 어떤 지역은 2주 만에 선고가 나오기도 했습니다.

그러니까 만약에 아이가 옥상에서 물건들을 던지기 시작했다면 즉시 사건화가 되어 2주 이내에 판사가 아이의 부모에게 너희 아이를 지금 엄벌에 처할까, 아니면 앞으로 관리를 제대로 할래, 하고 일종의 조건부 처분을 하는 것입니다. 유예 기간 동안 부모가 여전히 아이를 관리하지 못하면 아동 학대 케이스가 되어 후견인을 지정하든지 아이를 퍼스트 케어로 보내 버립니다. 아주 빠르고 구체적으로 개입을 하는 거죠.

외국 또한 강제력은 법원에만 있기 때문에 이런 식의 제도를 운영하려면 경찰이 수사를 종결시킨 후 법원으로 보내 처분을 기다려야 합니다. 한국은 가정법원에서 소년 사건도 처리하고, 양육권 다툼도 하지만 외국은 소년 사건 전담 재판부가 따로 있습니다. 이렇게 소년 전담 재판부에서 지역 사회 내의 아이들을 관리하는 것이 아동의 비행력이 진전되기 전에 초기 진화하는 방법이라고 보는 것입니다.

그런 차원에서 보면 한국이 경찰에 수사 종결권을 주기로 한 것은 굉장히 좋은 의미인데요, 그 의미를 경찰청만 아는 것은 아무 소용이 없습니다. 지역 사회 경찰들도 수사 종결권을 갖게 된 것의 의미를 제대로 알아야 합니다. 소년 사건에 대한 수사 종결권이 주어졌을 때 훈방만 하고 말면 소용이 없습니다. 훈방 후에 이 아이를 누가 관리할 것인지까지 고민해서 이 아이에 대한 관리 부재가 있을 시에 그것을 사회 자원으로 채워 주는 대책까지 만들 수 있다면 훈방의 범위가 넓어지는 것이 의미가 있겠지만, 그렇지 않을 경우엔 형사 처벌 연령을 낮춰 봤자 무슨 소용이 있겠습니까.

그러니까 교육부는 교육부대로 발표하고, 경찰청은 경찰청대로 정책을 펴고, 법무부는 법무부대로 두 손 놓고 여론만 살펴보고 있는 상태가 되면 일관성 없는 정책들이 마구잡이로 집행될 위험성이 있다는 것입니다.

면피성 정책이 아닌 근본적 대안이 필요하다

이다혜　저출생 문제를 고민하는 나라에서 경계에 있는 10대들이 건실하게 이 사회의 구성원이 될 수 있도록 이끄는 것도 굉장히 중요한 투자인데 그런 부분에서 사회적 자원이 충분히 투입되지 않고 있다는 생각이 듭니다. 이 드라마를 보면 아이가 어리다고 해서 부모와 사회가 무조건 감싸고 책임을 면제하는 것이 과연 좋기만 한가라고 묻고 있기도 하거든요.

이수정　그런데 예를 들어 아동을 훈방하고 지역 사회의 후견인과 연결해 주는 게 꼭 책임을 면제해 주는 것이라고 취급할 수는 없습니다. 아동을 형사 처분한다고 해서 면제가 아닌 것도 아닙니다. 형사 처분으로 형사 재판부에 가면 형사 처벌이 내려질 것 같고, 교도소에 갈 것 같죠? 아닙니다. 현실에선 집행유예의 비율이 현저히 높아요. 또는 선고가 유예됩니다. 형사 법원 입장에서 소년들이 저지르는 범죄의 정도란 어른들이 저지르는 살인이나 연쇄 살인, 성폭행하고는 질적으로 다르기 때문에 형사 처벌의 양형 기준으로 보면 경미하기 짝이 없습니다. 그러면 선고가 유예되거나 집행유예가 되는 비율이 오히려 소년법을 적용할 때보다 더 높아요.

이다혜　성인과 같은 잣대로 평가할 수 있는 문제가 아니라는 거네요.

이수정　그렇게 되면 엄벌하라고 댓글을 다는 것이 아무 소용이 없는 것입니다. 연령을 낮춰서 형사 법원으로 가도 대부분 선고 유예입니다. 웬만한 경우가 아니면 판사가 초등학생이나 중학생을 교도소로 보내겠어요?

형사 처벌은 대안이 아닙니다. 그런데 국회의원들이 발의한 법안들, 소년법 개정안들, 형법 개정안을 보면 전부 연령 이야기밖에 없어요. 저도 소년법은 개정해야 한다고 생각합니다. 현재 소년법은 10호 처분까지밖에 없거든요. 그걸 20호 처분 정도로 내용을 바꿔야 한다고 생각합니다.

8호, 9호, 10호 처분은 소년원, 사회적인 격리입니다. 보호 관찰 처분, 그다음에 치료 소년원에 보내거나 아동 보호 시설에 보내는 처분들이 있습니다. 그리고 맨 위의 1호, 2호, 3호 처분은 훈방 또는 수강

명령 등의 처분들입니다. 그런 내용적인 면을 개정할 생각은 안 하고 그냥 연령만 가지고 18세를 17세로 내려라, 14세를 13세로 내려라, 그런 것을 개정안이라고 준비해 오는 것을 보면 연구 없이 법안만 개정하려고 한다는 생각이 든다는 것입니다.

이대혜   드라마에는 두 명의 주인공이 있는데 한 명은 능력 있는 부모를 둔 건이, 또 한 명은 할머니와 둘이 사는 용현입니다. 그리고 건이의 잘못을 가난한 용현이가 뒤집어쓴 것처럼 묘사되고 있습니다. 현실은 어떻습니까? 촉법 소년이라고 하면 건이 유형이 더 많은가요, 용현이 유형이 더 많은가요?

이수정   아무래도 열악한 가정 환경의 아이들이 더 많습니다. 현실에서도 이런 일들은 일어날 수 있습니다. 왜냐하면 경찰 단계에서부터 이미 아이들을 훈방하는 기준이 보호 환경과 연관성이 있거든요. 부모가 아이를 보호할 수 있는 환경이면 똑같은 죄를 저질러도 훈방될 가능성이 있지만, 돌려보냈을 때 부모가 보호를 할 수 없어서 이 아이가 재차 비슷한 비행이나 범죄를 저지를 수 있다고 생각되면 어떻게든 처분을 내려야 한다고 생각하게 되거든요.

소년원에서 일찍 퇴원시키는 것을 가퇴원이라고 하는데, 가퇴원 심사에서도 멀쩡히 부모가 존재하면 대부분 가퇴원을 시킵니다. 그런데 만약 부모님이 안 계시거나 돌려보낼 곳이 너무나 열악하다면 한 달 더 있다가 퇴원을 시킵니다. 왜냐하면 소년이고, 본인이 생계를 독립적으로 운영할 수 없으니까요. 이런 종류의 차별 아닌 차별은 분명히 일어납니다.

단순히 경제력이나 빈부의 격차로 인한 부당한 차별이냐, 아니면 아이들이 처한 환경의 열악함을 고민하고 어떻게든 채워 주려는 의도의 선도적 차별이냐, 이것은 깊이 생각해 볼 부분입니다. 그러니까 후자, 아이들이 처한 환경의 열악한 빈틈을 어떻게 선도적으로 채워 줄 것인가를 연구해서 구체적인 대책을 제안할 수 있는 방향의 소년법 개정이라면 얼마든지 찬성하고 박수 칠 일이라는 것입니다.

6호 처분은 아이를 아동 보호 시설로 보내는 것인데요, 부모님이 안 계신 아이들은 주로 6호 처분을 받습니다. 부모가 죽지 않고 살아 있어도 아이들을 안 키우는 경우에 이 아이를 어떻게든 보호할 환경을 마련하기 위해 아동 보호 시설에 보내는 것입니다. 그런데 집단 폭행을 했거나 학교 폭력을 저질렀거나 성매매 알선을 했던 아이들이 시설로 가게 되면 기존에 있던 일반 아이들과 어울리며 비행을 저지르고 축적된 범죄 지식을 나누는 등 영향을 주는 일이 발생하곤 합니다.

그러니까 만약 그런 일을 방지하기 위해 6-1호 처분을 만들겠다는 내용의 소년법 개정안이라면 저는 손뼉을 치며 환영하겠습니다. 형사 처벌 연령을 낮추라는 식의 개정안 말고, 사회복지사가 5명 이내의 소규모의 비행 청소년들만 관리하는 그룹 홈 등의 예산을 배정해서 만들겠다, 하면 그것에는 정말 찬성입니다.

그런데 그런 종류의 개정안은 드뭅니다. 실태를 잘 모르는 데다 예산 문제를 해결하는 것도 어렵고, 피해자를 돕기는커녕 국가 예산으로 가해자가 먹고 자는 것까지 서비스를 제공하느냐는 지역 사회의 비난이나 반발을 감수해야 하니까요. 인기 있는 정책은 아닌 거죠.

높아진 소년 범죄 재범률

이다혜   가장 보여 주기 손쉬운 방식이라 연령만 두고 이야기하는 게 아닌가 싶습니다. 가정에서 충분한 보호를 받고 있지 못한 청소년들을 국가가 이미 이 단계에서 비관하고 있다는 생각이 들기도 하고요.

이수정   비관이 아니라 아마 생각 자체를 안 했을 겁니다. 이 아이들은 유권자가 아니니까요. 이미 많은 전문가들이 IMF 때 앞으로 소년 범죄의 재범률이 현저히 높아질 거라고 경고했습니다. IMF가 시사하는 바는 중산층의 몰락과 가족의 해체인데, 어른들에게는 신용불량자가 되어도 구제받을 수 있는 회생 제도가 생겼지만, 가정의 아이들은 그저 방치되었기 때문입니다.
그때의 비행 청소년이 빠르면 2010년대에 부모 세대가 됩니다. 부모가 아이들을 제대로 돌보지 못했기에 부모 노릇을 배우지 못한 어린 부모들은 결국 아이를 죽이거나 버리는 우를 범하게 됩니다. 그나마 베이비 박스에 두고 갔다면 양심적인 것이고요. 요즘 아동 학대가 문제가 되곤 하는데 이미 2000년대 초반에 예견됐던 일이라 볼 수 있습니다. 제일 위험한 지표 중의 하나가 소년 범죄의 재범률 지표인데, 그게 1990년대에는 10퍼센트가 채 되지 않았지만 지금은 40퍼센트가 넘습니다.

이다혜   현재 청소년 범죄 재범률이 40퍼센트를 넘겼다는 뜻은 아이들이 돌아갈 곳이 없고 계속해서 범죄를 저지르는 것 말고는 생활 수단이 없다는 말일 텐데요. 예를 들어 학교에 돌아갈 수 없다고 한다면 범죄가 친구들을 사귈 수 있는 하나의 방식이 될 것이고, 부모가 돌보지 않는다고 치면 먹고살기 위해서라도 범죄를 저질러야 하는 상황에 놓인 듯 보여요.

이수정　10대 범죄로 먹고살아야만 하는 그룹이 생긴 것입니다. 그 그룹은 학교를 이미 다니고 있지 않은 학교 밖 청소년들로 이루어졌을 가능성이 높습니다. 또 대부분 착취를 당한 피해 경험에서부터 범죄가 시작됐을 것입니다. 가장 대표적인 사례가 랜덤 채팅 앱에서 성매매에 노출된 청소년들이이고요. 만약 부모가 정신과에 데려가 상담할 정도의 계층이라면 피해를 당해도 회복될 가능성이 더 있겠지만, 늦은 밤까지 일을 해야만 먹고살 수 있는 부모에게 아침 시간대에 "제가 어제 성폭력 피해를 당했어요."라고 이야기할 수 있는 아이가 몇이나 되겠어요.

더군다나 이 아이들이 피해 가능성이나 위험을 어렴풋이나마 알고 있었던 것으로 판단되면 아이들도 성매매로 처벌 대상이 됩니다. 그것이 보호 관찰 청소년이 되는 길이에요. 성폭력에 노출되어도 성매매를 했다고 처벌하는 사회에서 아이들이 범죄에 빠지지 않을 방법이 있을까요. 그러니까 결국 모든 사항을 다 감안하려면 너무 복잡하고 어려우니까 그냥 애들만 엄벌하려고 합니다. 형사 처벌 연령을 낮춘다고 랜덤 채팅 앱이 사라질 것도 아니고, 남자들이 여자아이들을 대상으로 성 매수를 하는 일이 없어질 것도 아닌데 말입니다.

그게 대안이라고 교육부에서 발표한 것 자체가 사실상 교육을 포기한다는 뜻이잖아요. 그런 아이들일수록 학교에서 더 붙잡고 있어야 합니다. 통계를 추적해 보면 진실이 드러납니다. 부모 노릇 안 해본 부모가 많아지면 결국은 비속 살인이 늘게 돼 있습니다. 결과적으로 늘고 있고요. 7~8년 전에는 통계에서 비속 살인이 채 10명도 안 잡혔는데 지금은 30명이 넘습니다. 아이를 낳았지만 부모 노릇을 할 수 없는 20대 초반의 부모가 이미 너무 많은 겁니다. 이런 상황에서 인구를 늘리자는 정책은 무용지물입니다.

이다혜　촉법 소년들 중 흉악 범죄의 비율은 얼마나 된다고 보세요?

이수정　소년 범죄자 중에 15~20퍼센트는 성인 범죄자가 될 개연성이 굉장히 높은 것으로 보고 있습니다. 흉악 범죄자가 된 사람들을 면담하면 거의 백발백중 촉법 소년부터 시작해요. 범죄 경력들이 있는 겁니다. 한국은 한번 추락하면 돌아갈 길이 없거든요. 그런데 제발 돌아갈 길이 있으면 좋겠습니다. 대안 교육이 좀 더 광범위하게 허락되고, 교육부에서 표준화된 교과 과정이 아니어도 학력을 인정해 주고, 그래야 많은 사람들이 대안 교육 현장으로 뛰어들어 아이들을 어떻게든 살려 보려 할 것이고, 관련 법인도 많이 생길 겁니다. 그런데 현재는 그런 기관을 운영하기도, 인정받기도 어렵습니다.

제가 볼 때 유일하게 아이들이 지옥을 탈출할 수 있는 기회가 소년원입니다. 소년원은 그나마 아이들을 비행 환경으로부터 분리시켜 먹고 자는 문제를 해결해 주기 때문입니다. 그때 의지가 있는 아이들은 검정고시를 보고, 자격증도 따서 생계를 독립적으로 운영할 수 있는 기술을 취득합니다. 그러면 굳이 나쁜 짓을 안 해도 되니까요. 많지는 않지만 그렇게 갱생이 되는 아이들도 더러 있어요.

그런데 아이들이 얼마나 많은 비행을 저질러야 소년원에 갈 수 있을까요? 그나마 8호 처분은 효과가 없고 9호 처분, 10호 치분, 6개월이나 2년 정도 가는 그런 처분을 받을 수 있으려면 평균 일곱 번의 비행을 반복해야 합니다.

엄벌주의인가, 악성 감염인가

이다혜　　일곱 번 체포되어야 한다는 말인가요?

이수정　　네, 최소 대여섯 번은 체포되어야 합니다. 그래서 일찍 개입하겠다는 것이 다이버전이고요. 이를테면 한 번 잡혔을 때 바로 법원에서 선고하겠다는 거죠. 그런데 우리는 현재 수사 종결권만 이야기했지 법원의 조기 개입에 대해서는 아직 이야기를 안 하고 있습니다. 전문화된 소년 법원을 운영하고 있지도 않고, 6호 처분 기관은 기존의 아동 보호 시설이고…… 그러니 대안이 없는 겁니다.

길에서 착취를 당한 경험이 쌓이면 인간성에 상처를 입게 됩니다. 소년원에 들어온 여자아이의 눈빛은 일반 청소년들과 완전히 다릅니다. 그런 상처를 받기 전에 개입하는 것이 답이고, 상처를 받아도 아이들은 여전히 변화가 가능하기 때문에 교육이 우선되는 정책을 펴야 하는데, 이런 아이들을 교도소로 보냅니다.

악성 감염이라는 말이 있습니다. 악성 범죄자들과 소년범을 함께 수용하면 어린 범죄자들에게 악성 감염이 일어나는 겁니다. 우리가 원하는 것이 악성 감염의 길인가를 질문해야 합니다. 설문 조사에서 "소년범들을 엄벌하기를 원하십니까?"라고 묻는데요, "소년범들이 엄벌로 인해 악성 감염되는 것에 찬성하십니까?"라고 물어야 맞습니다. 10년 앞을 내다보고 정책을 펴야지 당장 선거 때문에 여론을 핑

계로 언 발에 오줌 누기 식 정책을 펴는 대책을 지양해야 합니다.

이다혜　저는 청소년 범죄의 특징 중 하나가 아이들이 자기가 저지른 일의 의미와 파급 효과에 대해 잘 인지하지 못하는 점이라고 봅니다. 성인이라면 그래도 경험에 의거해 앞을 내다볼 수 있고 이를 바탕으로 현재의 일을 결정하잖아요. 그런데 아동 청소년들은 눈앞의 일만 보고 결정을 하니, 가해를 저지를 때든 피해를 당할 때든 지금의 결정이 나중에 어떤 후폭풍을 불러올지 잘 알지 못합니다.

이수정　그게 아이들의 특징입니다. 아직 합리적 사고에 능하지 못한 것입니다. 사실 추론을 하려면 경험이 필요한데 13세 언저리의 나이에는 경험이 없기 때문에 당연히 추론 능력이 떨어질 수밖에 없습니다. 그런 종류의 추론 능력은 만 15세, 16세, 중학교를 졸업할 정도는 되어야 발달합니다. 추론 능력은 고등한 여러 가지 교육 과정을 거치면서 계발되는 것인데 이 아이들을 교육에서 배제하면 결국 교도소를 오가며 청소년기를 보내고 나중에는 돌이키기 어려운 상태가 되고 말 겁니다.

이다혜　최근에 화제가 된 『배움의 발견』이라는 책의 작가는 미국인이고 7남매의 막내인데 아버지와 어머니가 모르몬교도이고 아버지가 종말론을 믿는 사람이었습니다. 그래서 이 아버지는 어차피 지구가 멸망할 것이란 신념으로 아이들을 학교에 보내지 않았어요. 7명 중 4명은 출생 신고도 안 했고요. 그런 상황에서 아이들을 키우고, 다쳐도 병원에 안 갑니다. 그런데 이 작가는 16세 무렵부터 가족으로부터 빠져나가 교육을 받고 나중엔 빌게이츠재단에서 장학금을 받아 케임브리지에서 박사까지 한다는 이야기가 책의 골자입니다.

책을 보면서도 느꼈지만 13세나 15세의 나이라 해도 세상에 나가 무엇을 할지를 혼자 생각하기란 정말 어렵습니다. 경험의 축적이 모두 가족 안에서 이루어졌기 때문에 부모도 해 주지 않는 것을 다른 이가 해 줄 수 있다는 희망을 갖기란 거의 불가능에 가깝습니다.

이수정 가출 패밀리를 보면 정확히 들어맞는 이야기입니다. 내부에서 집단 성폭력이 노상 일어나고 성매매를 해야 겨우 패밀리가 한 끼를 해결하거나 잠자리를 해결할 수 있기 때문에 그들에게 성 규범은 생존을 위한 수단일 뿐입니다. 이 아이들이 왜 이렇게 됐을까를 고민하는 것부터 선행하는 것이 맞겠지요.

한국의 함정 수사 방식을 아시나요? 서구 사회에서 경찰이 아이들로 가장해 랜덤 채팅 앱에 "13세의 가출 청소년입니다." 하고 올려서 밑에 댓글을 단 사람들을 찾아 처벌한다면 한국은 거꾸로입니다. "내가 성을 좀 사고 싶은데 나한테 연락할래?" 하고 올려 아이들이 연락을 하면 그 아이를 잡아 그 아이들이 과거에 성매매를 했던 상대들을 처벌합니다. 아이들은 소년법을 적용해서 보호 관찰 처분을 하고, 남자들은 벌금형을 받는 것입니다. 경우에 따라서 아이들은 소년원 등 자유를 박탈당할 수 있지만 성인 남자들은 전부 벌금만 내고 끝납니다.

학교 폭력 전담 변호사의 탄생

이다혜 이런 함정 수사의 목적은 뭘까요? 성 매수자를 처벌하려는 게 아니라 성 매수자들을 아이들에게 농락당한 일종의 피해자로 보고 있는 듯 보입니다. 게다가 지금 이야기하는 아이들의 연령이 13세, 14세, 15세잖아요. 이런 연령대 아이들의 성을 반복해 매수하는 사람들에 대해서 이 사회가 어떤 식의 판단을 하고 있는지 의문입니다. 그런데 반복해서 잡힌 성 매수자들에 대해 가중되는 처벌이 있나요?

이수정　글쎄요, 성매매 방지법이 있기는 하나 성매매를 했다고 징역형을 받는 건 본 적이 없습니다.

이다혜　이 또한 수요와 공급의 문제로 보면 돈을 가진 성인을 확실하게 처벌하는 것이 오히려 청소년 범죄자들의 재범률을 낮출 수 있는 가장 확실한 방법이 아닐까라는 생각도 들거든요.

이수정　그렇다고 봐야겠죠. 범죄라는 인식이 분명해지도록 처벌의 수위를 높여야 합니다. 태초부터 나쁜 아이여서 소년 범죄를 일으킨다는 기질적 귀인 오류에서도 벗어나야 합니다. 저는 모든 책임을 당사자에게 묻는 학교폭력처벌법도 문제라고 생각합니다. 피해자와 가해자 모두를 보호해야 할 학교에도 분명 책임이 있습니다. 학교는 손 놓고 있고, 결국 양측이 각자 변호사를 사서 치고받고 싸우게 만들죠.

학교 폭력 전담 변호사라는 영역이 새로 생겼더라고요. 전담할 영역이 없어서 학교 폭력을 전담합니까. 모든 걸 다 송사로 해결한다면 교육의 역할은 어디로 증발한 겁니까. 그렇게 모든 문제를 송사화하니 선생님들도 견딜 수 없다, 감당을 못하겠다고 하니 학교 폭력 대책으로 형사 처벌 연령을 낮추겠다는 대책이 나온 겁니다. 가장 큰 문제는 이 사태가 잘못됐다는 생각을 하는 사람들이 많지 않다는 점입니다.

이다혜　마지막으로 피해자의 권리 보호, 위로, 보상도 굉장히 중요할 텐데요, 인권위원회에서는 비공개로 진행되는 소년 보호 사건 심리에 피해자나 그 법정 대리인이 참여할 수 있도록 절차 참여권 및 알 권리를 보장하라고 지적하고 있습니다. 이 점에 대해 설명 부탁드립니다.

이수정　소년법을 적용했을 때 소년이라는 이유로 초기 수사 단계에서부터 변호인이 동석하는 절차 등이 대폭 생략되는 경우들이 있습니다. 그런데 먼저 그런 절차를 왜 대폭 축소했을까를 먼저 생각해 봐야 합니다.

미국의 다이버전 제도에서 변호사들이 각 케이스마다 학교를 쫓아다니면서 적법한 절차에 따라 시일을 끌면서 조사에 3개월, 기소에 3개월, 이런 식으로 시간을 보내지 않는 이유가 뭘까요? 그렇게 할수록 가해자의 잘잘못이 가려지지 않기 때문입니다. 대폭 축약해 운영하는 것이 바로 다이버전의 정신이에요.

실제로 제가 봤던 인천지방법원의 케이스는 고등학생들이었고 청소 중 대걸레를 휘두른 것이 사건 내용의 전부였습니다. 대걸레로 맞은 애는 전교 1등이었고, 대걸레를 휘두른 애는 교실에서 이런저런 문제를 일으키던 아이였던 것으로 기억합니다. 그런데 그걸로 3년 동안 송사를 진행했어요. 그때도 판결이 나지 않아 전문가를 불러다가 이 사건의 책임이 누구한테 있느냐 의견을 들었습니다. 결국 대걸레를 휘두른 아이만 학교를 그만두고 처벌을 받은 것 같은데 송사가 계속 진행되면서 전교 1등 하던 아이도 대학 진학을 못 하고, 대걸레를 휘두른 애도 대학 진학을 못한 채로 3년이 날아가 버렸습니다.

그게 소년의 특징을 반영한 절차인가를 따졌을 때 아니라는 것이 영미법의 결론이고, 한국은 인권위원회조차 적법한 절차를 따라라, 시간이 걸려도 싸워라, 변호사가 개입해라, 하고 권유하는 겁니다. 그래서 수많은 학교 폭력 전담 변호사들이 탄생한 것이고요. 변호사 비용을 많이 낼 수 있는 아이들에게는 훨씬 더 유리할 겁니다. 하지만 그게 아이들을 위한 일이냐를 물었을 때 전 아니라고 봅니다. 아이들을 빌미로 어른들 밥그릇만 커지는 형국입니다. 가난하고 힘없는 소년범들을 형사 처벌로 엄벌해 버리면 5년 후, 그 아이들은 성인 범죄자가 되어 돌아옵니다.

결국은 수사 단계에서 심리 치료 지원도 필요하고 2차 피해를 입지 않도록 하는 지원 대책도 필요합니다. 이걸 전담 법원을 마련한 다음 법원에서 판사들이 선고하면 된다고 생각합니다.

2

연대란 함께
옳은 방향을
바라보며
같은 목소리를 내는 것

기업/조직 범죄

권력형 성범죄,
거대 조직을
이기는 성숙한
연대의 힘

밤쉘

감독 제이 로치 | 캐나다, 미국 | 2019년

미국 전역이 대선으로 뜨겁게 달아올라 있던 2016년 여름, 미디어 제국이라 불리는 폭스 뉴스 사의 간판 앵커 메긴 켈리는 대선 후보 도널드 트럼프가 연일 SNS로 쏟아 내는 여혐 발언에 대해 트럼프와 설전을 벌이고 화제의 중심에 놓인다.

한편 한때 메긴 켈리와 함께 폭스 뉴스의 세를 양분했던 앵커, 그레천 칼슨은 맨얼굴로 방송했다는 이유로 부당하게 해고를 당한다. 그동안 꾸준히 증거를 수집해 온 그녀는 언론 권력의 핵심이라 불리는 폭스 회장 로저 에일스를 성희롱 혐의로 고소한다.

그리고 앵커가 꿈인 신입 직원 포스피실은 로저 에일스의 비서를 통해 그를 만난 후 충성심이라는 이름으로 성 상납을 요구받는다. 이런 상황에서 아무도 그레천 칼슨의 고소에 지지를 표하지 않고 쉬쉬하는 가운데 실상 뉴스 룸 내부에 만연해 있던 성추행의 민낯이 하나하나 드러나기 시작하고, 과거 로저 에일스에게 성희롱을 당한 적이 있던 메긴은 고민 끝에 또 다른 피해 어싱들을 찾아 나선다.

이다혜 　오늘은 제이 로치 감독, 샬리즈 세런, 니콜 키드먼, 마고 로비 주연의 2019년 할리우드 영화 「밤쉘」과 함께 권력형 성범죄에 관해 이야기합니다. 「밤쉘」은 공교롭게도 권력형 성범죄, 직장 내 성범죄에 대한 뉴스가 쏟아지던 시기에 개봉했습니다. 박사님, 먼저 이 영화가 다룬 사건에 대해 설명 부탁드립니다.

이수정 　이 영화는 2016년에 폭스 뉴스 앵커 그레천 칼슨이 CEO인 로저 에일스를 상대로 성추행 소송을 제기한 사건을 소재로 하고 있습니다. 오늘날 회사 내부에서 일어난 성적 괴롭힘 사건 대부분의 전개가 그렇듯이 여성이 가해자 당사자뿐만 아니라 회사를 상대로도 싸워야 하는 상황이 전개되면서 미국 내에서 여러 가지 논쟁을 일으킨 바 있습니다.

그래도 사건의 시비가 가려진 것이 천만다행인데요. 만약 한국에서 이런 사건이 일어났다면 과연 이렇게 빨리 시비가 가려질 수 있을지 의문입니다. 결국 가해자 로저 에일스는 CEO 자리를 잃게 되었고 2000만 달러, 한국 돈으로 239억 원을 징벌적 손해 배상으로 물어야 하는 상황을 맞았습니다. 나름 해피 엔딩이네요.

'성희롱'이 아니라 '성적 괴롭힘'이다

이다혜　보상 액수로 보면 해피 엔딩이라는 생각이 들면서도, 사건 이후에 피해자가 일을 지속할 수 있을지를 생각하면 상황이 달리 보이기도 합니다. 이와 관련한 여러 문제들에 대해 함께 이야기해 보겠습니다. 기사를 보면 「밤쉘」의 실제 사건을 다루면서 그레천 칼슨이 가해자를 '성희롱' 혐의로 고소했다고 쓰고 있는데요. 성희롱이라는 단어가 좀 가볍게 느껴지기도 하는데, 정해진 법률 용어인가요?

이수정　이전에도 여러 번 이야기했지만, 'sexual harassment'를 왜 성희롱이라고 번역하는지 이해가 안 됩니다. 실제로는 성적 괴롭힘에 가깝죠. 이는 가해자의 입장에서 사용한 용어라고 생각합니다. 안타깝습니다.

성희롱이라 하면 사태의 심각성이 축소되는 경향이 있습니다. 엄연히 피해자가 존재하는 범죄이자 성을 매개로 하는 가해 행위이고 성적 괴롭힘인데 마치 일종의 플러팅(Flirting)처럼 느끼게 만든다는 점에서 반드시 개정되어야 할 용어라고 생각합니다.

이다혜　호감이 있어 적극적으로 접근했는데 그걸 상대가 과하게 받아들여 문제가 된 것인 양 오해하게 만든다는 점에서 성희롱이라는 단어 사용 자체를 지양해야겠다는 생각이 듭니다.

실화를 바탕으로 한 영화들을 보면 이런 일이 있었다는 식의 과거형의 이야기가 많지만, 「밤쉘」은 시간이 흘러도 이런 일이 여전하다는 걸 보여 주어 더 울림을 줍니다. 권력형 성범죄가 진지한 노동 이슈로 다루어지기 위해서 그만큼 사회가 성숙해야 한다는 생각도 들거든요.

이수정　네, 성숙한 사회라면 여성의 인권에 대한 의식도 성숙해야겠지요. 요즘 이른바 '갑질'에 대한 시민 사회의 분노가 높잖아요. 여자들은 갑질에 더해 성적인 착취까지 당하고 있습니다. 갑질의 부당함은 다 같이 공감하면서도 성희롱이라는 단어를 사용하면서 성적 착취를 인정하지 않고, 여성 노동자들의 인권 문제도 제대로 취급하지 않는 경향이 있습니다. 무슨 차별인가 하는 생각이 들어요.

이다혜　'밤쉘'이라는 단어에는 도저히 믿을 수 없을 정도의 충격, 또는 실망스러운 감정이라는 뜻과 함께 매력적인 여성이라는 뜻이 있습니다. 이 영화의 제목으로서는 첫 번째로 뉴스 미디어 CEO의 성범죄 사건이라는 충격, 두 번째로는 뉴스 미디어 종사자 가운데 여성만 골라서 꽃을 운운하며 대상화하는 행위까지 함께 언급하고 있는 것으로 보입니다.

실제로 영화 「밤쉘」을 보면 여자 앵커들이 의상실에서 옷을 고르는 대목이 눈길을 끕니다. 앵커의 역할은 뉴스를 전달하는 것인데 현실에서 요구받는 일은 아름답게 보여야 한다는 것이죠. 영화 속에서 'likable'이라는 대사가 나옵니다. 시청자들이 신뢰할 수 있는 사람이라기보다 마음에 들 만한, 호감 가는 사람으로 보여야 한다는 거죠. 앵커가 아니어도 많은 여성들이 꾸밈에 대한 강박을 느끼면서 직장 생활을 하고 있습니다. 꾸밈에 대한 내적 강박도 있지만 외적 압박도 분명히 존재하는 것이 현실입니다.

이수정　한국 뉴스의 방송사별 남녀 앵커 비중을 봐도 남성들은 연륜 있고 전문성이 확보된 40~50대가 주인 데 반해, 파트너가 되는 여성들은 예쁘고 어린 20대나 30대 초반인 경우가 많은데요, 왜 그런 관행이 계속되는지 꼭 그래야 하는지 이해가 잘 안 됩니다.

피해자 책임론과 '강간 통념'

이다혜   해고된 그레천 칼슨은 CEO인 로저 에일스를 성추행 혐의로 고소합니다. 그런데 뉴스 룸 사람들은 피해자인 그레천을 먼저 의심합니다. 직장 내 성범죄 피해를 입증해야 하는 여성들은 평상시의 업무 태도라든가 사생활이라든가 옷차림이라든가 인간 됨됨이에 대해서 꼬투리 잡히는 일이 너무 많음을 알 수 있습니다. 심지어 미디어에서도 그런 부분을 부각하고요.

이수정   일종의 피해자 책임론이죠. 직장 내 성적 괴롭힘뿐 아니라 강간이나 강제 추행도 마찬가지입니다. 사건이 터지면 왜 피해자가 밤늦게 돌아다녔느냐며 탓합니다. 심지어는 피해자의 과거, 이성 교제 여부까지 들먹이며 원래 문란한 여자라는 식으로 피해자들에게 책임을 묻는 분위기가 있습니다.

그런 점 때문에 친고죄를 폐기하면 피해자의 신상이 전부 까발려져 공격받을 수 있으니 피해자 본인이 고발 여부를 결정해야 한다는 의견이 있었죠. 그래서 친고죄가 폐기되기 전까지 법사위의 토론을 보면 여성들을 위해서 친고죄를 그대로 유지해야 한다, 아니다 이런 토론들이 일상이었어요.

그런데 그런 게 다 무너진 계기가 바로 조두순* 사건이었습니다.

이 사건은 피해자 책임론이 전혀 먹히지 않는 사건이었으니까요. 피해자인 나영이가 잘못한 게 뭐가 있나요. 부모님이 다 출근해야 하니 아침에 조금 일찍 등교한 것뿐인데요. 현실이 이러니 피해자에게 손가락질할 수 있느냐는 문제의식이 생기면서 강도와 강간이 뭐가 다르냐는 이야기가 나오기 시작했습니다. 그때부터 비로소 피해자라는 용어가 제대로 인정을 받은 거죠.

물론 오늘날도 여전히 피해자한테 뭔가 잘못이 있겠지 하는 '강간 통념'이 남아 있습니다. 강간당할 짓을 했다고 생각하는 겁니다.

조두순

2008년 12월 경기 안산시 단원구에서 조두순은 8세 여아를 성폭행해 큰 상해를 입혔다. 사건의 잔혹한 내용이 언론에 자세히 공개되면서 국민의 공분을 샀으며, 아동 성폭행에 대한 인식을 제고하는 결정적 계기가 되었다. 조두순은 음주로 인한 심신미약을 주장하여 징역 12년을 확정 받았고, 이에 반발하는 여론이 거셌다. 정부는 사건 이후 성범죄자 알림e 사이트를 운영하고 전자발찌를 도입하는 등 사법 형사 절차를 개선했다. 조두순은 언론을 통해 사진이 공개되었다. 2020년 12월 12일 출소했다.

이다혜 성범죄가 유독 그런 것 같아요. 이를테면 누군가를 지적하면 손가락이 가리키는 방향을 보는 것이 아니라 그 손가락을 들고 있는 사람을 먼저 봐요.

이수정　도둑질을 당했으면 도둑을 잡아야 하는데 피해자의 신상을 털고 있으니 부조리한 현실입니다.

묵인하고 은폐하는 자도 공범이다

이다혜　「밤쉘」에서 성범죄를 고발하려는 메긴 켈리에게 동료들이 본인들에게는 밥줄이 걸린 문제라고 말합니다. 시끄러운 문제를 일으키지 말라는 주변의 압박 역시 폭로를 어렵게 만드는 요인이 아닐까요.

이수정　'그냥 조용히 좀 있어.', '너 때문에 우리가 불편해.', 나아가서 '우린 명예로운 조직인데 너 때문에 우리의 명예가 다 같이 추락해.', 너만 입 다물고 있으면 돼.' 하는 것은 엄연한 2차 가해입니다. 묵인, 은폐도 다 가해 행위예요. 공범인 것입니다. 그러니 피해자들이 발고하기가 얼마나 힘들겠어요. 한편으로는 피해자에게 피해를 빨리 발고하지 않고 뭐 했느냐고 추궁하기도 합니다.

이다혜　로저 에일스는 폭스 뉴스의 창립자이자 CEO로서 제왕적 지위를 누리고 있습니다. 노골적인 여성 혐오 발언, 뉴스 룸 내 여성 사원의 대상화는 그의 개인적인 취향을 넘어 원칙이 된 지 오래인 것으로 보입니다. 여성 직원에게 성 상납을 요구하면서 그걸 충성도, 로열티라고 바꿔 말하는 모습에서 나름 치밀한 사람임을 알 수 있습니다.

이수정 그러니까 이 로열티의 함의는 나한테 헌신해라, 남자들은 노동력으로 헌신하고, 여성들은 성 도구화가 되어서 헌신하라는 것이잖아요. 여자를 동등한 인격체로 보지 않는 전형적인 성차별주의자의 모습입니다.

이다혜 그레천은 해고당하기 직전에 로저 에일스가 새 여성 직원을 대놓고 불러들이는 것을 보면서 정말 멈추지도 않고 계속된다는 식의 이야기를 합니다. 한마디로 권력형 성범죄는 한 번만 저지르고 끝나지 않는다는 말입니다. 실제로 성범죄 가해자들에겐 절대 한 번의 실수 같은 것은 없습니다. 반복해서 피해자가 생기잖아요.

이수정 맞습니다. 안희정 전 지사의 성폭력 사건*의 경우에도 발고 과정을 끝까지 견딘 분이 김지은 씨라서 그분의 이름이 언급되지만, 사실은 김지은 씨 혼자만 피해를 당한 게 아니었잖아요. 이게 권력의 속성인가 하는 생각도 들지만 권력을 가진 위치에 있다고 해서 다 이러지는 않으니까요. 아무튼 권력에 심취하는 것이 사람을 부패하게 만드는 지름길이라는 생각이 듭니다.

이다혜 지금 말씀하신 것 중에 김지은 씨가 발고 과정을 끝까지 견딘 분이기 때문에 이름이 언급된다고 하신 것이 굉장히 인상적입니다. 직장 내 성범죄의 경우 한 명이 폭로를 시작하면 비슷한 일을 겪은 사람들이 연달아 목소리를 내곤 합니다. 그래서 문제를 공론화하고 끝까지 발고 과정을 밟을 때 피해자 개인이 자신의 모든 것을 걸어야 하는 경우가 너무 많아 보입니다.

이수정   저도 계속 문제 제기를 하고 있는데요, 직장 내에 피해자들이 억울함을 호소할 수 있고, 진위가 밝혀질 때까지 당사자를 지원하는 공식적인 단체와 절차가 있느냐가 제일 중요합니다.

제가 근무하는 대학에서도 조직 내 성폭력은 비일비재하게 발생합니다. 어떤 사건이 터지면 그 절차를 운영하는 사람도 조직에서 심한 공격을 받곤 합니다. 저도 그 조직의 장을 해 봤기 때문에 어떤 종류의 위기가 오는지 잘 알고 있습니다. 그래도 마지막까지 중심을 잃지 않고 피해자 편에 서 주는 누군가가 있으면 결국 사건의 시비가 가려지고 결론이 납니다. 그런데 피해자 지원 단체와 절차가 없거나 부실하면 다 같이 흔들리기 시작해서 결론도 나지 않고, 피해자만 조직을 떠나 버리는 일들이 종종 일어납니다.

안희정 전 지사의 성폭력 사건

2018년, 충청남도 지사 정무 비서와 수행 비서를 지낸 김지은 씨가 안희정 당시 충청남도 지사에게 8개월에 걸쳐 성폭행 및 성추행을 당했다고 폭로해 안희정 당시 지사가 도지사직을 사임하고 위력에 의한 간음·추행 혐의로 불구속 기소된 사건. 재판 과정에서 피의자 안희정은 합의에 의한 관계라며 불륜 관계임을 인정했을 뿐 성범죄 혐의에 대해서는 부인했다. 2018년 8월 14일, 서울서부지방법원은 안희정의 성폭력 혐의에 대해 무죄를 선고했으나 2019년 2월 1일, 서울고등법원은 안희정에게 징역 3년 6개월을 선고했다. 2019년 9월 9일, 대법원은 안희정과 검찰의 상고를 모두 기각하면서 2심 판결인 3년 6개월을 확정지었다.

'정치적 음모'라는 말이야말로 정치적이다

이다혜   이 영화를 통해 연대에 대한 이야기를 하지 않을 수가 없습니다. 메긴 켈리와 그레천 칼슨은 같은 방송국 내에서 서로 우호적이라고 보기 어려운 경쟁 관계에 있는 앵커들인데도 사건이 터졌을 때 함께 목소리를 내고, 이후에는 각자의 길을 갑니다. 사건 이후로 사이가 가까워지는 것도 아니고, 연대하기 위해서 둘이 자주 만나는 것도 아니에요. 하지만 자신도 겪은 일이고 심각한 문제라고 생각하는 순간 각자의 자리에서 목소리를 내고 연대합니다.

이수정   이런 것이 성숙한 연대입니다. 올바른 방향에 대해서는 목소리를 같이 내는 것이죠. 혹은 연대하기 위해 클릭을 해 주시면 됩니다. 그러고는 각자의 인생을 성실하게 살면 되죠. 꼭 같이 술도 먹고 밥도 먹고 얽혀서 지내야만 연대하는 것은 아니니까요.

그냥 같은 방향을 보고 무엇이 옳은가 생각하고 용감하게 목소리를 내 주면 됩니다. 누구나 그런 일을 당할 수 있다, 너의 잘못이 아니다, 그렇게 대해 주면 되는데 여기서 자신의 의견을 솔직하게 드러내는 순간 혹시 나도 왕따를 당하거나 희생양이 되지 않을까 하는 불안감이 생길 수 있습니다. 하지만 자신이 보여 주는 순간의 용기로 피해자는 어쩌면 극단적인 선택을 피할 수도, 다시 희망을 가질 수도 있습니다. 제가 볼 때 연대의 방법은 무척 많습니다. 다만 많이들 두려워할 뿐이라는 생각이 들어요.

이다혜   메긴 켈리 혹은 그레천 칼슨이 한국에서 이런 폭로를 했으면 어땠을까요? 안희정 지사의 성범죄를 폭로한 김지은 씨 역시도

'똑똑한 여자가 그런 일을 당했다니 있을 수 없는 일이다, 정치적 음모다.' 하는 식의 이야기가 있었단 말이죠.

이수정　　전 왜 모든 일을 정치와 연결시키는지 이해가 잘 안 됩니다. 제가 기본적으로 정치에 애정이 없어서 그런 것 같은데, 음모론이 재밌나요?

이다혜　　음모론이 재미야 있죠. (웃음) 그런데 문제가 생기면 문제를 해결해야 해요. 목이 마르면 물을 먹어야 하거든요. 마찬가지로 성범죄는 성범죄를 해결하면 돼요.

문제는 성범죄를 고발하는 피해자 조력 단체에 공격이 들어올 때는 전혀 다른 것들로 공격한다는 점입니다. 그래서 이 단체가 정상적으로 운영되기 어렵게 사람들을 갈라놓기 시작합니다. 그런데 전 그것도 일종의 정치적인 방식의 방해라고 보거든요.

이런 식의 정치적 방해는 한국뿐 아니라 외국에서도 자주 일어나곤 합니다. 예를 들면 어느 나라 대통령의 비리를 고발하는 검사가 있는데 이 검사의 성 추문이 불거지고, 그러면 이것도 정치적인 음모다 이런 식으로 논의가 흐르는 식입니다. 그럼 성 추문이 원래 없던 일인데 조작된 것이냐 하면 그건 또 아니라는 거죠. 성 추문이 있는 것은 사실인 겁니다.

이수정　　저는 여자들이 피해를 발고하면 그걸 정치적 음모라고 몰아가는 세태가 굉장히 모욕적으로 느껴집니다. 여자를 자기 문제를 스스로 고발도 못하는 존재로 생각한다는 거잖아요.

이다혜　영화 속에서 마고 로비가 연기하는 허구의 캐릭터인 케일라 포스피실의 경우는 어떻게 볼 수 있을까요?

이수정　실존 인물은 아니지만 성 상납의 구조를 단적으로 보여주기 위해 가장 피해 가능성이 높은 허구의 인물을 설정한 듯 보입니다. 가장 신입이고, 가장 네트워크가 취약하고, 가장 어린 사람들이 권력형 성범죄의 피해에 노출될 확률이 높으니까요. 정규직보다는 비정규직이 더 취약하고요. 계약 해지를 들먹이며 협박하거나 정규직을 시켜 주겠다며 빌미를 제공하기도 합니다.

이다혜　영화에서 조직의 나이 든 여성 직원이 젊은 여성 직원들 중에 야망이 있어 보이는 사람을 골라 오는 장면이 매우 인상적입니다. 중견 여성 직원이 있으니까 문제는 없겠지 하며 피해자가 마음을 놓게 하는 역할을 하지만 사실은 조직의 임원급 사람들 모두 다 한 패거리인 듯 합니다. 그래서 갓 입사한 직원을 피해자로 상정한 이런 설정이 무척 현실적이라는 느낌도 듭니다.

이수정　제가 맡았던 한샘 사내 성범죄 사건*이 직원들 여러 명이 비정규직 직원에게 가해 행위를 한 사건이었습니다. 피해 직원은 정규직이 되려고 발고를 못 하고 있는 와중에 소문이 시작되었고 또 다른 가해자가 등장하면서 사태가 악화됐던 거죠.
　그때 조직 내에서 무슨 일을 해야 하는가 다시 한번 생각하지 않을 수 없었습니다. 가해자 개인에게만 책임이 있는 것이 아니라 조직에도 책임이 있기 때문입니다.

이다혜　　한샘 사건은 개인이 그렇게 오랫동안 같은 패턴의 가해를 저질러도 용인된다는 사실을 조직이 학습한 결과이기도 하다는 생각이 듭니다.

이수정　　어느 조직이든 유리 천장을 뚫은 여성들이 있다면, 그리고 남성들 중에 양심적인 사람들이 있다면 직장 내 성범죄 해결을 위한 공식 기구와 절차를 만들어야 하고, 피해 발고를 도와야 합니다. 영화에선 그 역할을 경쟁자였던 여성이 해 준 셈이죠. 양심을 선택하는 사람들이 있어야 합니다.

성범죄 발고 전에 최대한 증거를 확보하라

이다혜 　그레천 칼슨은 해고를 당한 후에 고소를 했지만, 메긴 켈리는 CEO인 로저 에일스와 관계도 좋고, 현재 간판 스타 앵커인 상태에서 발고했기에 그 내용이 진짜이리라는 신뢰를 줍니다. 덕분에 이 사건은 단 16일 만에 상황이 종료됩니다.

이수정 　잠시 눈감고 외면하면 가해자들과 오랜 기간 영광을 누릴 수 있는 상황이니, 양심의 선택을 할 것이냐 말 것이냐 굉장히 고민했을 것 같아요.

이다혜 　나는 뉴스거리가 되고 싶지 않다는 식의 대사도 하거든요. 보도하는 입장이기 때문에, 발고를 하는 순간 오랫동안 가십의 대상이 된다는 걸 누구보다 잘 알고 고심합니다.
　한편 로저 에일스는 굉장히 영리하게 모호한 언어를 사용합니다. 예를 들면 "앞서 나가려면 잘 빨아야지." 같은 식으로 말하는데, 변호인들이 이 말을 두고 "분명하게 오럴 섹스를 요구한 건 아니잖아요."라고 하기도 합니다. 그런데 그레천 칼슨 쪽 변호사가 한 말이거든요.

이수정 　변호인들은 본인들의 직업을 열심히 수행할 수밖에 없겠지요.

이다혜 　이 대사는 그레천 칼슨이 상담하는 과정에서 그레천 칼슨 쪽 변호사가 한 말입니다.

이수정　그렇다면 그레천 칼슨으로부터 좀 더 확실한 진술을 이끌어 내기 위해 이렇게 부적절한 이야기를 한 것일 수도 있겠네요. 가해자 쪽 변호사로부터 틀림없이 공격을 받을 테니 좀 더 분명하고 반박 불가능한 피해 사실을 끄집어낼 필요가 있었겠죠. 그러나 피해자 입장에서 보면 역시 억울할 만한 사실입니다.

이다혜　직장 내 성범죄 사건에 대응해 싸우려고 할 때 어떤 준비를 하는 것이 효과적일까요?

이수정　섣불리 시작하는 건 좋은 선택이 아닙니다. 제가 근무하는 대학에서 성희롱 사건이 일어나면 저는 피해자에게 최대한의 객관적 기록, 물리적으로 입증 가능한 기록을 다 가지고 오라고 합니다. 즉시 행동을 취하기보다는 일단 증거를 최대한 확보한 후 시작하는 것이 유리합니다. 요즘은 SNS나 통신 수단이 워낙 많아서 증거를 확보하기가 용이합니다.

앞서도 이야기했지만 보통 성범죄는 1회로 끝나지 않습니다. 그러니 매번 기록을 전부 남겨 놓아야 합니다. 몇 날 몇 시에 어디서 무슨 이야기가 오갔는지 구체적인 기록을 남겨 놓으면 사건 특정에 도움이 됩니다. 가해자들에게도 당연히 발언의 기회가 주어지기 때문에 결국 진술과 진술의 싸움이 될 확률이 높은데, 진술이 얼마나 구체적이고 신빙성 있느냐가 결과를 좌우합니다. 피해자들이 기록을 분명하게 남겨 놓고 일관성 있게 진술을 계속하게 되면 아무래도 피해 입증이 좀 더 쉬워집니다.

이다혜　피해자가 스스로 피해 사실을 기록하는 것이 여러모로 쉽지는 않잖아요.

이수정   물론 쉽지는 않습니다. 저는 학교 내에서 성범죄 피해 발고가 일어나면 꼭 자술하게 합니다. 피해자와 가해자 양측에 최대한 자세하게 많이 쓰라고 하면 거짓말하는 사람이 누군지 알 수 있습니다. 실제로 굉장히 흥미로운 결과들이 나오거든요. 그래서 요즘 진술 분석을 많이 활용하는데, 고의적으로 사실을 왜곡하려는 사람들은 솔직하지 않기 때문에 특정 부분이 대폭 생략돼 있다거나 하는 식으로 진술의 흐름이 매우 부자연스럽습니다. 한샘 사건도 역시 그랬습니다.

이다혜   영화 중간에는 원하는 일을 줄 테니 당신의 호텔방을 보고 싶다는 식의 대사가 등장합니다. 그 대사를 들은 당사자는 너무 매정하게 거절하면 상대방이 무안할 것 같고 너무 공격적으로 반응하면 안 되니까 돌려서 말하려고 합니다. 하지만 원하는 것을 주지 않으면 능력이 부족하다며 좌천시키거나 해고하는 것도 직장 내 성범죄 가해자들이 곧잘 하는 복수의 방법 중 하나인데요.

이수정   호텔방을 보여 달라는 말은 이후 '난 정말 방만 보자고 했을 뿐.'이라며 발뺌할 가능성이 높아 성적 괴롭힘이라는 사실을 입증하기가 더 어려울 것 같습니다. 안희정 전 지사도 '담배 두 갑을 갖고 오라.'라는 말이 하룻밤을 보내자는 이야기는 아니지 않느냐면서 부인했습니다. 물론 안희정 전 지사는 '괘념치 말라.' 등의 문자 기록이 남아 있어서 무조건 부인할 수 없었지만 말입니다.

권력형 성범죄는 성욕의 문제가 아니다

이다혜　　로저 에일스도 영악하게 표현합니다. 직접적인 표현을 피하면서도 상대방에겐 분명하게 압박을 주는 요구를 하기 때문에, 말씀하신 것처럼 다른 피해자들이 연대하지 않으면 재판에서 입증하기가 어렵겠다는 생각이 듭니다.

　　그레천 칼슨의 성희롱 소송이 시작되자 메긴 켈리는 오래전 로저 에일스에게 추행당한 경험을 남성 동료에게 털어놓습니다. 동료가 당신이 예뻐서 그런 거라고 말하자 메긴 켈리는 권력형 성추행은 외모와 상관없는 문제라고 잘라 말합니다. 권력형 성추행이 자연스러운 성욕의 발로라고 해석하는 경향에 대한 일침으로 보입니다.

이수정　　정확한 일침이죠. 권력형 성범죄는 일종의 권한 남용 문제이기 때문에 상대의 외모가 어떤지는 아무 관계가 없습니다.

이다혜　　하지만 성폭력 사건이 일어나면 항상 피해자의 외모가 입방아에 오르고, 혹은 피해자의 나이가 많으면 나이를 봐서 그럴 리 없다는 식으로 피해자에게서 흠을 찾아냅니다. 사람들이 피해자의 상황을 가십으로 소비하면서 예쁘니까 그렇지, 안 예쁜데 그랬을 리 없어, 하는 식의 판단을 하고 그런 내용을 거리낌 없이 말해도 된다고 생각하는 것 자체가 굉장히 폭력적이라고 봅니다.

이수정　　특히 조직 안에서 그런 일들이 많이 일어납니다. 제가 속한 조직 안에서도 남자들끼리 "걔 예뻐?" 하는 식의 이야기를 들은 바가 있고요. 피해자가 되는 데 무슨 자격 요건이라도 있다는 듯한 발언들이죠. 제가 이 자리에서 분명히 밝혀 두는데, 꼭 예쁜 여자만 성희롱을 당하는 것은 아닙니다.

이다혜 　나이도, 옷차림도 관계가 없습니다. 최근에 읽었던 뉴스 중에 제일 기억에 남는 것 중 하나가 노인 여성들이 성폭행 피해를 많이 당하고 있음에도 그 사실이 너무 부끄러워서 말을 못 하신다는 내용이었어요. 물론 성범죄 피해 사실 자체가 부끄러운 것도 있지만 '내가 이 나이 먹어서 그런 이야기를 한들 믿어 주겠느냐.' 하는 생각도 하신다는 거예요.
　그러니까 가해자 입장에서는 제일 만만하게 느껴지는 피해자를 선택하는 것인데, 제삼자가 피해자에게 당신이 예쁘니까 그렇다는 식으로 이야기해 버리면 분명한 오류인 거죠.

이수정 　이춘재의 첫 번째 강간 살인 피해자는 할머니였다는 사실을 잊어서는 안 됩니다.

이다혜 　샬리즈 세런이 이 영화를 제작하면서 이 프로젝트가 좌초되지 않도록 굉장히 많은 노력을 한 것으로 알려져 있는데요, 이것도 연대의 한 방법이 아닐까 하는 생각을 했습니다. 저희가 「이수정 이다혜의 범죄 영화 프로파일」을 하는 것도 그런 연대의 일환이라고 생각하고 있고요.

이수정 　그렇습니다. 우리는 좌초되지 말고 건강이 허락하는 동안 계속 가 봅시다. 그런데 건강이 문제야, 그게 제일 어려워요. (웃음)

이다혜　네, 맞습니다. (웃음) 또 영화를 보면 메긴과 그레천이 아이를 바라보는 장면이 굉장히 인상적인데요, 아이들을 경제적으로 책임져야 한다는 의미와 동시에 아이들에게 부끄럽지 않게 살고 싶다는 마음도 엿보였습니다. 내가 입은 피해를 다른 사람, 다음 세대가 겪지 않았으면 하는 마음이 성범죄 피해를 폭로하는 피해자들의 마음이 아닐까 하는 생각이 들었습니다.

이수정　맞습니다. 그것이 제 마음이기도 합니다.

이다혜　연대하는 사람들은 모두 이런 마음일 거라고 생각해요.

이수정　우리 시대에 우리가 당했던 일들을 내 후배들, 내 아이들에게 대물림하고 싶지 않다, 내가 목소리를 내지 않으면 관행이 반복될 수 있다는 두려움이 있는 거죠.

피해자 회복을 위해서도 합의금은 필요하다

이다혜　결국 로저 에일스가 자신의 잘못을 인정해서가 아니라 그보다 더 높은 권력을 가진 남자, 루퍼트 머독에 의해 상황이 마무리되는데요, 이것도 굉장히 의미심장하다는 생각이 들었습니다. 여자들이 가해자를 끌어내리는 것이 아니라 더 힘센 남자가 나타나서 가해자에게 "너는 여기까지만 해."라고 진정시키는 모양새예요. 결론적으로는 해결된 것이지만, 그러면 이 가해자는 어디서 무릎을 꿇는가, 그 부분이 저는 흥미로웠습니다.

이수정　현실을 가감 없이 보여 주려면 어쩔 수 없는 선택이었을 걸로 보입니다. 실제로 일어난 사건이기도 하고요. 안타까운 일이죠. 그래도 개인차는 분명 존재합니다. 모든 여자들이 다 연대하지는 않는 것처럼, 모든 남자들이 여자들을 착취하기를 원하는 것은 아니니까요.

학교에서 일어난 성추행 사건으로 문제 제기를 하고 싶었을 때 저는 학교의 남자 교수 중에 가장 양심적이라고 생각하는 분께 도움을 청했고 제가 원하던 방향으로 도움을 받았어요. 남자건 여자건 다 똑같지는 않으니까요.

이다혜　여자들만 할 수 있는 싸움도 아니고요.

이수정　맞아요. 조직이 다 같이 움직여야 하고, 진실을 밝히려는 의지가 있어야 하는데, 그러려면 사실 남자 구성원들도 동참해야 합니다.

이다혜　「밤쉘」은 그레천의 승리로 끝납니다. 하지만 2000만 달러의 합의금을 받으면서 비밀 유지 계약서에 서명을 합니다. 이런 경우가 미국의 성범죄 사건에서 굉장히 흔한 것 같은데요. 이 비밀 유지 계약서 때문에 훗날 다른 피해자들이 예전 피해자와 연대해서 고발하기가 매우 어렵다고 합니다. 새로 발고한 피해자와 연대하려고 해도 언급을 할 수 없다는 것입니다. 이런 비밀 유지 조항 자체가 돈 많은 가해자에게 일방적으로 유리한 것 아닌가요?

이수정　아마 미국이니까 통용되는 것 같습니다. 사실 피해자의 피해를 회복시키는 데에도 돈은 필요하잖아요. 그러니까 합의금에는 틀림없이 순기능도 있습니다. 비밀 유지 계약서의 경우 일종의 민사로 계약을 하는 것인데, 한국의 경우 민사는 굉장히 드물고, 거의 대부분이 형사 처벌이니까 이런 단계까지 가지도 못한 수준이라고 보는 게 맞을 듯합니다.

이다혜 폭스 뉴스 사에서는 그레천에게 2000만 달러, 다른 22명의 여성 피해자들에게는 5000만 달러의 합의금을 주고 문제를 해결합니다. 그런데 로저 에일스에게는 퇴직금으로 6500만 달러를 지급합니다. 이러면 결국 처벌이 아닌 듯 보이거든요?

이수정 그렇게 볼 수도 있겠지만, 퇴직금은 또 퇴직금이니까 별개라고 봐야겠죠. 로저 에일스라는 사람이 이 회사를 키운 것과 범죄를 저지른 것을 같이 놓고 이야기할 순 없으니까요. 그렇기 때문에 정의라는 것이 생각보다 복잡하다는 거예요. 이걸 그냥 심플하게, 단칼에 무 자르듯이 생각할 수 없는 부분이 분명 있습니다.

이다혜 참고로 말씀드리면, 로저 에일스는 사건이 일어나고 1년 정도 후에 사망합니다. 미국의 사례와 비교하면 한국 직장 내 성범죄 사건만의 특징이 있을까요?

이수정 일단은 더 가부장적이고 은폐되고 있으니 피해자가 피해 사실을 발고하기가 더 어렵습니다. 피해자에게 2차 가해 행위를 하는 사람들도 자기가 뭘 잘못했는지 모르고, 2차 가해 행위를 무슨 권리인 양 당당하게 저지르고, 조직을 동원하기도 합니다. 미국 같으면 그것 자체가 또 다른 범죄인데, 한국에는 거기까지는 처벌하는 규정이 없으니까요. 피해자 입장에서는 여러모로 정말 어렵죠.

"성희롱은 당신을 질문의 늪에 몰아넣어요"

이다혜　「밤셸」은 유명하거나 돈 많이 버는 여자라고 해서 성범죄 사건에서 자유로울 수 없음을 잘 보여 주는 영화이기도 합니다. 현실을 보면 직장에서든 가정에서든 여성들은 일을 위해 폭력을 감수하는 경우가 적지 않고요. 그런 의미에서 마고 로비가 연기한 케일라 포스피실의 독백을 잠깐 읽어 보겠습니다.

"직장 내 성희롱은 당신을 질문의 늪에 몰아넣어요. 그러면 끊임없이 자문하게 되죠. 내가 무슨 말을 했지? 내가 무슨 옷을 입었더라? 내가 뭘 놓쳤지? 내가 약자처럼 보이나? 내가 돈을 노렸다는 소문이 나려나? 관심을 구걸한다고 비난받지 않을까? 결국 버려질까? 결국 평생 꼬리표를 달고 살아야 할까? 이 직장에 그대로 남는다면 참고 견뎌야 할까? 다음 직장에 간다고 달라지는 게 있을까? 아니면 내가 다르게 만들 수 있는 게 있을까?"

이수정　읽어 주신 독백을 듣고 있자니 너무 안타깝습니다. 지금 현재 진행 중인 한국 직장 내 성범죄 사건 피해자들이 실제로 모두 이런 생각을 하고 있을 것입니다. 이분들이 겪고 있는 고통이 얼마나 크고 힘들까, 도와주지 못해서 참 미안하고 안타깝다는 생각을 하게 됩니다.

이다혜　'다른 데는 훨씬 더해.' 이런 식의 말을 하면서 이 정도는 참아야 성숙한 인간으로서, 사회인으로서 제 역할을 하는 것처럼 말하는 목소리들을 듣게 될 때도 있는데요. '이렇게 모든 것에 대해서 사사건건 다 문제 삼을 수는 없어.'라고들 하지만 명백히 입 밖에 꺼내고 공론화해서 해서 바꿔야 하는 것들이 있습니다. 그런데 이런 식의 이야기를 공유하는 사람들은 힘이 약한 경우가 많습니다. 결국은 결정권을 가지고 있는 남자들과 이야기해야 하고, 그 사람들이 동의하지 않는 걸 동의하게 만들려면 어떻게 압박해야 하는지도 생각해야 하고, 그게 항상 성공하는 것도 아니고…… 너무 복잡한 문제인데 이 상황에서 고민하는 건 항상 여자들입니다.

　성범죄를 발고할 때 가장 많이 나오는 말이 '정치적 음모다.', '사이가 안 좋아서 이런다.'라는 것이고, 두 번째는 '피해자가 돈을 노리고 하는 짓'이라는 말입니다. 사실 성범죄로 인해 피해를 입고 더 이상 직장 생활을 지속할 수 없게 된다면 당연히 금전적인 보상이 주어져야 함에도 불구하고, 금전적인 보상을 요구하지 않아야 진정성 있는 피해 고발인 것처럼 간주되는 것도 심각한 문제라는 생각을 자주 합니다. 민사에서 보상을 요구하는 것은 당연한 과정인데 말이에요.

이수정　전적으로 옳은 말이지만, 현실에선 그게 의도를 의심하게 만드는 계기가 되기도 합니다. 그러나 분명하게 이야기해 두고 싶은 건, 이 세상에 평생 동안 성폭력 피해자라고 손가락질 받으면서 살기를 원하는 여자는 없다는 것, 그렇기 때문에 음모를 품고 피해를 발고하는 일은 극히 드물다는 것입니다. 피해를 발고하는 순간부터 피해자는 평생 그 부담을 져야 하는데, 금전적 이익을 위해 그걸 감수할 여성은 없습니다. 그러니까 제발 이 문제를 상식적인 수준에서 이해해 달라는 겁니다.

그리고 스스로가 무심하게 던지는 한마디가 피해자에게는 상당히 큰 2차 피해가 될 수도 있다는 걸 꼭 양지해 주셨으면 좋겠습니다. 차라리 그냥 아무 말도 안 하고 지켜보시는 것이 모두를 위해서 가장 바람직한 일이 아닐까 싶어요.

기업 범죄,
형사 처벌이 아니라
징벌적 손해 배상이
필요하다

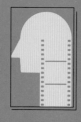

삼진그룹 영어토익반

감독 이종필 | 한국 | 2020년

이자영, 정유나, 심보람은 삼진그룹 입사 8년 차 동기다. 상고 재학 시절 전교 1등을 놓치지 않았던 그들이지만 졸업 후 자랑스럽게 입사한 삼진그룹에서의 현실은 답답하기만 하다. 똑 부러지는 실무 능력, 참신한 마케팅 기획력이 있어도, 하물며 수학 천재도 사무실 청소나 커피 타기, 가짜 영수증 메꾸기 역할 이상으로는 나아갈 수 없기 때문이다.

그러던 어느 날 셋의 인생을 바꿀 일대 소식이 찾아든다. 토익 시험에서 높은 점수를 획득하면 상고 출신도 대리 승진이 가능하다는 새로운 회사 내규가 발표된 것이다. 희망을 품고 열심히 공부하던 자영은 삼진그룹 공장 잔심부름을 나간 그날 공장에서 유출되는 폐수를 보게 된다.

자영은 관련 보고서를 작성한 후 자기보다 높은 직급의 남자 후배에게 이를 제출하게 하지만 회사는 이 사실을 감추고 공장 부근 주민들을 속이고 회유한다. 이에 자영은 유나, 보람과 함께 진실을 밝히기로 결심하고 해고의 위험을 무릅쓴 채 증거를 찾아 고군분투한다.

이다혜   오늘은 이종필 감독이 연출하고 배우 고아성, 이솜, 박혜수 씨가 주연한 2020년 한국 영화 「삼진그룹 영어토익반」과 함께 기업 범죄에 대해 이야기합니다. 1991년 두산전자 낙동강 페놀 오염 사건을 모티프로 자사의 범죄를 고발한 후 이를 은폐하려는 기업 측과 싸우고 진실을 밝혀내려는 여성 직원들의 활약상을 그린 영화입니다. 실제 사건부터 설명해 주시겠어요?

낙동강 페놀 방류 사건

이수정   이 사건은 환경 오염과 관련해 대단히 의미 있고 상징적인 사건입니다. 1991년 3월 14일 구미시 구포동에 위치한 두산전자의 페놀 원액 탱크에서 파이프 균열이 일어나 페놀 원액이 낙동강 지류인 옥계천으로 흘러 들어갑니다. 강물이 페놀 수지에 오염되다 보니 수돗물에서 냄새가 난다는 주민들의 신고가 빗발쳤고요.

나중에 조사해 보니 두산전자가 1990년 10월부터 페놀이 함유된 악성 폐수를 자그마치 325톤이나 옥계천에 무단 방류해 온 사실이 드러났습니다. 당시에 국회에서 진상 조사도 하고 공무원 7명, 두산전자 관계자 6명, 그 외 지방 공무원 여러 명이 문책을 당했습니다. 하지만 그런다고 해서 기업이 폐쇄되는 것은 아닙니다. 당시 환경처는 두산전자의 수출에 지장이 생긴다며 조업 재개 명령을 내렸고 그 후 보름 만에 사고가 재발했습니다. 다시 파이프 이음새가 파열되어 페놀 원액이 또 2톤가량 유출된 것입니다.

그래서 결국 두산그룹 회장도 바뀌고, 장관도 경질됐지만 문제는 발암 유발 물질 때문에 주민들에게 발생한 피해는 계속되었다는 점입니다. 게다가 법원에서 선고한 배상금이 일부 주민들에게 제대로 지불되지 않았고, 건강상의 문제도 여전히 진행 중인 것으로 알고 있습니다.

이다혜   첫 번째 방류 사실을 인식하고 조업을 중단시켰다가 수출을 해야 한다는 산업적인 이유로 바로 다시 공장 조업 재개 명령을 내렸다니 이해가 되지 않습니다. 이 문제가 본격적으로 해결 국면에 접어든 건 그 두 번째 방류 이후부터네요.

이수정   처음에 공장을 건설할 때부터 위험을 예견하고 방지 시설을 철저히 구축해야 하는데 그러지 않았죠. 결국 사고가 일어났을 때는 과도하게 기업 우호적인 처분이 내려졌습니다. 삼성전자 반도체·LCD 생산 라인에서 근무하다가 백혈병이나 혈액암에 걸린 피해자들도 오랜 기간 싸워 왔습니다. 국가의 산업 발전과 개발을 위해서 많은 사람들이 희생할 수도 있다는 사고방식이 여전히 존재하는 것 같습니다.

군가 중에 "전우의 시체를 넘고 넘어 앞으로 앞으로."라는 가사가 있잖아요. 저는 그래서 대체 어디로 가겠다는 것인지 잘 모르겠습니다. 제가 나이가 많은 탓인지 모르겠지만, 전우들의 시체를 대체 언제까지 밟으면서 가야 하는 것인지에 의문이 듭니다. 그런 생각의 연장선상에서 기업들도 기존 방식으로 계속 대응해 가는 것은 문제가 있어 보입니다. 보통 사고가 일어나면 회장에게 형사 처벌을 내리지만 저는 별 의미가 없다고 생각합니다. 사건 이후 양진호*는 감옥에 갔지만 그의 웹하드 회사는 과거 그 어느 때보다 높은 영업 이익을 내고 있지 않습니까.

> **양진호**
>
> 웹하드 업체 위디스크(2003년), 파일노리(2007년)를 운영하며 5만 여 건의 불법 성 동영상을 유포해 70억 원의 수입을 거둔 한국미래기술회장. 2018년 양진호가 자신의 회사 직원을 무차별 폭행하는 장면이 담긴 동영상이 유출되면서 사건이 가시화되었다. 그는 음란물 유포, 음란물 유포 방조, 카메라 등 이용 촬영 방조, 저작권법 위반 방조, 업무상 횡령, 강요, 폭행, 동물보호법 위반, 마약류관리에관한법률 위반, 총포·도검·화약류등의안전관리에관한법률 위반 등 총 10개 항목으로 기소되었다.

이다혜   이런 사건들을 접할 때 제일 궁금한 건 왜 미국처럼 하지 않느냐는 거예요.

이수정   징벌적 손해 배상을 해서 회사에 치명적인 타격을 주지 않는 한, 한두 명의 형사 처벌은 의미가 없습니다. 이재용 회장을 감옥에 보내는 걸로 삼성전자의 문제가 해결될 수 있느냐, 그건 아니잖아요. 이런 문제가 반복될 가능성이 있다면 결국은 민사적으로도 해결하도록 해야 한다고 생각합니다.

이다혜   특히나 이런 문제들은 사람의 생명과 관련이 있잖아요. 시민들이 평생 건강상의 문제를 지고 살아야 할 수도 있고, 공장 노동자가 굉장히 젊은 나이에 세상을 떠나기도 합니다. 그렇기 때문에 기업 범죄는 저희가 그간 다루었던 다른 범죄들과는 결이 다릅니다. 특정 개인이 형을 산다고 해결될 문제가 아니거든요.

이수정   지금 이 페놀 방류 사건도 보면 당시 두산그룹의 박용곤이라는 사람이 회장이었는데 이 사건으로 인해 결국은 회장이 책임지고 물러났다며 면죄부를 줬습니다. 그러면 그 박 씨 일가가 사업을 포기했느냐, 아니잖아요. 그다음 세대에게 물려줬을 뿐이죠. 책임을 지는 게 아니라 2세 승계를 해 버린 것에 불과합니다. 이제는 뭔가 좀 다른 방식의 접근이 필요한 것 아닌가 싶습니다.

희박한 환경 의식과 발전 만능주의

이다혜   1991년 당시를 기억해 보면 환경 오염이라는 것 자체에 대해서 사람들이 별 문제의식을 갖고 있지 않았습니다. 상수원 보호라는 생각도 없었고요. 그래서 하천이나 계곡에서 그냥 다 고기 구워 먹고, 밥 해 먹는 분위기였습니다. 생활 폐수 방류도 문제였습니다만, 페놀은 가전제품의 기판을 만들기 위해 사용하는 산업 물질이라서 인체에 굉장히 유해하지 않습니까?

이수정   저도 이번 기회로 다시 찾아보니 정말 위험한 물질이더라고요. 맹독 물질이어서 심각한 장애나 사망에도 이를 수 있고, 4그램 정도를 섭취하면 10분 이내에 사망한다고 합니다. 그렇기 때문에 이게 아무리 물에 희석된다 해도 문제가 될 수 있습니다. 그런데 당시 낙동강 지류에 희석이 돼서 시민들이 결국 그 물을 먹었단 이야기잖아요. 이만저만 심각한 문제가 아니었던 것으로 보입니다.

이다혜   영화 속에서 지방 공장으로 외근을 간 자영은 소나기가 내리던 때 페놀이 섞인 폐수를 무단 방류하는 현장을 목격하고 충격에 빠집니다. 인근 하천의 물고기들이 떼죽음을 당한 모습을 발견하는데, 앞서도 설명 드렸습니다만 1991년 당시에는 환경 오염이라는 개념 자체가 희박했잖아요.

이수정   그랬죠. 개발 시기의 연장선상에서 1990년대 후반 IMF 이전까지는 한국에 별달리 경제적 위기가 없고 개발 기조가 그대로 유지되던 때라서 환경 오염은 별로 중요한 이슈가 아니었습니다.

이다혜   그리고 물을 사서 마신다는 것도 굉장히 낯설어 모두가 당연하게 수돗물을 마셨습니다. 정수기도 아직 대중화되기 전이었고. 1990년대에 유럽에 여행이나 출장을 다녀온 사람들이 "거기서는 물을 사서 마셔, 한국은 좋은 나라야, 우리는 물이 좋아." 이런 이야기를 자주 했던 기억이 납니다.

이수정   한국 물이 정말 좋았을 수도 있지만 우리가 수질에 대해 잘 몰랐을 수도 있는 거죠. (웃음)

조사 기관과 행정 기관의 묵인

이다혜   페놀이 방류되는 현장을 목격하고 온 자영이 보고서를 씁니다. 그리고 간접적으로 상부에 제출하는데요. 우여곡절 끝에 삼진그룹은 폐수 방류 공장 부근 마을 주민들에게 보상하는 조건으로 합의서를 쓰게 합니다. 그러면서 서울대 연구팀의 수질 검사의 결과 수치를 조작하는데요. 페놀 수치가 3이면 안전한 정도라고 하는데 보고 결과도 그 정도입니다. 하지만 조작되지 않은 보고에서 밝힌 수치는 488에 이릅니다. 조작된 보고서는 기업은 물론이고 학계와 수사 기관, 나아가 행정 기관도 묵인해야 가능해지는 것 아닌가요?

이수정   아마도 수사 기관이나 행정 기관은 사건화가 되어야 알게 될 것으로 보이고요. 일단은 전문가들이 양심을 팔아야 이런 보고서가 작성되겠죠. 예전에는 이런 식으로 양심을 접는 일들이 산업 발전이라는 미명 아래 드물지 않게 일어나곤 했습니다. 물론 오늘날은 다 압수 수색하고 전자적으로 기록이 남기 때문에 수치를 조작하거나 기록을 은폐하기가 전보다 많이 어렵습니다.

이다혜   영화에서도 서울대 연구팀이 수질 검사를 하지만 그 결과를 은폐, 조작하는 기업에 대해서 이의나 제재를 가하지 못하거나 하지 않는 것으로 보입니다. 기업의 자발적 의뢰에 따른 검사라고 하더라도 과정과 결과의 투명성을 국가 차원에서 확보해야 하지 않나 싶었습니다.

이수정   공기업도 아니고 사기업이나 보니 이게 참 쉬운 일이 아니죠. 오늘날에도 일부 기업에선 이런 조작이 자행되고 있을 수 있지만, 수질 검사의 절차에 대해서는 아마 상당 부분 공적 의무들이 부과되어 있을 것으로 보입니다. 그래서 그런 분야의 자격증도 새로 생긴 것으로 알고 있고요. 그런 자격증 제도를 통해 국가에서 전문 인력을 관리 감독하는 노력을 하고 있기 때문에 예전처럼 숫자에 점하나 찍어서 단위를 바꾸거나 하는 일들은 지금으로서는 일어나기 어렵다고 생각합니다. 그러나 제가 이 분야의 전문가가 아니라서 말씀드리기 조심스럽긴 하네요.

이다혜   가해자 쪽에서 사실을 은폐, 조작하고 피해자 보상을 회피하는 행위는 영화와 실제 사건 모두 공통적입니다. 「에린 브로코비치」라든가 「다크 워터」 같은 실화를 바탕으로 한 영화 역시 마찬가지입니다. 사람 목숨이 오가는 문제인 데다 진실이 밝혀질 경우 기업 이미지에 치명타를 입을 수 있는데, 어떻게 이런 부도덕한 짓을 저지를 수 있는지 늘 의문입니다. 그럼에도 불구하고 수익 창출 면에서 더 이득이 되기 때문일까요? 아니면 밝혀지지 않을 거라고 믿고 있기 때문일까요?

이수정   이익을 극대화하는 것이 기업의 목적이기 때문에 이익을 우선시한 판단이 아닌가 싶습니다. 그리고 그들 자신이 전문가는 아니니까 이 정도면 괜찮지 않을까 하고 오판하는 거죠. 이익에 눈이 멀어서 현실을 제대로 보지 않은 결과라고 하겠습니다.

이다혜   예를 들어 낙동강 페놀 방류 사건의 경우도 처음에는 아주 극소량으로 시작했겠죠. 낙동강에 물이 많으니까 이만큼은 버려도 되지 않을까 하는 도덕적 해이가 점점 심해지면서 결국은 수돗물에서 냄새가 날 때까지 방류했잖아요.

이수정 저는 그게 꼭 기업만의 문제는 아니라고 생각합니다. 개인 주택에도 정화조를 반드시 설치해야 하는데 시골에는 아직도 정화조 없는 집들이 많습니다. 환경 오염이 우리의 건강에 얼마만큼 치명적인지 온 국민이 이해하고 공감대를 갖게 된 지 얼마 되지 않았다고 봐야 합니다.

이다혜 세계 3대 컨설팅 기업의 하나인 베인앤드컴퍼니(Bain & Company)가 2000년대 초반에 내놓은 분석에 따르면 사기업 이익의 15~25퍼센트가 나쁜 이익(bad profit)이라고 합니다. 나쁜 이익은 단기적으로는 재무적인 도움을 주지만 장기적으로는 평판을 해치고 최종 이윤을 감소시킨다는 분석인데, 실제 페놀 방류 사건의 과정이나 결과를 보면 그렇지도 않아 보입니다.

방류된 페놀의 유해성이 입증되었는데도 불구하고 환경처는 수출에 지장을 준다는 이유로 두산전자의 조업 재개를 허용합니다. 그래서 보름 만에 페놀 원액 2톤이 또다시 유출됐단 말이죠. 결국 한국에선 제도를 잘 손보지 않으면 단기적으론 좋지만 장기적으론 안 좋다는 인식이 심어지는 것이 아니라, 사고가 일어나도 계속 아무 문제 없었던 것처럼 흘러갈 수 있다는 선례가 남았습니다.

이수정 어떻게 보면 베인앤드컴퍼니의 분석은 나쁜 이익이 계속 발생하지 않도록 만들기 위해서는 공적 영역에서의 관리가 필요하다는 지적일 수도 있습니다. 관리 감독의 책임을 지닌 정부기 공공의 안전에 우선순위를 둘 것인지 아니면 기업의 이익을 우선으로 할 것인지 확고하게 보여 줘야 한다는 것입니다.

미국 선거에서 트럼프와 바이든 각각이 대표하는 것도 이와 유사합니다. 트럼프는 친기업적인 대통령이고, 백인 중산층 이상에게 이득이 된다면 일부의 희생은 감수해야 한다는 입장이죠. 바이든은 그에 비하면 공공의 이익에 좀 더 중점을 두고 있고요. 우리도 이런 문제들에 좀 더 민감하게 반응하고 감시의 눈을 강화해야 합니다.

「삼진그룹 영어토익반」은 「에린 브로코비치」에 비해 심각한 문제를 좀 더 경쾌하게 접근하고 있습니다. 환경 오염과 기업 범죄는 꽤 심각한 주제라 문제의식 위주로 다루면 영화가 심각해졌을 텐데, 배우들의 생기발랄한 코미디 연기 덕분에 영화가 너무 무거워지지 않을 수 있었던 것 같습니다.

내부 고발자가 지탄받는 사회

이다혜   지금 말씀하신 그 여자 주인공들 이야기를 해 볼까 하는데요. 영화에서는 상고 출신이라 회사에서 존중받지 못하는 세 여성이 회사가 간과한 각자의 능력을 발휘해 비리를 밝혀냅니다. 내부 고발자로서 그들이 겪는 시련은 매우 현실적입니다. 사무실에서 책상 빼기부터 시작해 신상에 협박 행위도 받습니다. 이들을 사법적으로 보호하려는 움직임은 전혀 포착되지 않습니다.

이런 문제는 사실 내부 고발자가 없으면 밝히기 힘든데, 한국의 사법 제도는 내부 고발자를 적극적으로 보호하고 있는지 궁금합니다. 제가 그동안 접한 뉴스들을 떠올려 보면 내부 고발자들의 신분이 금방 노출되고 고초를 겪는 경우가 많았거든요.

이수정　맞아요. 뿌리 깊은 문제죠. 한국에서 내부 고발을 한다는 건 정말 자기 손가락으로 자기 눈을 찌르는 일이라 여겨질 정도입니다. 외국과 달리 사고방식이 굉장히 조직 중심적이어서 내부 고발을 하면 이 고발자를 향한 조직의 다각적 가해가 이어지고, 결국 고발자는 그 조직을 떠나게 됩니다. 사실 영어권에서는 '우리'라는 표현 자체를 잘 쓰지 않잖아요.

이다혜　한국에서는 '우리 가족', '우리 남편' 식의 표현도 쓰죠. 그 말을 듣는 사람과 '우리'로 묶여 있지 않은데도 말입니다.

이수정　모난 돌이 정 맞는다는 인식이 강해서 누군가가 튀어나오는 것을 못 참습니다. 내부 고발자는 딱 정 맞게 생긴 못인 셈이죠. 다 같이 입 다물고 있는데 너는 왜 말을 하고 돌아다니느냐면서 고발 내용에 집중하는 것이 아니라 고발 행위 자체를 비난합니다.

이제는 시각이 좀 달라져야 합니다. 기업은 이런 사고나 내부 고발을 계기로 더 발전할 수도 있습니다. 그러므로 이런 종류의 고발을 무조건 반기업적인 행위나 위해 행위로 볼 것이 아니라, 이것을 극복하면 회사가 한 단계 더 업그레이드될 수 있다는 시선으로 접근해야 합니다. 과연 언제쯤이나 이런 사고방식이 자리 잡을 수 있을까요.

이다혜　쉽지 않아 보입니다. 조직의 수치다, 회사를 위태롭게 만든다는 식으로 내부 고발자를 공동의 이익을 망가뜨린 배신자로 보는 경향이 너무 강해요. 문제는 내부 고발자에 대한 이런 배제나 가해를 회사에서 지시하는 경우도 있지만, 대부분은 회사 구성원들 스스로 자행한다는 점입니다.

페놀 방류 사건 당시에는 수돗물 악취 신고를 한 주민들과 적극적인 언론 보도로 인해 사건이 묻히지 않고 급속도로 알려졌던 기억이 납니다. 이 사건 때문인지 지금도 수돗물에서 냄새가 나거나 하면 바로 SNS에 글을 올리고 구청에 전화를 하더라고요. 국민 인식이 변화했다고 볼 수 있을까요?

이수정 건강에 대한 염려 때문에라도 이제 예전처럼 안일하게 생각하는 사람은 없는 것 같습니다. 게다가 전 세계적으로 코로나19 시대잖아요. 건강권에 대한 인식이 높아지면서 환경 오염에 대한 인식도 함께 달라지고 있는 것으로 보입니다.

가습기 살균제 피해

이다혜 영화를 보면 가습기 살균제 사건도 생각납니다.

이수정 가습기 살균제 사건은 오랫동안 진위가 가려지지 않아 계속 피해가 이어졌던 사건입니다. 아직도 손해 배상 관련해서는 충분히 해결이 안 된 사건이고요. 2011년에 처음 문제 제기가 됐고, 5년 뒤부터 겨우 피해자들이 모여 어떤 피해를 입었는지 언론에 호소하면서 검찰 수사가 시작되었습니다. SK 케미컬이나 옥시뿐 아니라 여러 회사에서 만들어진 20여 종의 가습기 살균제가 문제가 됐죠. 피해자 규모를 1000만 명으로 추산할 정도로 일상생활 속에서 광범위한 피해가 일어났습니다. 사실 아직도 전체 피해 규모를 제대로 파악하지 못하고 있는 실정입니다.

이다혜   이 사건의 제일 큰 문제는 사람을 죽이는 화학 물질이 소독이라는 명분으로 소비자들에게 팔렸다는 점이죠. 피해 규모가 큰데 사건 규명이 빠르지도 않은 것이 대기업 연루 범죄의 가장 큰 특징이 아닌가 생각하게 됩니다. 1991년에는 문제의식이 희박해서 그랬다 치더라도, 20년이 지난 2021년 현재에 다시 그런 사건이 벌어진다면 전보다 빠르게 사건 규명이 될지 의구심이 듭니다.

이수정   하지만 평상시에도 옥시 측에서 유해성을 놓고 여러 번 실험을 했고, 그 보고서가 조작됐다는 사실이 밝혀져서 처벌이 이루어진 상황이라, 과학이 더 발전하고 과학 수사도 발전하면 과거보다는 빠르고 효과적으로 진실이 밝혀지지 않을까 생각하게 됩니다. 어쨌든 예전 페놀 사건이나 가습기 살균제 사건이나 결국은 기업이 이익에만 눈이 멀어 검증되지 않은 화학 물질을 섣불리 사용했다가 벌어진 사건이라는 점에서 패턴이 비슷한데, 이런 사고는 앞으로도 얼마든지 발생할 수 있습니다.

이다혜   가습기 살균제 사건은 한국에서 특화된 기업 범죄라고 볼 수 있습니다. 유해성이 입증된 성분을 가습기 살균제로 이용하는 것을 한국에서만 허용했기 때문인데요. 예컨대 다른 나라의 경우에 살균제 성분인 PHMG-P에 대해 별도의 예외 조항을 둬서 독성을 검증할 수 있도록 안전성 검사와 성분 표기를 의무화하고 있습니다. 세계 공통의 원칙을 한국에서만 쉽게 무시했던 셈입니다.

노동 문제를 다룬 만화 『송곳』을 보면 "여기에서는 그래도 되니까."라는 대사가 등장합니다. "미국에서는 그럴 수 없어, 유럽에서도 그렇게 하지 않아, 하지만 여기에서는 그래도 되니까." 그렇게 한다는 거죠. 그래서 다국적 기업 중에 한국에서만 이런 식의 문제를 일으키는 경우도 있습니다.

이수정   예를 들어 다국적 제약 기업 입장에서 생각해 보면 법률적으로 가장 허술한 국가에서 임상 실험을 하는 것이 혹시라도 부작용이 발생했을 때 경제적으로 손실이 가장 적다는 판단을 하겠죠. 실제로 영미권 선진국에서는 허용하기 어려운 임상 실험이 한국에서는 허용되곤 합니다. 그런 부분에 대해 정부에서 국민의 건강권이 우선 배려될 수 있도록 좀 더 예의 주시하고 식약처 등등 관련 부처들이 신경을 써야 합니다.

이다혜   한국 기업들에게 엄격한 환경을 만들어 놓으면 다국적 기업들이 한국에서 더 나쁜 일을 하는 건 불가능할 텐데, 사실상 한국 기업들을 위해서 여러 가지 규제를 허술하게 만들어 놓다 보니 이런 안 좋은 일에 한국이 타깃이 되는 게 아닌가라는 생각이 들기도 합니다.

가습기 살균제 사건의 경우에도 아무리 노력해도 그 경위를 알 수 없다는 점이 문제였잖아요.

이수정   전 미국 대통령 도널드 트럼프가 이 살균 소독제를 인체에 주입해 코로나19를 치료할 수 있는지 가능성을 연구해 보자고 했을 때 전문가들이 경악을 금치 못했잖습니까. 소독약을 인체에 주입하는 행위는 매우 치명적이기 때문에 트럼프 전 대통령의 주장에 대해 미친 소리라고 전문가들이 모두 들고일어났습니다. 우리에게도 그런 전문가 집단이 필요하다는 겁니다. 결국은 전문가들이 나서야 해요.

이다혜   예를 들면 4대강 개발 때도 엉터리 보고서가 엄청나게 많았잖아요. 그건 결국 학계의 전문가들과 현장의 전문가들, 수치로 통계를 내고 조사 결과를 발표하는 모든 기관들이 같이 움직이지 않으면 안 되는 일종의 기업 범죄란 말이죠. 전문가들이 자기 이름을 걸고 제대로 된 정보를 주는 것이 얼마나 중요한지 돌이켜 보게 됩니다.

제가 보기에는 '나'라고 하는 전문가 개인보다 '우리'라고 하는 전문가 조직이 더 중요시되는 우리의 풍조가 폐해를 더 조장하는 게 아닌가 하는 생각도 듭니다.

이수정   그것이 한국 사회의 가장 큰 취약성일 수도 있어요. 다 엮여 있는 거죠. 양심 발언을 했다가는 공동 연구원으로 이름이 올라 있는 프로젝트의 정부 지원금이 끊길까 봐, 사실은 위험하다는 걸 애초에 알았지만 의견을 피력하지 못하는 일이 얼마든지 일어날 수 있다는 겁니다.

양심보다 본인의 안전을 선택하는 전문가들의 안일함을 비난하는 것은 쉽지만 사실 누구나 그 입장이 되면 선택이 쉽지 않을 것입니다.

기업의 징벌적 손해 배상이 필요하다

이다혜　가습기 살균제 문제가 처음 수면 위로 드러난 때가 2011년 4월이고 판매가 시작된 때는 1994년으로 알려져 있습니다. 유독성이 확인된 후 제품 수거 명령, 판매 중단이 이루어졌는데, 관련 기업들이 수백만 원에서 수천만 원의 과징금을 내는 데 그쳤습니다.

적극적으로 위생에 신경을 쓰고, 상품과 기업을 신뢰한 소비자들이 정상적인 생활이 불가능할 만큼 폐 손상을 입거나 사랑하는 가족을 잃는 끔찍한 고통을 겪었는데도 사법 제도의 대처는 너무 허망했습니다. 이때까지만 해도 징벌적 손해 배상에 대한 법규가 없었기 때문이라면 최소한 이후에는 관련 법규를 만들어야 하는 거잖아요.

이수정　한국 법률의 가장 허술한 점이 결국 형사 처벌로 모든 것을 해결하려 한다는 거죠. 그 결과 한 명만 책임을 지고 감옥에 들어가면 기업은 생존할 수 있다는 안일한 태도가 퍼져 있습니다. 사고가 일어났을 때 고의성도 인정하기 어렵고 증거를 확보하기도 어려운 경우가 많기 때문에 형사 사건으로만 처벌할 것이 아니라 민사적인 손해 배상을 하게 만들어야 합니다.

물론 국회에서 어떤 국회의원이 기업의 민사적 책임을 대폭 확장시키는 종류의 입법을 하려 한다면 온 기업에서 나서서 반대를 할 것입니다. 그래서 지금까지 입법이 안 됐던 것이고요. 그러나 이 방법밖에 없습니다. 기업은 형사 처벌이 아니라 결국은 손해 배상으로 회사가 망할 수도 있다는 위기감을 가져야 합니다.

이다혜　아쉽다고 하기에도 민망할 만큼 징벌적 손해 배상 문제에 대해 정치인들이 아무 일도 하지 않고 있는 듯합니다. 결국 2012년 1월에 피해자들이 모임을 결성하고 환경보건시민센터에서 합세해 가습기 살균제를 제조 유통한 업체는 물론 국가를 상대로 민형사 소송을 제기합니다. 7개월 후에 정식으로 검찰에 고발했지만 검찰은 피해 조사 결과가 나와야 조사할 수 있다는 이유로 기소 중지 결정을 내렸습니다.

이 때문에 결국은 중증 환자들이 1억 9000만 원이나 되는 폐 이식비, 매달 350만 원 상당의 치료비를 부담하면서 지내야 했습니다. 사건 초기에 피해자들이 기업과 합의하게 되는 가장 큰 원인이 여기에 있습니다. 「에린 브로코비치」에서도 볼 수 있지만 당장 아이의 건강이 너무 안 좋아지니까 기업에서 준다는 돈이 필요한 것입니다. 그 이상의 돈을 받아 내기 위해서는 길고 어려운 싸움을 시작해야 하는데 지금 당장 치료를 위한 경제적 여력이 없다는 거죠. 한국은 미국보다 보상 규모도 훨씬 적고요.

2013년 가습기 살균제 피해 구제 결의안이 국회 본회의를 통과하고 나서야 정부 차원의 피해자 조사가 시작됐습니다. 그리고 2015년 12월 31일까지 3차 조사를 마감했지만 사건이 언론에서 크게 다뤄지면서 사회적 이슈로 부상하니까 2016년 5월부터 4차 피해자 신고를 받겠다고 밝혔습니다. 2017년 8월, 가습기 살균제 피해 구제를 위한 특별법이 시행되면서 기존 가습기 살균제 피해 지원 대상에서 배제됐던 3~4단계 피해자들을 구제하고 있는데요. 죄질이 명확히 밝혀지고 피해 범위가 큰데도 정부가 수동적으로 대처하는 것이 이해하기 힘듭니다.

이수정　피해자 입장에서는 너무나 안타까운 부분이지만, 결국 특별법을 입법해서 뒤늦게라도 어느 정도 접근이 가능하게 됐다는 점은 다행입니다. 정부가 사건 초기에 왜 이런 종류의 접근을 못했는지 살펴보는 노력이 필요해 보입니다. 앞으로도 이런 종류의 화학 물질에 의한 대량 피해가 발생할 가능성이 매우 높으니까요. 2011년에 문제가 제기됐는데 거의 10년이 지난 후에야 피해자 구제에 나서게 됐습니다. 이 과정이 어째서 이렇게 지연됐는지 국회에서 한번 제대로 짚어 봐야 할 것 같습니다.

이다혜 가해자가 한 명도 아니고 가해자들도 그 여파가 어디까지 갈지 잘 모르는 이런 범죄에 대해서는 사회가 무관용의 원칙을 가져야 하는 게 아닌가 생각합니다. 이런 법정 소송이 계속 이어지던 시기에 옥시 대표를 지냈던 사람은 더 큰 다국적 기업 대표로 취임했습니다. 이렇게 많은 사람들이 죽고 장애를 갖게 된 대형 사건에서 이 정도 처벌밖에 안 받았으니 리스크 관리의 공을 인정받은 게 아니냐는 비아냥도 있었습니다. 이런 사건이 물론 한 개인의 책임일 순 없지만 어쨌든 사고 관련자가 이후로 승승장구하는 모습을 어디까지 봐야 하는가, 일반 시민들도 이런 문제에 대해 더 경각심을 가져야 하는 게 아닌가 하는 복잡한 생각을 하게 됩니다.

이수정 선진 사회 시스템을 갖는다는 것이 이렇게도 어려운 일이다, 그런 생각이 드는 사건이었습니다.

불법 해고로부터
우리를 지키는 법

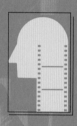

나는 나를 해고하지 않는다

감독 이태겸 | 한국 | 2020년

대기업에 공채로 입사한 7년 차 대리 정은은 느닷없이 회사에서 해고 압박을 받는다. 열심히 공부해 어렵게 입사한 이곳, 젊은 날의 열정을 다 바쳐 일한 회사를 정은은 도저히 포기할 수 없다.

온갖 모멸을 겪으며 버티고 있는 정은에게, 회사는 결국 최후의 수단을 꺼낸다. 군산에서 송전탑 유지 보수 관리 업무를 담당하는 하청 업체로 정은에게 1년 동안 파견 근무 명령을 내린 것이다.

소장과 직원 3명으로 꾸려진 이 단출한 조직에서 정은을 반겨 줄 사람은 아무도 없다. 심지어 일에 대한 지시도 없고 앉을 자리마저 없는 상황. 그러나 반드시 1년을 채워 본사로 돌아가고 싶은 정은은 짐을 싸는 대신 작업복을 사서 일을 배우기 시작한다. 정은은 '막내'의 도움으로 점점 현장 일에 적용해 간다.

이다혜　이태겸 감독이 연출하고, 유다인, 오정세 씨가 주연한 2020년 한국 영화 「나는 나를 해고하지 않는다」와 함께 불법 해고에 관해 이야기합니다. '사무직 여성 노동자가 지방 현장직으로 파견 발령을 받고 그곳에서 힘든 시간을 버텨 냈다.'라는 내용의 기사 한 줄에서 시작된 작품이고요. 극중 막내 역할을 맡은 오정세 씨에게 제21회 전주국제영화제 배우상을 안겨 준 작품이기도 합니다.

오늘 범죄 영화 프로파일에서는 보다 현장감 넘치는 설명을 위해서 특별한 손님을 한 분 모셨습니다. 김진숙 민주노총 부산지역본부 지도 위원이십니다. 안녕하세요.

김진숙　네, 안녕하세요. 반갑습니다.

이다혜　위원님께 저희가 한 달 전쯤에 섭외 전화를 드렸거든요. 당시에 "이수정 박사님, 이다혜 동지가 진행하는 프로그램, 잘 알고 있습니다. 한 회도 빠짐없이 들은 애청자입니다."라고 하셨습니다. 저희가 이 이야기를 전해 듣고 한 달 동안 굉장히 웅장한 가슴으로 지냈거든요. 위원님 어떠셨나요?

노동자들의 절박함을 상징하는 공간, 철탑

김진숙   정말 반가운 연락이었습니다. 제가 크레인에 있을 때 용역 깡패들, 심지어는 경찰 특공대까지 호시탐탐 침탈을 노리는 상황이라 사실 10분 넘게 이어서 잠을 자지 못했어요. 그 이후로 소리에 굉장히 민감해져서 음악도 못 듣고, 텔레비전도 안 보고, 거의 무음 상태에서 사는데 어쩌다가 오디오 클립에서 은유 작가님의 '글쓰기 상담소'를 듣게 됐어요. 그러다가 「이수정 이다혜의 범죄 영화 프로파일」이라는 프로그램을 알게 되어 정말 한 회도 안 빼고 들었고, 사실 섭외 전화를 받았을 때도 이 프로그램을 듣고 있는 중이었습니다. 정말 놀라고 영광스러웠습니다.

이수정   저희야말로 너무 감사하다는 말씀 드리고 싶습니다.

이다혜   녹음을 하면서 새삼 생각났는데, 두 분 모두 부디 건강하셔서 오랫동안 말씀도 들려주시고, 글도 쓰셨으면 좋겠습니다. 저희가 스튜디오를 부산으로 옮겨서 진행하는 것이 옳은데 먼 길 이동하시게 해서 죄송한 마음입니다.

이수정   그렇게 할걸 그랬어요.

김진숙   저는 오랜만에 바람도 쐬고 좋습니다.

이다혜   이수정 박사님과 김진숙 위원님은 각각 다른 분야의 전문가들이신데요. 두 분은 이 영화의 어떤 부분이 특히 인상에 남으셨는지요.

김진숙 저는 영화 속 철탑을 보면서 '어, 저거 많이 본 건데.' 하는 생각부터 들었습니다. 쌍용자동차 노동자들이나 현대자동차와 대우조선의 하청 노동자들 모두 철탑 농성을 오랫동안 했습니다. 제가 지지 방문을 간 적도 있고요. 영화 속 주인공 정은에게 철탑이 중요한 장소였듯, 현실의 노동자들에게도 철탑은 그야말로 생존의 절박함을 상징하는 공간이라 굉장히 각별하게 봤습니다.

이수정 아무래도 제게는 낯선 문제를 다루는 영화였지만 많은 생각을 했습니다. 노동자들이 여러 가지 어려운 상태에 놓여 있는 것은 이미 알고 있었지만 그중에서도 여성 노동자의 현실은 더욱 취약하다는 것을 잘 보여 주는 영화였습니다.

물론 이 영화에서 직장 내 성적 괴롭힘 같은 것을 다룬 것은 아니지만, 최근 젊은 여성들을 괴롭히는 문제들에는 우리가 과거에 겪었던 계층 간의 갈등 이상의 그 무엇이 있다는 생각이 들었습니다. 그런 차원에서 오늘 김진숙 선생님이 나와 주신다고 하여 제가 잘 몰랐던 새로운 문제에 대해서 공부를 하는 시간이 되겠구나 하고 생각했습니다.

이다혜 특히나 한국 사회는 1997년 IMF 구제 금융을 전후로 돈을 벌고 쓰고, 빚을 지고 갚고, 집을 사고, 고용되고 고용하는 등 사회가 움직이는 여러 가지 방식에 많은 변화가 생겼습니다. 그러면서 비정규직이라는 말도 익숙해져 이제는 비정규직 관련 뉴스들을 거의 매일 마주치게 된 것 같습니다. 그런 의미로 이번 「나는 나를 해고

하지 않는다」는 직장인들에게 지식을 줄 뿐만 아니라 공감도 클 듯
해 기대가 됩니다.

유다인 씨가 연기하고 있는 '정은'은 아마도 회사에서 구조 조정
대상자로 선정된 것 같습니다. 대졸 후 입사 7년 차니까 정황상 30대
초반인 것 같습니다. 결혼도 하지 않았고, 아이도 없고, 성과는 좋습
니다. 그런데도 구조 조정 대상자가 됐는데요. 회사의 구조 조정 기
준, 그러니까 해고 기준이 무엇인지 의문이 들었습니다.

기업의 공공연한 차별적 해고 기준

김진숙　예전에 제가 해고될 무렵만 하더라도 징계 해고 이상의
법적 기준은 없었습니다. 그러니까 노동조합 활동을 한다든지, 근태
가 아주 불량하다든지, 이런 경우도 몇 번의 경고가 주어진 후에 해
고가 되었던 것이죠. IMF 이후에 정리해고법이 도입되고 나서는 대
우자동차 1750명, 쌍용자동차 2646명이 아무 대책 없이 해고됐고 이
런 일들이 빈번하게 일어나게 되었습니다.

공기업들은 아예 해고 숫자가 할당이 되는데, 이런 경우 법적인
기준이 아니라 내부의 암묵적인 해고 기준이 있었습니다. 첫째는 결
혼한 여성, 둘째는 결혼 안 한 여성이었습니다. 제가 볼 때 정은이 구
조 조정 대상이 된 데는 여성이라는 점이 제일 큰 이유로 작용했을
듯합니다.

능력의 유무와는 상관없습니다. 이 사람이 얼마나 일을 잘 하느
냐 못 하느냐가 기준이 아니라 그냥 사측에서 봤을 때 마음에 안 들
거나 자를 만하면 해고하는 것이죠. 만약 해고의 법적인 요건들이

충족되지 못하면 이런 식으로 파견을 보낸다든지 해서 자진해서 그만두게 하거나 해고의 요건이 충족될 때까지 괴롭히는 것입니다.

이다혜 근태라든가 성과를 중심으로 해서 고과 점수를 매긴다고 말은 하지만 실제로 절차가 시작되면 납득할 수 없는 해고 양상들이 보이기 때문에 다들 불안해하는 것 같습니다.

이 영화에서는 회사가 정은을 내보내기 위해서 창고 같은 공간에 책상을 옮겨 놓고 벽을 바라보게 배치합니다. 영화 「삼진그룹 영어토익반」에서도 비슷한 장면이 있었습니다.

이수정 눈치껏 스스로 그만두고 알아서 너의 진로를 정하라는 압박인 셈일 텐데요. 영화 속의 경우는 성적 차별임이 틀림없다고 보입니다. 구조 조정 과정에서 여성이 더 취약한 위치에 놓일 수밖에 없는 현실이 여실히 드러납니다. 이번에 몇몇 정치인들이 여성가족부 폐지론을 주장했잖아요. 더 이상 한국 사회에 과거와 같은 성차별이 존재하지 않는다며 폐지론에 동조한 사람들도 많았습니다. 그런데 실제로 그것이 사실인지 검증된 바도 없고, 오히려 많은 데이터와 지표들은 한국 사회의 성별 불평등이 여전히 심각하다는 것을 보여주고 있거든요. 지금까지 여성가족부의 업무 행태가 적절했느냐라는 지적은 몰라도 이야기가 곧바로 여성가족부 폐지론으로 이어지는 것은 과한 비약입니다.

이다혜 고용률이나 임금 차등의 지표들을 보면 한국은 OECD 국가 중에 성평등 분야에서 굉장히 낮은 지위를 유지하고 있지 않습니까?

이수정　그렇습니다. 불가피하게 구조 조정을 할 수밖에 없는 상황이라면, 사내 구성원들 모두가 수용 가능한 기준, 성별이나 연령이 아니라 더 세밀하고 개별적인 평가 기준이 적용되어야 합니다.

이다혜　영화에서 정은은 벽을 바라보고 앉아서 일을 하게 되는데요, 그래도 정은이 자진해서 그만두지 않으니 회사에서 일종의 타협안을 내놓습니다. 송전탑 유지 보수 업무를 하는 지방 하청 업체에서 1년간 파견 근무를 하고 오면 본사에 자리를 주겠다는 것입니다. 도대체 현행법상 해고 요건이 무엇이기에 회사가 이런 괴상한 방식을 동원하는 건가요?

김진숙　법적으로 명백하게 기준은 있습니다. 긴박한 경영상의 필요가 있어야 하고, 해고를 피하기 위한 노력을 다하여야 하고, 노동자 대표와의 협의하에 합리적이고 공정한 해고의 기준에 따라 대상자를 선정해야 하는 등의 기준이 있습니다. 징계성 해고의 경우에도 정당한 해고 사유인지, 소명의 기회가 적절하게 주어졌는지, 징계 양형이 적정했는지를 따지게 되어 있고요.
　한진중공업은 400명을 집단으로 해고했습니다. 이때 긴박한 경영상의 이유가 있었느냐 하면 사실 없었습니다. 회사는 해고를 합리화하기 위해서 수주를 받지 않았습니다. 수주가 들어오면 한진중공업 자회사인 필리핀 수빅조선소로 다 빼돌려 놓고는 회사가 어렵다고 주장했죠. 그렇게 노동자들 400명을 해고한 후 임원들은 임금을 인상하고, 조남호 회장은 174억의 배당금을 챙겼습니다.
　법적인 요건이 있다 하더라도 그게 회사에서 얼마나 지켜지는지에 대한 관리 감독이 제대로 되지 않습니다. 또 한국의 법 자체가 노동자들의 목소리가 제대로 반영되어 있지 않아요. 회사야 자금력이 있으니 유능한 로펌들을 끼고 변호사도 몇 사람씩 고용하지만, 노동자들은 해고된 후 그제야 지방노동위원회도 쫓아다녀 보고, 중앙노동위원회에도 문의하고, 변호사도 알아보느라 정신이 없고, 그래 봤자 다 노동 운동 하던 변호사들이다 보니 게임이 안 됩니다.

법정으로 간다 하더라도 짧아야 3년, 대법까지 가면 5년, 7년 이렇게 걸리는데 노동자들은 그사이에 먹고살 길이 없습니다. 해고 기간 동안 소송하다가 이혼하는 사람들도 굉장히 많습니다. 정리해고로 인해 가정이 파괴되는 경우들이 정말 많거든요. 그 과정에서 아이들이 버려지는 경우도 있고, 그렇지 않다 해도 아이들의 상처가 상상 이상으로 큽니다.

이다혜　저희가 아동 학대 관련해서 방송할 때 IMF 이후에 한국의 가족이 처한 상황에 대한 이야기를 많이 했는데 지금 말씀을 듣다 보니 그 생각이 다시 납니다.

허울뿐인 상생과 노사 화합

이수정　사측에선 막대한 법률 비용을 들여 노조와 소송을 하고, 그 와중에 노동자들의 가정은 파괴되고, 그 결과 극단적인 선택을 하는 사람이 나오기도 하고, 그로 인해 우리 사회가 감당해야 하는 비용을 생각해 보면 400명씩이나 해고한 결정이 과연 합리적인 것이었나 하는 의문이 듭니다.

꼭 임금만이 비용은 아니잖아요. 법률 소송부터 시작해서 사회가 지불해야 하는 비용이 있는 것인데, 하다못해 출생률이 감소하는 비용까지 합쳐서 생각해 보면 어떻게든 노동자를 껴안고 함께 어려움을 넘으려고 하는 선택이 옳지 않을까 하는 생각이 듭니다. 한국 사회에서 단행된 다수의 정리 해고는 비용에 비해 얻은 것이 별로 없다, 그렇게까지 했어야만 하는 일인가 하는 의문이 드는 것은 어쩔 수 없네요.

이다혜　일각에서는 한국은 해고가 어렵기 때문에 기업이 이런 방법을 동원할 수밖에 없다, 그래서 해고가 지금보다 더 쉬워져야 노동자와 기업이 상생한다고 말하는 경우도 있습니다. 이런 주장에 대해서 어떻게 생각하시나요?

김진숙　쌍용자동차에서 2647명이 해고되고 30명의 노동자가 스스로 목숨을 끊었는데, 사측에선 누가 죽었을까요? 삼성반도체에서 어린 노동자들이 수백 명 죽었는데, 삼성의 자본가 중엔 죽은 사람이 있습니까? 한국에서는 상생이나 노사 화합이라는 말이 노동자들 일방을 억압하기 위해 폭력적으로 사용되는 경향이 있습니다. 화합은 힘의 관계가 대등했을 때 가능한 것입니다. 동네 깡패가 어린아이를 폭력으로 억압해 놓고 우리 친하게 지내자 하면, 이건 결코 화합일 수가 없잖아요.

저는 한국에서 사회적 책임을 다하는 기업은 없다고 생각합니다. 글로벌 기업이라고 하는 삼성도 마찬가지고, 쿠팡도 보세요. 문제가 생기면 사장이 잠시 소나기를 피하듯 자리를 피했다가 다시 복귀합니다. 한화도 전에 회장이 조폭 행세를 하다가 문제가 되자 물러나는 듯 하더니 결국 제자리로 돌아왔죠. 특히나 한국은 재벌이 2세, 3세,

4세, 이렇게 세습되어 오면서 사회적 책임감은 물론이고 도덕적 책임감조차 사라진 것 같습니다.

이런 것들에 대해서 제대로 이야기하고 문제 제기할 수 있으려면 그나마 노조의 힘이 강해져야 하는데, 비정규직이 많아서 노조조차 만들기 힘든 현실이라 부정부패나 부정 불의를 보고도 제대로 지적하기가 어렵습니다. 이런 상황에서 공정이니 사람 중심이니 하는 말은 허울 좋은 말일 뿐 요원하다고 생각해요.

이다혜　상생이라는 말이 참 이상하게 들리네요. 영화에서 정은은 결국 군산에 있는 하청 업체로 갑니다. 소장과 직원 3명, 총 4명이 일하는 단출한 사무소인데요. 최근 5인 미만 사업장에서 일하는 노동자의 처우가 계속 이슈화되고 있는 상황입니다. 사소하게는 대체 공휴일도 5인 미만 사업장은 예외인데, 5인 미만 사업장, 뭐가 가장 문제인지 이야기 나누어 보면 좋겠습니다.

김진숙　근로기준법이라는 것이 사실 모든 노동자들을 보호할 수 있는 법이어야 하는데, 그 근로기준법조차도 5인 미만 사업장은 적용이 안 됩니다. 해고 관련 조항도 5인 미만 사업장은 예외입니다. 그러니까 대기업들조차도 회사를 자꾸 쪼갭니다. 이른바 소사장제[1]

1　생산성 향상 등 기업의 경쟁력 회복을 위해 동일 사업 내에서 생산 라인 또는 공정의 일부에 대해 독립 경영 체제를 형성케 하는 소규모 경영 방식을 말한다. 소사장이 자기의 책임 아래 사업자 등록, 산업 재해 보상 보험·국민 건강 보험 가입, 소속 근로자 채용·임금 결정·업무 수행 지도 감독·징계 등 독자적인 인사·노무 관리를 행하면 해당 공정의 근로자는 소사장 소속 근로자가 되고 당해 소사장이 노동 관계법상의 사용자가 된다. 그러나 모기업이 소사장 소속 근로자의 인사·노무 관리 전반에 대해 지휘·감독권을 행사하고 모기업과 소사장 간에도 사실상의

니 뭐니 하면서 5인 미만 사업장으로 만들어 버립니다. 같은 회사 안에 같은 품종을 생산하는 업체가 수백 개가 되어 버리는 것입니다.

이런 식으로 교묘하게 법망을 피할 방법을 만들어 내는 사람들이 다 우리 사회에서 배운 사람들입니다. 좋은 대학 나오고 법을 잘 아는 사람들이 진보에 역행하고 사회를 더 어렵게 만드는 일을 하는 셈입니다. 앞서 말씀하신 대로 대체 공휴일 제도조차 적용되지 않는데요. 5인 미만 사업장 노동자들은 노동자 아닙니까?

5인 미만 사업장과 중소기업에서 일하는 노동자들이 전체 노동자의 70퍼센트가 넘고, 훨씬 더 많은 일을 하고 있는데도 그들을 근로기준법에서 제외한다면 한국에는 노동자들을 보호할 수 있는 법이 사실상 없다고 봐야 합니다. 5인 미만 사업장 중엔 여전히 연장·야간·휴일 근로 수당, 연차 휴가도 받을 수 없고, 8시간 미만만 일하게 돼 있는데도 그 이상 일해야 하는 곳이 많습니다.

해고는 노동자만의 문제가 아니다

이다혜   영화 속에서 사무소 소장은 정은의 존재가 달갑지 않습니다. 정은을 해고하는 업무를 떠맡은 것도 마음에 들지 않는데, 심지어는 1년치 인건비, 운영비가 이미 다 할당돼 있는 상황에서 정은의 월급을 쪼개 주어야 하기 때문에 더 싫어합니다. 그런데 원청에서 파견한 노동자의 월급은 원청에서 따로 줘야 하는 것 아닌가요?

근로 관계가 존속할 경우에는 모기업의 대표자가 사용자 책임을 지게 된다.(출처: 『실무 노동 용어 사전』)

김진숙　　법적으론 그렇죠. 그리고 도급비라는 것을 원청에서 받아 노동자들에게 업무에 따라 일정하게 지급해야 하는데, 이조차 조장이 알아서 임의로 쪼개 지급하는 방식이라 노동자들 간에 알력과 갈등이 생깁니다. 그래서 작은 사업장들일수록 노동자들이 서로 경쟁자가 되어 목표를 공유하기가 힘들어지고, 자연히 노조를 만들기도 어렵습니다. 이런 식으로 원청에서 교묘하게 관리를 해 버리니 어려운 지점들이 많습니다.

이다혜　　설명을 들을수록 의도적인 것 같습니다. 정작 문제를 해결할 수 있는 쪽에서는 아무것도 하지 않고 노동자들끼리 싸우게 만들어 계속 문제를 악화시키는 것을 볼 수 있고, 영화 속 설정들이 실제 상황에서 벌어지고 있는 일들을 굉장히 디테일하게 반영하고 있구나 하는 생각도 듭니다.

영화 속 소장은 도시에서 지방 소도시로 오는 사람은 아이들 특별 전형을 위해 위장 전입을 하는 사람들밖에 없다는 식으로 이야기합니다. 이는 우리의 지역 경제가 어떤 상황에 처해 있는지를 함축적으로 보여 주고 있는 것 같은데요. 어떻게 보셨습니까?

김진숙　　울산, 거제도, 통영, 고성, 이런 지역들이 경상도에서 조선소들이 밀집한 지역입니다. 부산도 그렇지만 상황이 조금 다르고요. 그런데 조선업 경기가 어려워지면서 이 지역 폐가들이 엄청나게 늘었습니다. 집들만 비어 가는 게 아니라 술집이나 편의점, 아이들이 가던 떡볶이집까지 문을 닫더라고요. 제가 울산에 갔을 때 그 지역에서 오랫동안 떡볶이집을 운영하던 분이 자살했다는 소식을 듣기도 했습니다. 부모와 함께 아이들이 지역을 떠나니까요.

현대중공업도 단순히 회사가 어려워져서 해고를 단행한 것이 아니라 아들한테 회사를 상속하는 과정에서 쪼개기를 하고, 주식을 편법으로 증여하면서 문제가 됐던 것입니다. 그러면서 수많은 노동자들이 하청 노동자가 된 거예요. 하청 노동자들이 들어오면 다시 지역 경기가 활성화될 것 같지만 절대 이전 수준으로 회복되지 않습니다. 하청 노동자들의 임금이 너무 낮기 때문입니다. 정규직의 3분의 1 수준밖에 안 되니까 지출도 그만큼 적을 수밖에 없죠. 공장 인원이 다시 증가한다 해도 지역 경제는 살아나질 못하는 겁니다. 해고는 단지 노동자 개인의 문제가 아니며 곳곳에서 부차적인 문제가 발생합니다.

이다혜　숙련된 노동자들이 다음 세대의 숙련된 노동자를 키워 나가는 데서 한국의 경쟁력이 오는 것인데, 비정규직이나 하청 노동자가 되면서 숙련된 지식이 잘 전달되지 않고 있다는 지적도 있습니다. 게다가 기업체들이 장기적으로는 기계가 대신하겠지 하는 생각으로 사람에게의 투자를 점점 게을리하는 것도 문제시되고 있습니다.

영화에서 정은과 다른 노동자들 사이에는 여러 가지 간극이 있습니다. 원청 대 하청, 여성 대 남성, 사무직 대 현장직, 또 정규직 대 비정규직이라는 점으로도 생각할 수 있을 것 같습니다. 이런 간극이 노동자들 간에 얼마나 큰 장벽이 됩니까?

김진숙　사실 저는 이 점이 가장 심각한 문제라고 생각합니다. 인천국제공항공사 보안 요원 정규직 전환에 대해서 말들이 많습니다. 정규직 청년들은 '내가 여길 어떻게 들어왔는데.' 하는 마음이 드는 거예요. 자신은 너무 힘들게 들어왔는데 불공정한 방식으로 일부 비정규직에게만 특혜를 주는 거니 '역차별'이다, 너희들도 시험 쳐서 들어와라, 이런 주장인 겁니다.

지금 건강보험공단 고객센터의 비정규직 노동자들이 파업을 하고 있는데, 이분들은 고객의 모든 정보를 다 관리하고 있거든요. 이런 중요한 업무들도 하청을 줘서 비정규직에게 맡긴 겁니다. 대통령이 공기업부터 정규직화하겠다고 약속을 하지 않았습니까? 고객센터 직원들은 그 약속을 지키라며 파업을 하는데, 놀랍게도 이 파업 현장에 옛날 구사대처럼 정규직들이 동원됐습니다.

이들은 농성 중인 비정규직들에게 온갖 비아냥과 비난을 퍼붓고 있습니다. 더 기가 찬 건 이 정규직들도 이전에 파업했던 노동자들이라는 사실입니다. 현재 노조의 조합원인 사람들도 다수 있고요. 그런데 그런 사람들조차 과거는 잊은 거예요. 그리고 너희들의 투쟁과 자신들의 투쟁은 다르다고 이야기합니다.

옛날에는 비정규직 노동자들의 투쟁에서 공권력이 투입되는 것이 두려웠다면 지금은 관리직과 정규직들의 비아냥과 비난이 두려운 것입니다. KTX 비정규직 노동자들이 투쟁할 때도 너희들도 억울하면 시험 쳐서 정규직 돼라, 이러는데, 그럼 또 KTX 비정규직들은 "아저씨들은 좋은 시절에 단지 철도고등학교 졸업했다는 이유만으로 정규직이 된 거잖아요. 우리는 다 대학 나왔는데 비정규직이고." 이렇게 반박합니다.

지난번에 메르스가 퍼졌을 때 정규직들한테는 마스크를 주고 비정규직한테는 마스크를 안 줘서 문제가 되자, 코로나 시대에는 정규직과 비정규직 모두 마스크를 주되, 종류가 다른 걸 줘서 또 문제가 됐습니다. 정규직들은 KF94 마스크를 주고, 비정규직은 천 마스크를 주니 비정규직들은 이떤 마음이겠느냐는 거죠. 타인의 마음을 헤아리고 배려하는 여유 자체를 이미 다 잃어버린 것 같습니다.

이대혜　내가 생존하는 것만도 너무 힘들다는 생각을 하고 살다 보니 남을 배려하는 것 자체가 사치처럼 느껴지는 듯합니다.

김진숙　정규직들은 명절이 되면 상여금을 몇 퍼센트씩 받지만 비정규직들은 잘해야 참치 캔 세트 하나 줍니다. 이러니 사회적으로 너무 많은 벽과 문제들이 생겨 버리는 거예요.

이대혜　여성 노동자들의 처우 문제도 큰데요, 정은이 오고 나서 남자 직원들이 제일 먼저 주는 업무가 뭐냐면 자기들 밥 먹은 자리를 치우게 하는 것입니다. 너무 일할 게 없으니까 일을 달라고 했더니 "밖에 나가 보세요." 해서 나가 보거든요. 남자 직원들이 밥 먹은 자리가 정리되지 않은 채 있어요. 그러니까 아무도 직접적으로 말은 하지 않지만 이거라도 치우라는 암묵적 지시인 셈입니다. 예전에 이수정 박사님께서 과거에는 교도소의 여성 수감자들에게 밥을 짓게 했다고 해서 함께 대노한 적이 있지 않습니까.
대체 남성들은 왜 여성 노동자, 여성 죄수에서 방점을 노동자나 죄수가 아닌, 여성에 두는가라는 생각을 다시 한번 하게 됐습니다.

이수정　정규직과 비정규직의 갈등이기도 하지만 동시에 남녀 갈등, 세대 갈등으로도 읽을 수 있습니다. 근본적으로 나눠야 하는 자원은 한정돼 있으니 자기 몫을 두고 다투는 겁니다.
한국의 노동 조건이 전체적으로 열악하고 저임금과 고용 불안에 시달리나 보니 정규직과 남성, 기성세대가 스스로 기득권이라는 사실을 잘 받아들이지 못하는 것 같습니다. 그러나 비정규직과 여성, 청년 세대가 기득권을 가진 사람들에 비해 압도적으로 열악한 위치에 있다는 것을 인정해야 합니다. 문제는 시스템과 구조이기 때문에 여성과 비정규직, 청년 세대를 적으로 만드는 것으로는 절대 문제가 해결되지 않는다는 것을 이해해야 합니다.

한국에만 있는 단어 '재벌'

이다혜 　언론에서 노동자 파업이나 시위를 보도하는 방식과 프레임에도 문제가 많아 보입니다. 파업의 원인, 노동자의 현재 상황과 요구 사항, 기업의 입장 같은 것들을 객관적으로 보도하기보다는, 시위로 인해 교통 체증과 시민 불편이 예상된다거나, 이른바 황제 노조와 비정규직 노조의 갈등을 강조해 부추기는 식으로 보도하는 경우가 많습니다.

김진숙 　'재벌'은 한국에만 있는 고유한 단어라고 하는데, 이는 박정희 정권 시절에 정경 유착과 폭력적인 노동조합 탄압을 통해 형성되기 시작했습니다. 삼성의 이건희도 내 눈에 흙이 들어가기 전엔 노조는 절대 안 된다고 했고, 그 결과 수십 년간 무노조가 유지되지 않았습니까. 이런 식으로 편법과 불법과 부패를 통해 돈을 벌어 오다 보니 이들에게는 상생이라는 개념이 없습니다.

제가 한진중공업에서 제일 놀랐던 것이 만 명이 넘는 노동자가 일하는 공장에 화장실도, 식당도 없다는 점이었습니다. 사람이면 최소한 먹고 싸야 하는데 이 공장은 아예 지을 때부터 노동자가 사람이라는 상정을 안 했던 깃입니다. 그런데 이렇게 번영한 21세기에도 여전히 '청소 노동자들이 더 이상 화장실에서 밥 먹지 않게 해 주세요.'

라고 청와대에 청원을 올려야 합니다. 다들 사회가 발전했다고 이야기하지만 약자를 둘러싼 현실은 전혀 변하지 않았고, 오히려 더 나빠진 부분도 있다고 생각합니다.

이다혜　옛날에 지은 건물 중에는 아무리 좁아도 청소 노동자용 휴게실이 따로 있는 모습을 꽤 봤는데요, 새로 지은 건물들에는 아예 그런 휴게 공간이 없습니다. 그래서 화장실 청소 용구를 정리해 두는 맨 구석 칸에서 쉬는 노동자들도 있어요. 그런 노동자의 권리를 충분히 고려하고 있는지 질문했을 때 지금 잘나가는 회사들 중에 당당할 수 있는 회사가 몇이나 있을까 싶습니다.

앞에서 나온 여성 노동자 이야기를 좀 더 이어서 해 보자면, 김진숙 위원님의 책 『소금꽃 나무』에는 여성 노동자들이 겪는 수많은 폭력이 묘사돼 있습니다. 위원님의 경험 안에서 노동 현장 속의 여성 노동자는 어떤 존재입니까?

김진숙　제가 18세에 처음 공장에 갔을 때, 같이 일하는 노동자들이 기숙사에서 부르는 이름이랑 공장에서 부르는 이름이 달랐습니다. 공장에서는 진숙이인데 기숙사에 오니까 영숙이인 겁니다. 그때는 호주제가 있을 때라 호주도 똑같고, 본적도 똑같고, 주소도 똑같은 진숙이가, 심지어 같은 부서에 5명이었어요. 근로기준법상 취업이 안 되는, 13살이 채 안 된 아이들이 와서 불법으로 일을 하고 있던 겁니다. 한 부서에 같은 아버지를 둔 같은 나이의 진숙이가 5명이라는 놀라운 사실을 회사에서 몰랐을까요. 공장에 와서 첫 생리를 하던 그 어린아이들이 박정희의 경제 개발 5개년 계획을 완성했던 주역들이라고 저는 생각합니다.

1만 2000명이 일하는 공장이었는데 그중 1만 명이 여성 노동자였어요. 나머지는 재단 방에서 일하는 남성 노동자들이었습니다. 제가 보기엔 그 친구들이 훨씬 더 일을 편하게 하는 것 같은데도 임금은 더 많이 받았습니다. 그런데 그 시절엔 저 같은 경우도 남자가 당연히 더 많이 받아야 한다고 생각해서 아예 문제의식조차 없었습니다.

그 시절에는 성적 괴롭힘이나 추행 개념 자체가 아예 없었습니다. 그래서 관리자들이 정말 대놓고 여성 노동자들을 추행하고, 재단 방 남성 노동자들이 남녀 공용 화장실의 문을 아예 떼 버리는 일들을 비일비재하게 겪으면서도 누구도 그것을 문제화하거나 정식으로 항의할 생각을 못 했습니다.

이수정 그게 몇 년도의 일이죠?

김진숙 1970년대 말 1980년대 초의 일이죠. 지금처럼 페미니즘을 이야기하고 여성 인권에 대해 이야기하기까지 얼마나 많은 여성 노동자들의 눈물과 한숨이 있었겠어요. 말하지 못한 상처들이 가득했죠. 저는 정말 여성 노동자들에 대해 이야기할 때면 굉장히 숙연해지는데, 문제는 이게 노조도 예외가 아니었다는 점입니다.

제가 노동 운동하는 사람으로서 노조의 부끄러운 과거를 이야기하는 것이 어떻게 들릴지 모르겠지만, 1998년에 현대자동차에서 IMF를 이유로 1500여 명의 인원을 정리 해고하겠다고 통보한 일이 있었습니다. 결국 노동자들의 투쟁 끝에 정리 해고 인원을 277명으로 축소할 수 있었는데요. 노조 지도부는 노조가 회사로부터 공장 식당을 인수해 경영한다는 편법으로 100퍼센트 여성인 식당 노동자 144명을 모조리 정리 해고 대상에 포함시켰습니다. 노조는 노조의 것이 된 식당에 노동자들을 그대로 근무시킴으로써 식당은 유지하고 정리 해고 인원수도 충족시키는 거래를 한 셈이죠.

그 투쟁 과정을 다룬 「밥, 꽃, 양」이라는 다큐멘터리 영화도 있는데요, 밥을 지어 주다가, 투쟁 현장의 꽃이었다가, 결국은 희생양이 된다는 의미의 제목이었습니다. 144명의 식당 노동자들은 원래 현대자동차에 속해 있었는데 이제는 하청이라는 명목하에 임금까지 삭감당했습니다. 게다가 노조가 식당 경영진이 되어 버리는 바람에 불만이 있어도 전보다 더 말하기가 어려워졌습니다. 노동 조건이 훨씬 더 나빠진 거죠. 노조에서 식당 여성 노동자들을 내세워 이런 비열한 거래를 할 정도로 노동계에 여성에 대한 문제의식이 전혀 없던 시절이 있었습니다.

물론 이제는 민주노총이나 금속노조도 성평등 교육을 하고, 여성 노동자들에 대한 성적 괴롭힘에 대해 징계를 하는 수준까지 왔지만, 예전에는 성차별 문제에서 노조도 예외가 아니었습니다. 요즘은 각성까지는 아니어도 조심하기는 하는 것 같습니다. 자기들끼리 이야기하다가도 '야, 이건 성희롱 아니냐.' 하는 말을 하는 데까지는 온 것 같습니다.

벼랑 끝에 내몰린 하청 노동자들

이다혜   다시 영화로 돌아가 정은이 처한 상황을 조금 더 이야기해 보겠습니다. 정은은 회사에서 전혀 하는 일이 없는 상황이기 때문에 당연히 인사 평가 점수가 굉장히 낮습니다. 그러자 정은은 소장방으로 들어가서 스피커를 켜고 지방노동위원회에 전화를 합니다.

회사에서 일을 주지 않으면 어떻게 해야 하느냐고 물어보자 부당 노동 행위이기 때문에 회사와 관리자 모두에게 책임이 있다는 대답이 돌아옵니다.

그 장면을 보면서 왜 정은은 본사에 있을 때 지방노동위원회에 전화하지 않고 지금에야 연락하는 것일까, 혹시 전에는 더 큰 문제를 만들고 싶지 않기 때문에 그냥 참았던 것일까 하는 생각이 들었습니다.

김진숙   설마설마했을 겁니다. 설마 나를 자르겠나, 설마 나를 군산으로 보내겠나, 이런 생각들이 있었을 것이고, 말씀하신 대로 굳이 문제를 삼고 싶지도 않았겠죠. 문제가 폭발하기 전까지 가장 두려운 것이 사실 자기 자신입니다. 자신이 문제를 거론하면 어떤 일이 벌어질지를 주변의 지인이나 뉴스를 통해서 이미 잘 알고 있는 거죠. 사회적으로 학습된 것들이 있으니까요.

사실 한국에서 노동부라든지 노동위원회 등의 기구가 노동자를 위해 일해 본 적이 별로 없습니다. 그나마 영화 속 정은이 부당 노동 행위를 당하고 나서 노동위원회에 전화라도 해야겠다는 생각을 했던 것도 요즘이니까 가능한 일입니다. 민주노총이 합법화되면서 10여 년 전부터 노동위원회에 들어가기 시작했거든요. 그리고 나서부터 노동위원회에 노동자들의 이야기를 그나마 들어 줄 수 있는 사람들, 이 해고는 부당하다, 이 행동은 명백한 성폭력이다, 하고 이야기할 수 있는 노동 위원들이 생긴 겁니다.

그전에는 노사위원들끼리 얼마나 사이가 좋았는지 몰라요. 짜고 치는 고스톱 같은 회의가 끝나면 같이 술 마시러 가는 노사위원회이다 보니, 노동자들은 이곳에 제소해 봐야 시간만 걸리고 오히려 회사에 더 확실하게 찍힐 거라는 걸 알았죠.

이다혜　사실 저는 영화를 보면서 정은이 무척 강하다고 느꼈거든요. 영화 보는 내내 나였으면 어떻게 했을까, 라는 생각을 계속했는데 결론을 내리기가 참 힘들었습니다. 정은은 나가떨어져 사표를 쓰는 대신 작업복을 사고 독학으로 업무를 익히기 시작합니다.

그런데 송전탑 일이기 때문에 전기가 통하지 않는 특수한 섬유로 된 옷을 입어야 하는데, 100만 원 정도 하는 이 작업복을 노동자가 자기 돈으로 직접 사는 것 같더라고요. 이건 왜 회사에서 지급하지 않는 건가요?

김진숙　하청이니까요. 민주노조가 만들어지면 가장 먼저 눈에 띄게 변화하는 것이 작업복입니다. 작업복의 질이 달라지고 두께가 달라집니다. 그리고 그다음에 변화하는 것이 식사예요. 저는 다른 공장에 갔을 때 그곳 노조가 힘이 센지 아닌지를 점심시간에 밥 한 숟가락만 먹어 보면 알 수 있습니다.

제가 예전에 한진중공업에 다닐 때만 해도 정규직들은 작업복을 1년에 한 벌 줬어요. 그런데 용접하는 사람들이나 그라인드하는 사람들은 그 작업복이 채 일주일도 못 버팁니다. 구멍이 나면 그걸 테이프로 때워서 입고 다녔어요. 요즘같이 비가 많이 오는 장마철이나 여름엔 작업복이 땀으로 온통 젖는데, 구멍 난 작업복을 입고 용접을 하다가 감전되는 경우도 많았습니다. 그런데도 작업복 사는 돈이 아까우니까 테이프로 대충 때워서 입고 다녔어요. 안 그러면 거의 매일 사 입다시피 해야 하니까요. 더 이상 테이프를 붙이지 못할 만큼 구멍이 많아져서 작업복을 쓰레기통에 버리면 그걸 하청 노동자들이 주워서 입곤 했습니다. 하지만 이렇게 목숨과 관련된 일들의 안전 장구는 당연히 회사에서 지급해야 하는 것입니다.

요즘 일어나는 산업 재해 사고들을 보면 정말 이해가 안 되는 사고들이 많아요. 안전모만 썼으면 죽지 않았을 사고가 많다는 거죠. 김용균 씨*도 그 어두운 공간에서 작업하는데 랜턴이 없어서 자기 휴대폰으로 비춰 보며 일을 했다니 말이 됩니까. 상식적으로 이해가 안 되는 일이지만, 현장에서는 오늘도 많은 하청 노동자들이 그런 말도 안 되는 구조 속에서 일을 하고 있습니다.

> **고(故) 김용균 참사**
>
> 2018년 12월 10일, 한국서부발전의 사업장인 태안화력발전소에서 한국발전기술 계약직으로 근무하던 김용균 씨(24세)가 떨어진 석탄을 치우다 연료 공급용 컨베이어 벨트에 끼어 사망했다. 그가 죽은 후 4시간 동안 방치된 것과, 그의 시신이 발견된 상태에서도 4시간이나 더 방치하면서 계속 작업만 한 사실이 드러나 문제가 되었다. 또한 야간에는 2인 1조로 근무하는 것이 원칙이지만, 회사의 인력 수급 문제로 1명씩 근무한 것으로 밝혀졌다. 사고 직후 시민대책위원회가 만들어졌고, 이 대책위를 발전시켜 2019년 10월 비정규직 철폐와 안전한 노동 환경 마련을 목표로 하는 '김용균재단'이 만들어졌다.

이수정　하청 노동자였기 때문에 사고가 발생했다는 말씀인가요?

김진숙   정규직들한테는 안전 장비를 줘야 하니까요. 노조가 있으니까. 그런데 하청 노동자들은 그걸 달라고 요구할 수 있는 조직이 없습니다. 개별적으로 작업복을 달라고 요구하면 그 사람은 그날로 해고되는 겁니다. 하청 노동자들이 회사에 큰 손해를 입히거나 중대한 실수를 해서 해고되는 것이 아닙니다.

이수정   인명 사고가 나면 회사로서도 큰 손실이 발생하는 거잖아요.

김진숙   손실은 하청 업체에 발생할 뿐 원청은 아무 상관없습니다. 그러니까 다 하청 업체에 맡기는 겁니다.

이수정   사회적인 비난, 불매 운동 등으로 인해 원청 회사 측에도 비용이 발생하지 않나요?

김진숙   요즘은 그렇기도 하죠. 얼마 전 평택항에서 23세 청년 이선호 씨*가 말도 안 되는 사고로 사망했습니다. 그리고 같은 시기에 손정민이라는 중앙대학교 의대생이 한강 인근에서 친구와 술을 마시다 사망했어요. 사람들은 살아 있었으면 의사가 됐을 손정민 씨의 죽음에 엄청나게 분노하고 안타까워했습니다. 그런데 저는 이선호 씨의 사망이 이 정도나마 사회적으로 이슈가 될 수 있었던 건 손정민 씨와 같은 시기에 사고가 일어났고, 동년배의 청년이었기 때문이라고 생각합니다. 냉정하게 들릴지 모르지만 안 그랬으면 이 정도 관심조차 받지 못했을 거예요. 그렇게 사고 원인조차 모르는, 유가족들이 어떤 설명도 듣지 못한 재해 사망자들이 많고 지금도 어딘가에서 죽어 가고 있습니다.

이 나라의 장애인 관련 법들은 다 장애인들이 만들었듯, 재해 관련 법들은 다 유가족들이 만들었습니다. 김용균 씨가 태안화력발전소에서 그렇게 사망한 뒤 그 어머니가 몇 년을 싸웠는지 아십니까. 어머니의 단식 농성만 이슈가 됐지만, 사실은 수년간 온갖 곳에 탄원서를 내고, 국회의원이 온다고 하면 쫓아가서 하소연하고, 무릎도 꿇었습니다.

지금 쿠팡도 보세요. 그렇게 많은 노동자들이 죽었는데도 쿠팡은 말로만 대책을 세우겠다고 하지 실제로는 아무 대책도 내놓지 않았습니다. 그나마 노동자들이 파업을 하니까 택배 노동자의 과로사 원인으로 지목되는 분류 작업에 별도 작업 인력을 투입하기로 합의하게 된 것입니다.

고(故) 이선호 참사

2021년 4월 22일, 대학생 이선호 씨(23세)가 평택항 부두에서 용역 회사 지시에 따라 컨테이너 바닥에 있는 이물질 청소 작업을 하다가 300킬로그램가량의 개방형 컨테이너의 뒷부분 날개에 깔려 사망했다. 사고 현장에 안전 관리자, 신호수가 없었고, 안전 장비도 지급받지 못한 상태에서 작업을 했으며 초동 대응이 미흡했다는 의혹이 제기됐다.

회복을 기다려 주는 회사는 없다

이다혜   영화 속 정은은 작업복을 갖추고 만반의 준비를 한 채 현장 업무를 시작하는데, 정작 철탑 앞에서 그 높이와 규모에 질립니다. 그래서 한 발짝도 떼지 못하는 상황이 벌어지자 정은은 병원에 가 '특정대상물장애'라는 진단을 받습니다. 특정대상물장애란 무엇인가요? 약을 먹으면 호전이 되긴 하는 건가요?

이수정   호전 가능성이 있죠. 높이에 대한 포비아가 생긴 것이니까 불안장애 관련 질환에 처방되는 이완제를 먹으면 어느 정도는 극복이 됩니다. 그러나 송전탑 일을 계속하기 위해서는 약을 먹는 것이 전부가 아니라 결국 본인의 의지와 동료 노동자들의 조력, 회사의 배려 등이 모두 필요합니다.

이다혜   예전에 은퇴한 형사분에게서 들은 말이 기억납니다. 한 번 칼에 찔린 다음부터 뾰족한 걸 보는 게 너무 무서워졌다고요. 안전한 집에서 과도를 봐도, 그게 전혀 위협적인 상황이 아니라는 걸 알고 있어도 공포감이 극심해서 한동안 고생을 했다 하더라고요. 문제는 직업이 강력계 형사이기 때문에 그 상태에서 계속 일을 해야 했다는 점입니다.

이수정   그 경우는 일종의 재해죠.

이다혜   그런데 재해 상황이라고 해서 회복을 기다려 줄 회사는 얼마나 있을까 싶어요. 김진숙 위원님은 혹시 이런 경험이 직간접적으로 있으신지, 이럴 때 어떻게 해결하시는지도 궁금합니다.

김진숙　저는 조선소에 있을 때 집채만 한 철판에 깔려서 다리가 부러졌던 적이 있습니다. 그나마 지금은 노조가 힘이 있고 목소리들을 내니까 그게 산재라는 개념이 생겼지, 당시에 그런 사고는 산재로 인정되지 않았어요. 저도 산재라는 게 뭔지 몰라서 요구할 줄도 몰랐지만, 그런 사고는 평생 가는 장애를 남깁니다. 그런데 병원에서 퇴원하고 일하러 갔더니 철판만 보면 다 저한테 넘어질 것 같은 거예요. 용접하면 앞에 얼굴을 가리고 해야 하니까 주변이 잘 안 보이는데, 용접봉 타는 3분 동안 마음이 너무 불안해서 일을 못 하겠더라고요.

크레인도 밖에서 보이는 계단은 거의 직각으로 되어 있는데, 그 통 안은 완전히 사다리 구조입니다. 거긴 또 전기도 없고 깜깜해서 올라가는데 무섭기는 하더라고요. 어쨌든 내가 여길 안 올라가면 400명이 해고되고 마는 거니까 이거 내야 한다는 절박감으로 버텼습니다. 크레인에 올라가면 바다 근처이다 보니 안개가 굉장히 많이 낍니다. 안개 낀 날은 밑이 하나도 안 보이는데 바람까지 불어 흔들리면 좀 두려웠습니다. 제가 굉장히 강한 척했습니다만 사실 잔뜩 겁먹은 날이 많았어요. (웃음)

이수정　사실은 산업 재해가 신체적인 상해만이 아니거든요. 정신적인 상해 부분에 대해서 기업이 책임져야 하는 시대가 되었다고 봅니다.

현실적으로 재벌이 세습을 하는 것이 불가피하다면, 부를 물려받을 세대에게 제대로 된 교육을 시켜야 한다는 생각이 듭니다. 재벌 3세, 4세들이 해외 유학을 다녀와 영어는 잘할지 모르지만 우리의 실제 현실과는 유리된 채 자라고 있잖아요. 그러니까 이런 강도 높은 노동 현장에서 최소 한 달이라도 실습을 하고, 자신들의 부가 어떤 희생 위에 축적되고 있는 것인지를 체험하는 교육이 필요해 보입니다.

김진숙　판사도 감방에 가 보고요.

이수정　실제로 요즘은 실습 비슷하게 돌아다니는 분들이 많아요. 예를 들어 소년부 판사는 소년원에 자주 갑니다.

이다혜　내가 내리는 결정이 실제로 어떤 결과를 만들어 내는지 전혀 보지 못하고 느끼지 못하면 사람은 훨씬 더 잔인해질 수 있거든요.

김진숙　한진중공업에서 400명 정리 해고 명단을 봤을 때 너무 화가 났던 이유 중 하나가 그런 잔인함이었습니다. 함께 회사를 다니는 노동자 부자가 있었는데 아버지가 명예퇴직을 하면 대신 아들을 해고하지 않겠다고 약속해 놓고 결국 아버지가 명예퇴직을 했는데도 아들을 해고했어요. 그리고 아버지가 명예퇴직을 하면 촉탁직으로 일을 하게 해 주겠다고 해 놓고 그 약속도 안 지켜서 그 아버지는 회사에서 목을 매 돌아가셨습니다.
　태어날 때부터 선천적 장애가 심해서 큰 수술을 여덟 번 한 아이를 둔 직원이 있었는데 그 역시 해고했습니다. 이 아이는 아직도 받아야 할 수술이 많아 아버지가 반드시 회사를 다녀야 했는데도 말이죠. 회사에서 일하다 눈에 황반변성이 생겨서 시력을 상실 중인 친구도 해고했습니다. 이런 사람들을 해고하는 건 사실상 그냥 죽으라는 말입니다.

과연 이 명단을 보고 한진중공업 회장은 어떤 생각을 했을까 궁금해지더군요. 그저 400명을 해고하면 수익이 얼마가 될지만 계산했겠죠. 이번에 400명 자르고 다음 해에 또 몇 명 자르고 그러다 완전히 공장 문 닫고 필리핀 수빅조선소만 남겨 둘 생각이었을 겁니다. 그럼에도 이런 노동자들의 목소리는 어떤 언론도, 어떤 정치인도 들어주거나 대신 말해 주지 않는 사회입니다.

이다혜   이 영화에서 정은이 주인공이지만 정은과 더불어 굉장히 중요한 인물 중 한 명이 막내입니다. 정은이 오면서 해고될 위험이 가장 높은 사람, 즉 나이는 많은데 경력은 짧고 근태 점수는 가장 나쁜 막내가 정은에게 맨 먼저 손을 내밀었다는 점이 의미심장합니다. 두 분께서는 막내의 태도를 어떻게 보셨나요?

김진숙   저는 동병상련이 아니었을까 생각합니다. 자기도 그런 왕따의 과정들을 겪어 왔을 테니까요. 요즘 회사들을 보면 신입이 잘 들어오지도 않지만, 들어와도 환영식을 잘 안 한다고 합니다. 누군가가 퇴사를 해도 마찬가지로 송별식을 잘 안 하고요. 워낙 그런 일들이 많으니까요. 이제는 옆에 있는 사람한테 뭔가 정을 쏟고, 친절을 베풀고, 배려를 할 만한 여유들이 사라진 것 같습니다.

심지어 제가 아는 어떤 분은 입사한 지 한 달 만에 점심밥을 처음 먹었대요. 아무도 밥 먹으러 가자는 이야기를 안 하니까 한 달 가까이 식당이 어딘지 몰랐다는 겁니다. 구조 조정이니 정리 해고니 비정규직이니 하면서 계급과 신분이 다른 노동자들이 많아지다 보니 서로 간의 벽도 높아졌습니다. 저는 이것이 사회적으로도 굉장히 심각한 문제라고 생각합니다.

퇴근 후에 삼겹살이라도 같이 먹고 소주도 한잔하면서 그날의 이야기를 할 수 있는 소위 '정'이라는 게 있었던 예전 시절에 비하면 그런 마음의 여유들이 없어진 거죠.

이다혜 여유도 없고 다들 그런 걸 싫어하게 됐죠. 여러 가지 방식으로 고용 형태가 나뉘어 있기 때문에 생기는 벽도 있고, 그런 것들이 조직 생활을 더 어렵게 만드는 것 아닌가 하는 생각이 들기도 합니다.

영화 속의 막내는 근태가 안 좋은데요, 온종일 회사에서 일하고, 끝나면 편의점에서 밤 12시까지 일하고, 그런 다음 새벽에 대리운전까지 하기 때문입니다. 그런데도 막내는 가난합니다. 김진숙 위원님께서 보실 땐 어떤 느낌이셨나요?

김진숙 현실에도 이런 분들이 많습니다. 세 가지 일이 다 최저임금밖에 못 받는 하청 아니면 알바이기 때문입니다. 세 가지 일의 임금을 다 합쳐도 정규직 한 명의 임금도 안 돼요. 그리고 대부분 위험한 일들이죠. 그만큼 사람의 값이 싸진 겁니다. 그런데 막내에겐 키워야 할 아이들도 있죠.

해고는 살인이다

이다혜 그러다 어떤 사건으로 인해 정은과 막내가 싸우게 되는데 그때 막내가 정은에게 이렇게 말합니다. "우리 같은 사람은 두 번 죽는 거 알아요? 한 번은 전기구이, 한 번은 낙하. 그런데 그런 거 하나도 안 무서워요. 우리가 무서운 거는, 해고예요. 해고되면 알바만 해야 되니까." 그러자 정은은 해고와 사망이 뭐가 다르냐고 되묻습니다.

기업의 일방적 해고에 반대하는 시위 현장에 가면 '해고는 살인이다.'라는 구호가 걸려 있습니다. 그런데 이게 단순히 수사가 아닌 것이, 영화에도 나오지만 해고당한 사람들 중에 스스로 목숨을 끊는 경우가 적지 않습니다. 속 모르는 사람들은 다른 일을 구하면 되지 뭘 죽기까지 하느냐 그러는데, 이런 결정을 내리는 심리적 동인이 있지 않겠습니까?

이수정   안전망이 너무 취약한 것이 문제입니다. 직장을 그만둘 수밖에 없는 사정이 생긴다면 새로운 직장을 구해서 정당한 대우를 받을 때까지 잠깐 동안만이라도 공적 안전망으로 갈아탈 수 있어야 하는데 현실의 안전망은 많이 부실하니까요. 직장에서 해고되는 것이 곧 절벽 아래로 떨어지는 것과 같은 의미인 사람들의 절박함을 사회가 모르는 체하는 겁니다.

이다혜   한국 사회는 다시 일어설 수 있는 기회를 주지 않는 사회라는 이야기를 많이 하잖아요. 정규직이라는 선에서 한번 벗어나면 다시 정규직이 되기가 굉장히 어렵다고도 하고요. 정규직 노선에서 밀려나면 여러 가지 비정규직 일들을 전전하게 되는 경우들이 너무 많은 거예요. 인생에는 위기가 있을 수밖에 없는데, 우리 사회는 그 위기 이후에 대한 사회적 방안들이 부족해 보입니다.

김진숙 제가 2012년에 한민족유럽연대와 독일 금속노조 초청으로 쌍용자동차 해고자인 김정운 씨와 함께 독일에 갔는데, 독일 금속노조 분들이 쌍용자동차 김정운 씨한테는 너희들은 왜 그렇게 많이 죽는 거냐고 묻고, 저한테는 왜 그렇게 높은 데 올라가서 그렇게 오래 있었던 거냐고 묻더라고요. 그리고 함부르크에 있는 조선소에 갔는데 만 명이 넘게 일하던 공장에 400명이 남았다는 거예요. 우리 같으면 노동자들이 무척 분노해 있을 텐데 그곳 사람들은 그렇지 않았고 제가 한국에서 왔다니까 반가워했습니다.

그래서 이야기를 들어 보니 그 사람들은 우리처럼 굳이 과격하지 않아도 되더라고요. 해고를 당해도 회사 노조나 노동위원회에서 찾아와 유사 업종에 일자리를 알아봐 주거나 새로운 기술을 훈련시키고, 훈련하는 동안 드는 비용은 국가에서 부담해 주고 있었습니다. 정리 해고 당한 쌍용자동차 노동자가 20명 넘게 죽었을 때의 일인데, 독일 노동자들은 우리가 그렇게 죽는 걸 이해할 수 없었던 것입니다.

오히려 독일 금속노조 간부가 저한테 나이도 있고 하니 그렇게 과격하게 하지 마라, 몸 상한다고 걱정해 줬는데, 우린들 과격하고 싶겠습니까. 우리가 처음부터 무작정 크레인에 올라가는 게 아닙니다. 교섭도 해 보고, 그 과정이 2~3년을 끄니까 삭발도 해 보고, 단식도 해 보고, 상경 투쟁도 해 보고, 그런데도 아무것도 진행이 안 되고, 그 과정에서 조합원들은 지치는 거죠. 결국 마지막 수단으로 크레인에 올라가는 선택을 하는 건데, 독일 노동자들은 우리와 현실이 달랐던 겁니다. 한국은 아직 참 멀었다는 생각이 들더라고요.

누더기 중대재해처벌법

이다혜 이 영화의 후반부 상황으로 넘어가 보겠습니다. 정은이 순순히 그만두는 게 아니라 자리를 잡는 것처럼 보이니까 원청에서는 정은을 자르지 않으면 사무소를 없애 버리겠다고 협박을 합니다. 그런데 이렇게 사무소를 없애거나 아예 폐업 신청을 하는 방법이 즉 기업이 노동자를 해고하는 방법이기도 하더라고요. 원청이 멀쩡히 운영되고 있거나 회사에 돈이 있는데도 폐업을 하는 것이 법적으로 용인이 되나요?

김진숙 법적으로는 해고나 폐업에 대한 요건들이 있지만 사실 유명무실한 게 많습니다. 부산의 자일대우버스는 흑자 기업인데 330명을 해고했습니다. 대구의 한국게이츠는 정말 잘나가는 기업인데 157명을 해고했어요. 수십억 원의 흑자를 내고도 노동자와 협의 없이 일방적으로 공장을 폐쇄했습니다. 지금도 양산에 그런 사업장이 하나 있는데, 직원들이 주말에 쉬고 월요일에 출근해 보니 기계를 다 빼돌리고 공장 문을 닫은 상태였습니다. 이런 일이 지금도 일어나고 있습니다. 그만큼 법이 현실의 노동자들한테는 너무나 멀리 있습니다.

사실 정은의 경우만 놓고 보면 괴롭힘입니다. 저도 사표 쓰고 나가라며 세 번의 부서 이동을 시키더니 결국은 해고했습니다. 관리자들이 따라온다든지, 집단적으로 괴롭힌다든지, 조회 때마다 그 사람 이야기를 한다든지, 별별 짓을 다 합니다. 그러면 노동자 본인은 물론이고 동료들이 피곤해집니다. 일부러 노동자 주변을 다 괴롭히면서 동료 노동자들에게 '쟤가 나가야 우리가 이런 이야기를 안 듣는다.'

이런 의식을 심는 겁니다.

심지어는 남편이 노조 활동을 한다는 이야기를 듣고 3교대 사업장인데 신혼부부가 한 번도 만나지 못하게 근무 표를 짜 놓은 경우도 봤습니다. 인천의 어떤 병원에서 있었던 일입니다. 지부장이 오랫동안 노조 전임을 하다 현장으로 내려왔어요. 오랜만에 간호사로 현장에 왔으니 현장 업무가 서툴렀는데, 수간호사가 노조 활동했던 이 간호사의 이야기를 인계 시간마다 계속했습니다. 다른 사람들은 그 이야기를 듣는 게 피곤하니까 당연히 이 간호사를 싫어하게 됐고, 다른 동기들은 다 수간호사로 진급시키면서도 이 간호사만 평간호사로 계속 뛰게 했습니다. 이런 식으로 괴롭히니까 결국 이분이 스스로 목숨을 끊었어요. 네가 노조였기 때문에 해고당하는 거라고, 네가 네 권리를 찾으려 했기 때문에 자초한 일이라고 절대 말하지 않습니다. 그러나 그게 사실인 거죠.

이다혜　　정은이 계속해서 버티니까 원청에서 사고 위험이 높은 비오는 날 노동자들에게 송전탑 점검 업무를 시킵니다. 이런 것은 처벌할 수 있습니까?

김진숙　　글쎄요, 그건 잘 모르겠지만 제가 볼 때는 법적으로 처벌은 안 될 것 같습니다. 영화에서 결국 막내가 감전사를 당하잖아요. 그런데 영화니까 그랬겠지만 그 정도로 상처가 남지는 않습니다. 그냥 혈관이 다 터져 버려요. 제가 한진중공업에서 일할 때 감전 사고로 죽은 시신을 직접 본 적이 있거든요.

정규직들이 그 업무를 할 때는 송전탑에 전기가 안 통하도록 합니다. 하지만 비정규직이 업무를 할 때는 전기 차단을 안 합니다. 사람의 값이 그만큼 싸다는 의미입니다. 정규직이면 산재부터 해서 유가족 보상 비용까지 돈이 많이 들지만 하청의 경우에는 그런 부담이나 책임을 원청이 지지 않아도 되는 겁니다. 그게 하청을 주는 주요 이유이기도 합니다.

이수정　책임을 안 져도 되게 만든 것이 제일 큰 문제일 수 있겠네요.

이다혜　그래서 그 이야기를 지금 여쭤 보려고 합니다. 중대재해기업처벌법이 생기면서 감전 사고로 막내가 목숨을 잃는 이런 사고가 벌어지면 원청은 중대재해기업처벌법에 따라서 처벌을 받게 될까요?

김진숙　안 받습니다. 아무 벌도 안 받습니다. 중대재해기업처벌법에서도 5인 미만 사업장은 제외되니까요. 2017년 노동절에 삼성중공업에서 크레인이 무너져 6명이 죽고 31명이 중대재해를 입은 사고가 있었습니다. 한국에선 노동절에도 이렇게 노동자들이 일하다 죽습니다. 그런데 삼성중공업이 처벌받았을까요? 500만 원의 벌금을 받은 게 거의 유일한 원청 처벌 사례입니다. 그 500만 원의 벌금도 사망에 대한 책임이 아니라 도급을 관리하지 못한 책임이었어요. 원청인 삼성중공업의 사장이 처벌을 받은 게 아니라 그 업무를 했던 부서장이 처벌을 받은 거였고요.

이런 상황에서 어떤 원청이 법을 두려워하고 하청 업체에서 사람이 죽어 나가는 걸 두려워하겠습니까? 중대재해기업처벌법을 만들자고 그렇게 요구를 했건만 법안을 만드는 과정에서 누더기가 되이

버렸어요. 시행령이 나온 걸 보니까 뇌심혈관계 질환도 빠지고, 진폐[2]도 안 되고, 근골격계 질환도 안 되고, 두 명 이상 죽어야 하고, 아주 누더기가 됐습니다. 어쨌든 사람이 많이 죽어야 이슈가 되고 법적으로도 처벌을 받게 만들어 놓은 겁니다.

과로사 요인으로 꼽히는 뇌심혈관계 질환과 근골격계 질환이 중대 산재에 포함되는 직업성 질병에서 배제됐기 때문에 과로로 뇌심혈관 질환을 얻었을 경우 사망에 이르지 않으면 중대산업재해로 인정받을 길이 없어졌습니다. 요즘은 가장 심각한 사망 사고 문제가 과로사인데 말이죠. 처벌법이 아니라 보호법을 만들어 놓은 셈입니다.

이수정　왜 그 대목에서 양보가 된 거죠?

김진숙　노동자들이 아무리 단식을 하고, 길거리에서 그렇게 외쳐 대도 우리 사회에서 자본가들 입김이 여전히 센 거죠.

이수정　저 지금 노동 운동을 해야 할 것 같다는 생각이 들기 시작했어요.

김진숙　이수정 동지! (웃음)

2　오랜 기간에 걸쳐 폐에 먼지가 쌓여 심폐 기능이 떨어지는 병.

노동자를 옥죄는 손해 배상·가압류

이다혜　영화에서 회사는 막내의 어린 딸에게 대충 위로금을 전달하고 사고를 무마할 생각입니다. 정은은 온몸으로 이를 막아 보지만 역부족입니다. 다른 하청 업체 직원들은 손 놓고 보고만 있고요. 이제 정은이 할 수 있는 일은 무엇입니까?

김진숙　5인 미만 사업장에도 노조를 만들 수는 있습니다. 그런데 힘이 약합니다. 그리고 원청이 있을 경우에는 사측에서 수단과 방법을 안 가리고 그 노조를 깹니다. 예를 들어 우리는 모닝 차를 기아자동차에서 만든다고 생각하지만 사실은 동희오토라는 하청 업체에서 만듭니다.

노조 만들어서 투쟁하고 그러면 아예 원청에서 그 공장에 일을 안 주고 다른 해외 기지로 빼돌린다든지, 다른 하청 업체를 만들어 버리니까 오히려 노조 활동했던 사람들은 같이 일하는 동료들한테 핍박을 받습니다. 너 때문에 내가 일자리를 잃었다, 밥줄이 끊겼다, 이런 비난을 받는 것이 현실입니다.

그리고 요즘 노조를 깨는 수법들이 너무나 다양해졌는데요, 그중에서도 가장 위협적인 것이 손해 배상·가압류입니다. 그것 때문에 목숨을 끊은 노동자들이 많고, 쌍용자동차 노동자들은 지금도 손해 배상·가압류에 시달리고 있습니다. 쌍용자동차 노동자 문제가 다 해결된 걸로 알고들 있지만 국가에 대한 손해 배상·가압류는 아직도 여전히 다 걸려 있습니다. 그 사람들은 복직했다고 좋아했지만 월급의 반을 가압류로 다 빼앗겼고 지금도 그러고 있어요.

이런 식으로 노동자와 노동조합을 탄압하는 나라에서 5인 미만 사업장의 노조가 유지되는 것은 거의 기적과 같습니다. 그래서 일부가 이른바 산별 노조, 보건의료노조나 금속노조 같은 산별 노조에 개별로 가입해 있는 실정입니다. 물론 이런 분들은 대부분 다 비밀 조합원입니다. 밝히는 순간 보복이 오니까요.

이다혜 　영화에서 막내가 이런 말을 합니다. "송전탑 위에서 믿을 건 동료밖에 없다." 이런 노동자들을 기업이 어떻게 갈라놓고 있는지를 지금 말씀해 주셨는데요. 정은에게 막내는 동료가 아니라 제쳐야할 경쟁자였습니다. 이런 시스템 아래에서 노동자는 서로를 어떻게 지킬 수 있을까요?

이수정 　이런 상태라면 지킬 수 있는 방법이 딱히 있을까요?

김진숙 　거의 없죠. 한국 노동자들은 파편화되어 있고 자기 일자리 지키는 데에 사력을 다해야 하는 상황이라서 남을 지킨다는 생각까지 하기가 어렵습니다. 그나마 유일하게 할 수 있는 일이 노동조합을 만들고 지켜 내는 일인데 사실 지금은 그게 너무 힘들거든요. 그런 어려움들에도 불구하고 동병상련의 마음으로 동료들과 같이 어깨를 걸고 아픔을 공유하며 미래를 개척해 나가는 것밖에는 지금으로서는 답이 없습니다.

이다혜 　주변에 복직 투쟁을 벌이는 지인이 있는데요. 지방노동위원회에서 부당 해고라는 판결을 받고 복직한 지 이틀 만에 다시 해고가 되어 싸우는 중입니다. KTX 여성 승무원도 그렇고 최근 LG 청소 노동자들도 그렇고, 복직 투쟁이 보통 일이 아니라고 알고 있습니다. 짧게는 몇 달, 길게는 몇 년이 소요되고, 길에서 수많은 행인들의 시선을 받으며 모멸을 겪는 일도 많습니다. 그렇게 어렵사리 복직이 되어도 또다시 트집을 잡혀서 해고를 당하기도 합니다. 그럼에도 이 싸움이 노동자에게 가져다주는 건 무엇입니까? 왜 우리는 싸워야 하는 건가요?

김진숙   지인분의 경우 희망을 가지고 복직했을 텐데, 한 가지 미비했던 해고 요건을 갖춰서 다시 해고한 거잖아요. 안타깝게도 그런 경우들이 실제로 굉장히 많습니다.

제가 19세 때 시내버스 안내양을 했던 적이 있는데, 최근에 읽은 책 『삼순이: 식모, 버스안내양, 여공』과 조정래 작가의 소설 『한강』에도 안내양들의 이야기가 나옵니다만, 당시에는 안내양이 돈을 빼돌린다며 일상적으로 몸 검사를 했습니다.

그런데 이른바 '삥땅'을 안 할 수도 없는 게, 삥땅을 안 하면 기사들이 손님을 일부러 떨어뜨리곤 했어요. 그때는 버스 개문 발차 사고의 책임이 100퍼센트 안내양에게 있었거든요. 안내양이 삥땅을 안한다는 이유로 기사가 할머니가 내리려는데 그냥 출발해 버리거나 "나 쟤하고 차 안 타." 이러면서 함께 일하는 걸 거부하는 경우가 많았습니다. 그래서 나는 못 먹어도 기사는 챙겨 줘야 했는데, 그 삥땅을 잡아내겠다며 10대 후반, 20대 초반의 여성들을 거의 공개된 장소에서 다 벗겨 놓고 쭉 줄을 세우곤 했습니다. 기사들, 배차 주임들, 관리자들, 다 와서 보는데 저는 근무 첫날 이게 무슨 광경인가 싶어 어리둥절했어요. 제가 안 벗겠다고 하니까 "그럼 너는 김해경찰서 가자." 이러더라고요. 제가 거기서 결백을 밝히는 방법은 경찰서 가는 것밖에 없는데, 그때는 경찰서가 정말 무서웠거든요.

이다혜　지금도 무서워요.

김진숙　저는 안 무섭습니다. (웃음) 아무튼 벗은 채로 앉았다 일어났다 하게 시키는 등 안내양들을 꽤 괴롭혔죠. 그때는 일하느라 자는 시간이 서너 시간밖에 안 됐는데 몸 검사 때문에 그 시간조차 제대로 잠을 못 자니까 너무 힘들었습니다. 그런데 일주일쯤 지나니까 몸 검사를 아무렇지 않게 받게 되더라고요. 저 옆에 언니도 하고 저 앞에 동료도 하니까. 저 회사도 하고 이 회사도 하고 다 한다니까.

그런데 안내양을 그만두고 나서도 그 모멸감을 너무 견디기가 힘들었습니다. 꿈을 꿔도 그 생각이 나고. 웬만큼 괴로우면 다른 사람들한테 이야기해서 그걸 풀었을 텐데 너무 부끄러우니까 그 이야기를 못 한 거죠. 제가 1991년에 첫 징역을 갔는데, 알몸 검신을 하는 거예요. 저는 이미 노동자로 투쟁하다 온 사람인데 순순히 굴복했겠습니까? 그래서 유리창을 양손으로 꽉 깼어요. 피범벅이 되고 난리가 났죠. 결국 그날 밤에 들어간 사람들은 아무도 검신을 안 했습니다. 그리고 두 번째 징역을 갔을 때는 아예 검신을 안 하더라고요. 구전되는 이야기에 의하면 옛날에 공안 사범 하나가 들어와 난리를 쳐서 검신이 없어졌다고 합니다. (웃음)

저는 이 자본주의 사회에서, 더군다나 대한민국에서 한 인간이 산다는 건 온갖 모순과 부당함의 총체를 겪는 것이라고 생각합니다. 그런데 그걸 어느 순간까지는 애써 참아요. 내가 여기서 이걸 참지 않으면 살기 힘들어지는 것도 한 가지 이유이지만, 동료들과의 관계, 회사와의 관계 이런 것들 때문에라도 막 참아요. 그러다가 어느 순간 못 참는 상황들이 옵니다. 저는 그게 대부분 해고라고 생각하거든요. 해고는 노동자들한테 그만큼 절망적인 일이기 때문입니다. 그래서 LG 빌딩의 청소 노동자들, 신라대학교의 청소 노동자들 대부분이 60대 여성 노동자들인데 그 나이에 싸워요. 그리고 이깁니다.

저는 이런 과정들이 개인의 투쟁일 수 있지만, 결국은 그런 싸움들이 모여서 세상이 조금씩 나아간다고 생각합니다. 어쨌든 중대재해기업처벌법도 그렇게 유가족들이 싸워서 만들어 낸 거고, 주 오일제도 노동자들이 숱하게 싸워서 만들어 낸 것이니까요. 제가 처음에 일을 시작할 때는 점심시간이 15분이었습니다. 그게 1시간이 되기까지도 노동자들의 투쟁이 있었죠. 그걸 누가 기록하든 기억하든 상관없이 어쨌든 그런 투쟁들이 모이고 모여서 세상은 나아지는 거고, 결국은 우리가 주 사일제까지 갈 수 있다고 생각합니다.

반드시 개정되어야 할 비정규직보호법

이다혜　이 영화 속 하청 업체 사무실 외벽에는 문구가 하나 적혀 있습니다. 일하러 나가기 전에 노동자들이 다 함께 손을 모으고 외치는 구호이기도 한데요. 바로 "우리는 생명, 우리는 빛"입니다.

영화 후반, 송전선이 망가져 전기가 끊기면서 단순한 구호가 아니라는 것이 밝혀집니다. 전기가 끊기니까 병원 시설은 가동을 멈추고, 세상은 온통 칠흑이 됩니다. 정말로 이들이 하는 일은 생명이고 빛입니다. 그런데 이 귀중한 사람들의 삶은 외줄 위에서 위태롭기만 합니다. 이들의 목숨을 위해 우리가 당장 해야 할 일은 무엇일까요?

김진숙　전국의 공장들을 다니다 보면 노동자들이 이런 걸 다 만들어 내는구나 싶어 놀랄 때가 참 많습니다. 차의 경우도 현대자동차는 사실 껍데기를 가지고 조립하는 것이지, 그 안에 들어가는 바퀴나 핸들, 타임벨트 같은 온갖 부품들은 다 다른 공장에서 만들어냅니다. 그런데 그런 노동자들이 이제는 대부분 최저 임금을 받는 하청 노동자들이 된 거죠.

그런 노동자들을 보면 이 사회가 누구의 힘으로 굴러가는가, 그리고 이 사회가 과연 그 노동자들을 어떻게 대우하고 있는가를 생각하지 않을 수 없습니다. 전 그게 이 사회의 수준뿐만 아니라 민주주의를 가늠하는 척도라고 생각합니다. 노동자들을 인정하지 않고, 노동자들을 대우하지 않는 사회에서는 누구도 제대로 된 대우를 받을 수 없다고 생각합니다. 그런 사회에서는 빈부 격차가 점점 더 커질 뿐이고 사회적 차별들이 점점 더 심해질 뿐이라고 믿습니다.

저는 영화에서 송전탑에 전기가 끊어졌듯이 실제로도 한 번씩 전기가 끊어졌으면 좋겠습니다. 이게 그냥 저절로 돌아가는 게 아니라는 걸 사회가 좀 알도록, 이걸 돌아가게 하는 건 결국 노동자들이라는 걸 알도록 말이죠. 사실 제가 한진중공업 다닐 때 3개월 만에 처음 쉬었던 날도 정전이 됐던 날이었거든요. (웃음)

이다혜   마지막 질문을 드릴 차례가 되었습니다. 저희가 시즌 1 때 강력히 주장했던 것이 의제강간연령 상한이었고, 시즌 2 때는 스토킹방지법이었습니다. 그런데 여기 터가 좋은지 이 두 가지가 모두 이뤄졌거든요. (웃음) 그래서 혹시나 해서 여쭤 보는데, 위원님께서 지금 강력하게 주장하시는 법안은 무엇인가요?

김진숙   저는 사실 이 프로그램을 들으면서야 의제강간연령이 얼마나 중요한지를 알았고, 스토킹방지법도 이 프로그램을 들으면서

200

알게 됐습니다. 제가 그 법안이 통과됐다는 뉴스를 듣고는 길 가다가 박수를 쳤다니까요. 이 프로그램의 작가분들과 진행자분들의 역할이 굉장히 컸다는 생각이 들었고, 이렇게 누군가가 이야기하기 시작하고, 그걸 또 저 같은 사람들이 듣고, 생각하게 되고, 관심을 갖게 되고, 그러면서 사회적으로 확산되어 가고, 그러다가 법안들이 통과되는 것이 너무나 뜻깊게 느껴졌습니다.

저는 그래서 중대재해기업처벌법 개정안, 비정규직보호법 개정안이 제대로 만들어지길 빌어 봅니다. 사실 우리 사회에 비정규직보호법이 있지만 그 법은 절대 비정규직을 보호하는 법이 아닙니다. 법의 빈틈을 노려서 2년이 되기 전에 사람을 잘라 버리는데 그게 어떻게 '보호'이겠습니까. 정말 비정규직을 정규직화하는 법을 만들어야지, 이런 기만적인 법을 가지고는 아무것도 안 됩니다.

학교에 가 봐도 그렇고, 백화점들도 그렇고, 방송국도 그렇고, 사회적으로 비정규직이 너무 많습니다. 종류도 너무 다르고요. 학교에서 비정규직 노조를 만들 때, 왜 급식실 노동자 따로, 회계 처리 노동자 따로, 기간제 교사들 따로, 영어 전담 교사들 따로 만드는지 아십니까? 임금이 다 다르고, 이해관계도 다 다르고, 고용 구조도 다 다르기 때문입니다. 그런데 그렇게 돼서 노조를 통해 서로 연대가 되고 있느냐 하면 그것도 아니거든요.

저는 정말 이런 사회적 약자들을 위한 법이 만들어져야 한다고 생각합니다. 약자들의 생활 수준이 높아지고 삶의 질이 높아지는 것이 결국은 사회의 질이 높아지는 것임을 정치하시는 분들이, 이름뿐인 사회 지도층 인사들이 꼭 기억하셨으면 좋겠습니다.

이다혜   오늘 방송을 계기로 노동 관련 이슈들에 대해 더 많이 관심을 갖게 되는 분들이 나오시지 않을까 생각해 봅니다. 「나는 나를 해고하지 않는다」와 함께 불법 해고에 대해 이야기했는데요. 김진숙 위원님, 오늘 함께하신 소감이 어떠셨나요?

김진숙 　저는 사실 두 분은 목소리를 익히 들었지만 최세희, 조영주 작가 두 분은 오늘 처음 뵀었고 이분들의 역할도 처음 알게 됐는데요. 만나서 반가웠고, 여러분 모두 건강하게 안정적으로 일하시는 것이 우리 사회 젊은 여성들이 다 같이 성공하고 성취하는 길이 아니겠는가 하는 생각이 듭니다. 고마웠습니다.

이다혜 　감사합니다. 정말 이수정, 김진숙 선생님 두 분 다 건강하셔야 해요. 이 방송 시작한 이래로 이수정 박사님께서 이렇게 많이 듣기만 하신 건 오늘이 처음인데요.

이수정 　저는 굉장히 많이 배웠습니다. 제가 전공하는 영역과 너무 다른 이야기들을 들으면서 앞으로도 관심을 가질 필요가 있겠다라는 생각이 들었고, 일단 제가 학교 일이나 연구를 하다가 심혈관계 장애나 뇌출혈로 쓰러져도 중대산업재해로 인정받지 못하게 법이 만들어졌다는 걸 알게 되어서 무척 화가 납니다. (웃음)

김진숙 　제가 1인 시위라도 하겠습니다. (웃음)

이수정 　물론 제가 노동계와 직접 관련이 있는 건 아니지만 개정안이 통과될 수 있도록 노력해 봤으면 좋겠다는 생각을 했습니다. 전제가 과로사할 가능성이 굉장히 많다고 생각하거든요. 저의 복지를 위해서라도 한번 시도해 봐야겠다는 생각이 들었습니다.

이다혜   코로나19 때문에 가장 먼저 생계에 위협을 느끼는 사람들이 서비스직에 종사했던 젊은 여성 노동자들이라는 조사 결과가 있습니다. 그래서 코로나 문제가 해결된다고 해도 그다음에 진짜 해결해야 할 문제들이 또 찾아올 것이고, 그것은 일자리를 잃게 된 젊은 여성 노동자들과 관계가 있을 것이라는 식의 이야기를 많이 하는데, 그런 점들도 염두에 두고 오늘 이야기를 곱씹어 주셨으면 좋겠다는 생각을 해 봅니다.

오늘 나눈 이야기를 주변 분들께 많이 퍼뜨려 주셨으면 좋겠어요. 노동 문제에 대해 다루는 프로그램은 많지만, 저희 방송이 그중에서도 유독 재미있지 않았나 생각하기 때문입니다. (웃음)

이렇게 두 분과 귀중한 대화를 나눌 수 있어서 정말 뜻깊고 감동적이었습니다. 저희가 앞서 여기 터가 좋아 바라던 법안들이 통과됐다고 하지 않습니까? 뭔가 말하면 이루어진다는 게 쉬운 일이 아니기 때문에, 이쯤에서 로또 1등 당첨도 한번 말해 보고요.

이수정   밑도 끝도 없이 배가 산으로 가네요. (웃음)

이다혜   자, 그럼 다시 만나기를 고대하면서 이만 마치겠습니다.

사이코패스 신화에
대한 허구와 진실

3

연쇄 살인

적대감과 학대의
나비 효과,
여성 연쇄 살인범

몬스터

감독 패티 젱킨스 | 미국, 독일 | 2004년

예쁘고 사랑받는 여자가 되기를 꿈꿨지만 불행한 가정 환경으로 인해 13세부터 성
매매에 나서야 했던 에일린은 위험한 거리, 동정 없는 세상, 착취적인 남성들에게 지
쳐 자살을 결심한다.

에일린은 죽기 전 마지막으로 목을 축이러 들어간 펍에서 레즈비언 셀비를 만난다.
셀비는 에일린에게 조건 없이 맥주를 사 주고, 함께 즐겁게 대화를 나누고 잘 곳도
제공한다. 태어나 처음으로 돈이 오가지 않은 순전한 호의와 관계를 경험한 에일린
은 곧 셀비를 사랑하게 된다.

죽을 생각을 접고 셀비와 함께 살기로 결심한 에일린. 제대로 된 일자리를 구하려고
면접을 보러 다니지만 아무런 이력도 경력도 없는 그녀에게 돌아오는 것은 차가운
냉대뿐이다. 돈을 벌기 위해 어쩔 수 없이 다시 거리로 나선 그녀는 자신을 폭행하고
동의 없이 가학적 성행위를 하려던 남성을 살해하고 만다. 그렇게 다시 한번 '삶'을
살아 보려던 에일린의 계획은 틀어지기 시작한다.

이다혜   패티 젱킨스 감독이 연출하고, 샬리즈 세런, 크리스티나 리치 주연의 2004년 할리우드 영화 「몬스터」와 함께 여성 연쇄 살인범에 대해 이야기합니다. 최근 「원더우먼」을 연출한 패티 젱킨스 감독과 지금과 같은 명성을 얻기 전의 샬리즈 세런이 함께 작업한 영화이고, 미국 최초의 여성 연쇄 살인범인 에일린 워노스의 실화, 그중에서도 체포되기 1년 전부터의 이야기를 다루고 있습니다. 그동안 「몬스터」를 다뤄 달라는 요청이 꽤 있었는데요. 그중에서 아이디 이마코코 님께서는 이렇게 적어 주셨습니다.

"영화 「몬스터」에 대한 두 분의 견해가 궁금해졌습니다. 무척 인상 깊게 본 영화 중 하나인데, 제가 미처 발견하지 못한 다른 각도의 심리 해석이 있지 않을까 궁금합니다. 언젠가 기회가 된다면 꼭 한번 다뤄 주세요."

그날이 드디어 왔습니다. 박사님, 혹시 영화가 나오기 전에 이 에일린 워노스 사건에 대해 알고 계셨나요?

이수정   네, 에일린 워노스라는 여성 연쇄 살인범은 알고 있었습니다. 총 7명의 남자를 살해한 것으로 알려져 있는데, 그들이 본인을 강간하려 해서 죽였다고 주장했으나 재판 단계에서 그 부분이 전혀 인정되지 않았고 2002년에 사형이 집행되어 사망했습니다.

사이코패스와 경계선성격장애

이다혜   에일린 워노스를 사이코패스와 경계선성격장애, 이렇게 두 가지로 진단한 글을 읽었는데요. 박사님 판단은 어떠신가요?

이수정   먼저 경계선성격장애를 가진 사람은 상당 부분 심리적인 유대감이 있는 관계의 사람을 죽입니다. 특히 해당 여성 살인범들은 주로 '나를 버렸다.'라는 일종의 복수 차원에서 배우자나 전 배우자, 애인 등을 살해합니다. 그래서 배우자를 살해하는 범인의 경우 경계선성격장애일 개연성이 높습니다. 에일린이 살해한 7명은 그런 관계에 있는 사람들은 아닙니다.
반면 사이코패스는 사람을 죽이는 것 자체에 의미를 둡니다. 이들에게는 살인 행위 자체에서 오는 극도의 자극이나 피해자의 생명을 좌지우지한다는 통제감을 얻기 위해 사람을 죽입니다.
에일린은 어린 시절에 학대를 당한 데다 입양 후 성폭행을 여러 번 당했고, 15세에 학교를 중퇴해 길거리 성매매 생활을 하며 살아왔습니다. 그 과정에서 인격적인 자존감, 인간성이 파괴되어 버리면서 사이코패스적인 성향을 보이게 됩니다.

이다혜   그렇다면 사이코패스는 타인과 심리적 관계를 맺는 것 자체가 쉽지 않고, 경계선성격장애는 관계가 중요한 사람들이라는 뜻이니 그 두 증상을 함께 진단받는 일은 드물겠네요?

이수정   그런데 에일린은 '관계' 부분도 성립됩니다. 살해 당시 여성 공범이 있었으니까요. 양상은 다르지만 에일린도 관계에 굉장히 의존한 듯합니다.

이다혜　그래서 사이코패스와 경계선성격장애, 양쪽에 다 해당한다고 보는 것이군요. 에일린 워노스는 미국 최초의 여성 연쇄 살인범이라고 불리는데, 그러면 1989년 전까지 적어도 미국에는 여성 연쇄 살인범이 없었다는 의미인가요?

이수정　여성 연쇄 살인범이 물론 있었으나 화제가 되지 않아 몰랐을 확률이 높습니다만 그렇다 해도 여자보다는 남자가 연쇄 살인을 현저히 더 많이 저지르는 것이 사실입니다. 일단 사이코패스는 연쇄 살인과 상당히 관계가 있는 성격 특질인데, 여자보다 남자들 중에 사이코패스가 많습니다.

반대로 여자들은 집착하고 관계적 결핍에 시달리는 경계선성격장애가 많습니다. 이 경우 여성 살인범에겐 죽이는 것 자체가 목적은 아니기 때문에 많이 죽이는 것은 큰 의미가 없습니다. 객관적으로 보아도 살면서 아주 깊은 심리적 유대 관계를 평생 몇 번이나 맺겠어요.

여성 연쇄 살인범이 많이 등장하지 않는 이유는 위와 같이 여자가 여러 번 사람을 죽일 때의 이유와 남자가 여러 번 사람을 죽일 때의 이유가 본질적으로 다르기 때문입니다.

이다혜　범인이 여성이라는 사실 자체를 반전으로 삼는 스릴러 작품들이 꽤 있는데요, 이를테면 뛰어난 여성 킬러인데도 처음에 젊고 아름답고 백치미로 등장시키는 식입니다. 그러면 사람을 죽이기까지 할 인물로는 보이지 않는다는 이유로 의심 선상에서 제외됩니다. 같은 사건이라 하더라도 여자가 연루되면 오히려 사람들이 덜 의심하는 경향이 있나 하는 생각을 하게 됩니다.

이수정　외관상의 특징에 현혹될 수도 있죠. 수사관들이 범죄자를 검거할 때도 인상이 중요한 역할을 하는 것은 사실이니까요. 그러니까 일종의 후광 효과처럼 잘생기고 깨끗하고 자기 관리 능력이 뛰어나고 예의 바르면 '아, 이 사람이 아닌가?' 하는 생각을 하게 되고, 온몸에 문신을 하고 술 냄새를 풍기면서 욕설을 하면 증거가 없어도 '아, 이 사람 맞나 보다.' 하고 추측하게 되는 식입니다. 그래서 그런 주관적인 인상으로부터 벗어나 합리적으로 사고할 수 있어야 한다, 선입견으로부터 자유로워져야 한다는 교육과 훈련을 수사관들에게 계속 시키죠. 그럼에도 불구하고 쉬운 일은 아닙니다.

이다혜　인상도 사회화 과정 중에 얻는 일종의 빅 데이터입니다. 인상과 그 사람의 성격, 성향 일치 여부를 경험적으로 알게 되는 부분이 있고, 거기에 사회적 편견이 더해지는 식인데요, 결과적으로는 그 사람이 실제로 한 행위와 관계없이 선입견으로 상대를 판단할 수도 있겠네요.

여러 사람을 죽인 범죄자와 연쇄 살인범, 이 둘의 차이는 뭘까요?

대량 살인과 연쇄 살인

이수정　한 번에 여러 명을 죽이면 흔히 대량 살인이라고 하고 우순경 사건*처럼 총을 들고 나니면서 연달아 사람을 죽이면 연속 살인이라고 합니다. 연쇄 살인은 사건 중간에 냉각기가 있어요. 이 냉각기가 어떤 사람은 일주일일 수도 있고, 어떤 사람은 한 달일 수도 있고 제각각 다릅니다. 보통은 자극 추구 욕구가 점점 심해지기 때문에 냉각기가 점점 짧아지는 것이 일반적입니다.

연쇄 살인범 중에 특이했던 경우로는 강호순*을 들 수 있습니다. 강호순은 주로 겨울에만 여자를 죽였기 때문에 냉각기가 거의 10개월 정도였는데요, 그렇게 오랜 기간 살인 충동을 억제하는 것이 생각보다 쉽지 않은 것으로 알려져 있습니다. 그런 면에서 강호순은 굉장히 머리가 좋거나 추가적인 어떤 특이성이 있을 것이라고 다들 생각했습니다.

우순경 사건

1982년 4월 26일 경상남도 의령군 경찰서 소속 현직 순경이었던 우범곤은 총기를 난사하여 총 95명의 사상자를 냈으며 이는 한국에서 단시간 사람을 가장 많이 죽인 사건으로 남아 있다. 그는 동거인과 말다툼을 벌인 뒤 오후 7시 30분에 예비군 무기고에서 카빈총 2정, 실탄 129발, 수류탄 6발을 들고 나와 우체국에서 일하던 전화 교환원을 살해하여 외부와의 통신을 두절시키고 4개 마을을 돌아다니며 총을 쏘고 수류탄을 터뜨렸다. 자정이 지난 무렵에는 총기 난사를 멈추고 한 가정집에 들어가 일가족 5명을 깨운 뒤, 4월 27일 새벽 5시경 수류탄 2발을 터뜨려 자폭했다. 이 사건으로 주민 62명이 사망했으며, 33명이 중경상을 입었다.

이다혜 일단 자기 제어력이 강하다고 볼 수 있겠네요. 혹시 겨울에만 사람을 죽여야 할 어떤 이유가 있었던 것 아닐까요?

이수정 겨울에 피해자를 유인하기가 쉬웠던 것도 이유 중 하나로 보입니다. 강호순의 주요 범행 수법이 호의 동승인데 주로 온도가 급강하해 몹시 추운 날, 차로 여자를 납치했습니다. 그러니까 피해자 변수가 있었던 거죠.

강호순은 여러 번 결혼을 했지만 사이코패스라 신뢰 관계를 맺기가 어려웠고 아내들도 결국 다 떠났습니다. 여성 편력은 심했지만 관계 형성은 잘 되지 않은 겁니다. 그런 유형이 유독 겨울을 지내기 어렵습니다. 겨울은 성탄절도, 설도 있고 가족을 중심으로 실내 생활을 하는 비율이 높아져 더 울적해질 수 있습니다.

이다혜 갑자기 제가 혼자 살고 있다는 생각이……

이수정   아니, 연쇄 살인범이 그렇다는 거죠. 여성들은 좀 다르고요. (웃음)

이다혜   결핍을 더 강하게 느끼는 계절이 겨울인 것 같기는 합니다.

이수정   그래서 강호순도 울적할 때마다 나가서 파트너를 구한 거죠. 요즘이라면 채팅 앱을 통해 집으로 유인했겠지만 그때는 직접 나가야 했습니다.

이다혜   '호의 동승'은 이를테면 차가 잘 다니지 않는 길에서 "차 태워 드릴까요?"라고 말해 동승시키는 것이죠. 예를 들어 날씨가 몹시 춥거나 안 좋은 날 정말 막차가 끊겨서 집까지 갈 방법이 없다면 낯선 차량의 호의에 "큰길까지만 태워 주세요."라며 방심할 수도 있을 듯합니다.
　　호의 동승으로 피해자를 유인하는 범죄자들은 사람들에게 신뢰감을 주기 위해 자기를 잘 꾸미는 경향이 있다고요.

이수정   맞습니다. 강호순은 피해자를 유인하러 나갈 때마다 양복을 입고, 표준어를 사용하고, 스킨 냄새를 풍기면서 사람들의 경계심을 허물곤 했습니다. 그러니까 이른바 후광 효과라는 것은 분명히 있고, 사람들은 후광 효과 때문에 어떤 형태로든 실수를 많이 합니다.

이다혜   근대화 및 도시화로 익명성이 보장되면서 일어나기 시작한 것이 연쇄 살인이라는 말을 들은 적이 있습니다. 그 이전에는 옆집의 숟가락 개수까지 다 알 만큼 서로의 근황을 잘 알았기 때문에 무슨 일이 생기면 용의자도 범인도 뻔했다는 겁니다. 그런데 근대화 및 도시화가 진행되면서 옆집이나 아랫집에 누가 사는지도 모르고, 오늘 들어온 사람이 내일 나가기도 하는 상황이 이어지면서 이웃들 얼굴도 서로 모르고 살다 보니 연쇄 살인이 일어나기가 훨씬 더 쉬워 졌다는 주장입니다.

이수정　　실제로 사회의 구조적 해체와 현대판 범죄 유형의 출현에 는 매우 밀접한 연관성이 있습니다. 한국의 상황을 보면 2010년 이전 까지는 옛날 방식대로 바깥에서 여성을 물색하고 납치하는 오프라 인 범죄가 주를 이루었지만 요즘은 모든 범죄가 온라인에서 이루어 지고 있어 실시간으로 여자를 유인할 방법이 너무나 다양합니다. 더 군다나 이게 유인인지 아닌지도 알 수 없는 형태로 변질되어 있어 굉 장히 위험하죠.

저는 요즘 미성년자들이 채팅 앱으로 얼마나 유인이 되는지, 그런 앱이 얼마나 만연해 있는지, 성인 인증 절차가 얼마만큼 허술한지를 연구하고 있는데요, 예를 들어 아이폰은 성인 인증도 안 합니다. 허 술하지 않은 척하지만 극도로 허술한 하드웨어가 있습니다.

채팅 앱을 다운로드하고 "16세 가출 청소년입니다. 오늘 잘 곳이 없 어요." 이렇게 올리면 순식간에 수백 명이 달라붙고 댓글이 1000개 이상 달리는 데에 하루도 채 안 걸립니다. 제가 회의를 하는 중에도 쉼 없이 휴대폰의 알림음이 울립니다. 밤이고 낮이고 시간대도 가리 지 않습니다. 다 성매매 접근일 텐데 실제로 글을 올리는 청소년들 중에는 성매매를 의도하지 않고 글을 올리는 경우도 많습니다. 그런 경우 성폭력 피해가 일어날 개연성이 굉장히 높고, 만에 하나 살해되 어 증발한디 헤도 찾기가 어렵습니다.

시행 앞둔 디지털 범죄 '위장 수사'

이다혜 　첫 녹음에서 영화 「사바하」를 다룰 때도 이 이야기를 했던 기억이 납니다. 영화에 나오는 쌍둥이 중 한 명은 조부모에게 거의 방치된 상태에서 자라고 있습니다. 이 아이의 유일한 탈출구는 채팅 앱을 통해 남자들과 이야기하는 것으로 그려집니다. 그리고 결국 그렇게 알게 된 사람과 오프라인에서 만나려고 집을 나갔다가 납치되는데요, 유인을 하는 입장에서는 너무나 손쉬워 보였습니다.

이수정 　그런데 만약 연쇄 살인의 의지가 있는 여성이 채팅 앱에 16세 가출 여학생이라고 거짓말을 올려서 남자들을 유인해 하나씩 죽여 나간다면 그것은 또 어떻게 찾겠습니까. 그러니까 에일린 워노스의 범죄 행각이 만약에 온라인으로 옮겨 간다면 살해 구현 가능성이 훨씬 크고 용이해져 사태가 심각해질 것입니다. 휴대폰을 버리면 증거가 없어지니까요.
　현재 아동 성 보호를 위해 관련 서버에도 책임을 물을 수 있도록 법을 개정하려고 하는데, 관련 산업을 위축시킨다는 이유로 이 사안을 가장 반대하는 정부 부처가 과학기술정보통신부입니다. 그동안은 함정 수사도 허용되지 않았지만 여러 노력 끝에 경찰에게 디지털 '아동·청소년 성 착취물'에 위장 수사를 허용하게 하는 내용을 골자로 한 「아동·청소년의 성 보호에 관한 법률 개정안」이 지난 2월 26일에 국회에서 가결됐습니다. 앞으로 관련 수사가 어떻게 달라질지 지켜봐야겠죠.

이다혜 　이 영화에서 에일린 워노스는 자신을 강간했거나 강간하려던 사람들을 죽였다고 주장합니다. 첫 번째 살인은 우발적으로 보입니다. 에일린이 매춘으로 돈을 벌기 위해 히치하이킹을 이용해 이동하려는데 남자가 갑자기 가학적인 방식의 성행위를 강요하고 폭행하자 저항하다가 살인으로 이어집니다. 이런 경우라면 자신을 보호하기 위한 방편이었다고 할 수 있겠죠.

하지만 그렇지 않은 살인도 있었습니다. 처음에는 우발적으로 시작했을지 모르지만 연쇄 살인이 이어지면서 상황이 달라집니다. 심지어는 자기를 순수하게 도와주려는 사람까지 죽이는데, 그럼에도 이 영화는 에일린 워노스가 그렇게까지 쾌락 살인자는 아니었으리라는 식으로 묘사하고 있습니다. 여성 연쇄 살인범과 남성 연쇄 살인범의 가장 큰 차이점은 뭐라고 보시나요?

이수정 여성이든 남성이든 연쇄 살인을 저지르는 사람들은 일단 자신이 삶과 죽음을 관장하는 절대적인 권위자라고 생각합니다. 마치 신이 된 것 같은 전능감을 느끼는 거죠. 가장 많은 피해자를 낸 연쇄 살인범 중엔 의사나 간호사들도 많습니다. '너희 같은 존재는 살아 봤자 가치가 없다.'라며 보호자가 제대로 찾아오지 않는 치매 환자들을 수백 명 죽인 여자 연쇄 살인범도 있어요. 이 경우도 간호사였습니다. 다만 남자는 성적 살인에 해당하는 살인을 많이 저지르고, 여자는 그렇지 않다는 점이 다르죠.

이대혜 성적 살인이라고 하면, 죽이는 행위에서 성적 쾌락을 얻는다는 뜻인가요, 아니면 실제로 강간을 한다는 뜻인가요?

이수정 실제로 강간을 하는 경우들이 많습니다. 일반적인 강간

이 아니라 여성의 신체 일부를 트로피 삼아 모은다든가 하는, 성적 희열을 느낄 수 있는 추가적인 행위를 하는 경우도 있고요. 다만 그런 종류의 자극적이고 가학적인 행위에서 희열을 느끼는 여성 연쇄 살인범은 본 적이 없는 것 같습니다.

이다혜   드라마나 영화를 보면 살인범이 피해자들이 갖고 있던 장신구들을 모아 놓는다거나, 머리카락을 모은다든가 하는 장면들이 자주 나옵니다.

이수정   여자 연쇄 살인범들도 일종의 트로피처럼 수집을 해 놓을 수는 있습니다. 다만 그 수집 행위에 성적인 의미가 별로 없다는 점이 다를 뿐이죠. 반면에 남자 연쇄 살인범들은 성적인 의미가 있는 트로피를 선호합니다. 예를 들어 여성들의 속옷을 모아 놓는다거나, 매니큐어 칠한 손톱을 모아 놓는 식인데 그게 다 성적인 의미가 있는 것들이거든요.

제가 보기에 여자 연쇄 살인범은 배우자를 죽이는 경계선성격장애 살인범도 있지만, 그것보다는 보험금을 받기 위해 죽이는 보험 살인 쪽이 많은 듯합니다. 보험은 가족이 아니면 아무 소용이 없잖아요. 그러니까 대부분 가족을 죽이는 선택을 합니다.

이다혜   「몬스터」도 지금 말씀하신 것과 일맥상통하는 데가 있는데, 에일린 워노스의 살인도 돈을 벌어야 하는 상황에서 일어납니다. 가진 것 없고, 배운 것 없는 에일린이 돈을 벌 수 있는 방법은 매춘이 유일합니다. 고속도로나 길가에서 히치하이킹을 해 차에 탄 다음 남자에 사신을 보여 주죠. 자기 아이들이 먼 데 살고 있고 아이들을 만나러 가기 위해 돈이 필요하다고 이야기하면, 남자들이 매춘 제안을 눈치채고 얼마면 되겠느냐며 흥정을 시작하는 식입니다.

에일린 워노스는 셀비라는 여성과 사랑에 빠진 뒤 돈이 필요해지자 매춘을 계속합니다. 사랑에 빠졌으니까 매춘을 그만두는 게 아니라 오히려 그 사랑을 지키는 데 필요한 돈을 얻기 위해 매춘을 계속합니다.

영화에서 보면 매춘으로 벌 수 있는 돈이라고 해도 고작 10달러, 15달러, 20달러 정도밖에 안 됩니다. 원하는 만큼 돈을 벌기 위해서는 하루에도 굉장히 여러 명의 손님을 상대해야 하는데, 그것이 여의치 않은 상황에서 사람을 죽이면 지갑을 통째로 가져올 수 있다는 생각을 하게 됩니다. 지갑 속에 얼마가 있든 간에 자기가 받기로 했던 화대보다는 많은 거죠. 그렇다면 에일린은 살인 자체가 목적이라기보다 말씀하신 보험 살인과 어느 정도 비슷한 듯합니다.

학습된 폭력과 학교 폭력

이수정　맞습니다. 여성이었기 때문에 그런 종류의 살인을 한 것이죠. 같은 조건에서 만약 남성이었다면 강간 살인을 했을 겁니다. 매매춘을 통해 만난 상대를 강간하고 죽이는 식으로 말입니다. 그런데 에일린은 성관계에서 느끼는 만족감은 없고, 동성 애인과의 관계가 훨씬 중요했기 때문에 그 관계를 지키기 위해서 매춘을 하다 살인으로 이어진 것이잖아요. 그러니 성격이 다르죠. 실제로 여자가 살인할 때와 남자가 살인할 때는 동기도 약간 다르고, 범행 수법을 포함해 여러 취사 선택에 차이가 있습니다.

이다혜   성별에 따라 폭력과 맺는 관계가 다르기 때문에 살인에서 쾌락을 느끼는지의 여부도 차이가 생긴다고 볼 수 있을까요?

이수정   어느 정도 관련이 있을 듯합니다. 상대를 제압하고 통제하고 내 마음대로 다루는 데서 오는 쾌감을 학습했다면 남자든 여자든 마초적 욕망 구조가 생길 수 있겠죠. 아무래도 여자는 좀 덜하겠지만요.

이다혜   학습을 통해 폭력에서 쾌락을 느낄 수 있다는 것이 이상하게 들립니다.

이수정   사실 우리는 생물학적 쾌락 이외에 많은 즐거움을 후천적 학습으로 배웁니다. 매번 무시당하던 남자가 처음으로 성폭행을 하고, 여자가 싹싹 빌면서 무릎을 꿇고 살려 달라고 애원하는 모습을 보며 느끼는 쾌감이 있다는 것입니다. 전에도 이야기했지만 성범죄자들 중에 발기부전이 많습니다. 발기가 안 되던 중 지배감, 전능감을 통해 남성성을 회복하는 경험을 하는 것입니다. 그 쾌감 때문에 범행을 반복하는 거죠.

이다혜   그러면 혹시 갑질도 학습화된 폭력이라고 볼 수 있을까요?

이수정   관계가 있습니다. 처음부터 갑으로 태어나는 사람은 없잖아요. 처음에는 모두가 힘없는 어린애일 뿐인데 어느 시점부터 아이들이 자기를 우러러보고 자기 앞에서 꼼짝도 못하고 벌벌 떠는 모습을 보는 데서 오는 갑으로서의 느낌, 지배감 등을 알게 되는 것입니다.

학교 폭력도 돈을 뜯는 행위보다 지위를 획득하는 것이 가장 큰 보상으로 여겨진다고 합니다. 그래서 가해 학생들이 군림하는 감각, 지배감을 강화시키는 행동을 반복하게 하면 안 됩니다. 주변에서 다 같이 무시하는 게 제일 좋은 약이에요. 아무리 폭력적으로 굴어도 너는 불량 학생일 뿐이고 아이들도 너를 떠받들려는 게 아니라 회피하는 것뿐이라는 사실을 보여 줘야 합니다. 물론 쉽지는 않습니다.

이다혜　내가 맞는 상황에서는 나를 때리는 사람을 무시하기가 어렵잖아요. 지금 말씀하신 내용을 들어 보니 아이들이 맞고 때리는 걸 뻔히 보면서 폭력을 무시한다는 것이 쉽지 않을 것 같습니다.

이수정　그래서 나름대로 협동이 필요합니다. 온 마을이 합세해서 악당을 내쫓는 연대감의 형태로요.

이다혜　사실 이 가해 학생도 결국 학교가 보듬어야 할 학생입니다. 여기에서부터 모든 고민이 출발한다고 생각합니다. 악당이라며 내쫓아서 될 문제가 아니잖아요.

이수정　학교를 그만두게 한다기보다 힘의 구조에서 쫓겨나게 만들어야 합니다. 원래는 선생님을 중심으로 위계가 존재하는데 갑자기 선생님보다 더 센 학생이 온 셈이잖아요. 선생님이 아니라 일진이 지배하는 세상이 되어 버린 상황입니다. 그러니까 선생님을 중심으로 친시회적인 위계가 형성되도록 힘의 균형을 다시 맞춰야 합니다.

모두가 인내심을 가지고 전략적으로 아이를 돌보아야 하는데 학

교 폭력 가해자들을 고민 없이 학교 밖으로 내쫓아 버리는 것이 문제입니다. 학교 분위기 전체를 바꿔 주지 않고 문제아를 내쫓아 버리면 제2의 일진, 제3의 일진이 등장하고 결국 아무 의미도 없습니다.

'묻지 마 범죄'라는 말의 문제점

이다혜 연쇄 살인범에게도 살인을 시작하는 계기가 있지 않을까요? 언젠가 사람을 죽여야겠다고 생각하고 살아온 것은 아닐 듯합니다. 살인을 유발하는 일련의 환상이라든지, 트리거가 되는 사건이 일어나 연쇄 살인이 시작되는 것은 아닐까 싶은데 어떤가요?

이수정 트리거가 되는 사건은 사람마다 다 다릅니다. 어떤 사람은 자기를 무시하는 상대가 트리거가 되고, 어떤 사람은 무력한 여성을 상대로 폭력적으로 성적 욕망을 채웠는데 그것이 은폐되고 처벌받지 않는 것을 경험하며 학습하기도 합니다. 보험 살인범도 처음에 보험금이 이렇게 쉽게 들어오는구나 하는 것을 경험하면 다음에는 더 적극적으로 보험금을 받기 위해 특약이 있는 보험을 가입합니다. 보험금은 사람이 죽었을 때 가장 크지만, 그다음으로 보험금이 큰 것이 시력 상실이라고 합니다. 한국 여자 보험 살인범 중에 가족을 모두 시각 장애인으로 만들고 죽인 사람도 있어요.

이다혜 에일린 워노스에게는 첫 번째 살인이 트리거인 듯합니다. 앞서 이야기한 깃처럼 매춘을 하려다 상대가 굉장히 가학적인 방식으로 폭력을 행사하자 자기를 구제하기 위해 총을 쏘는 과정에서 첫

번째 살인이 일어났습니다. 이런 우발적 살인이 트리거가 되어 연쇄
살인범이 되기도 하나요?

이수정   충분히 가능합니다. 여성의 경우에는 다양한 사건에서
이러한 방어적 공격성을 볼 수 있습니다. 애당초 공격적인 행위를 해
야겠다고 마음먹고 시작하는 것이 아니라, 어떤 돌발 상황 끝에 내
생명을 내가 보호해야겠다는 본능에 의해 상대를 공격해서 사망에
이르게 하는 경우가 많습니다.

이때 즉시 검거되면 다행인데, 사건이 덮이면 그 과정 중에 어떤
조건에서는 범죄가 들키지 않는다는 것을 학습하게 됩니다. 어차피
성 매수 남성도 주변에 알리고 성매매를 하지 않기 때문에 쥐도 새
도 모르게 고립된 공간으로 유인하면 돈을 다 뺏을 수 있겠구나 생
각하면서 더 적극적으로 나설 수도 있는 거죠. '이것들은 죽어도 싸.'
라는 가치 판단도 할 거고요.

이다혜   두 번째 살인부터는 양상이 달라집니다. 성 매수 남성이
돈을 주면서 성관계 중 자기를 아빠라고 불러 달라고 하자 에일린 워
노스가 가방에서 총을 꺼내 아이를 괴롭히는 변태라고 소리를 지르
며 총을 쏩니다. 첫 번째 살인이 자기방어를 위한 어쩔 수 없는 선택
이었다면, 두 번째부터는 분노를 동반한 복수나 처벌의 의미가 굉장
히 강해집니다.

이수정   그 분노는 그 남자에 대한 분노만이 아니라 10대 때부터
자기가 당했던 성폭력에 대한 누적된 분노가 살인으로 전이됐다고
봐야 할 겁니다.

이다혜   이렇게 되면 자기를 가해했던 사람이 아니라 엉뚱한 사람에게 분노를 푸는 식이 되잖아요.

이수정   살인범들 중에 그런 사람이 많습니다. 정말 죽이고 싶은 사람은 자신을 괴롭혔던 아버지라든가 돈이 있는 사람, 사회적 지위가 높은 사람, 저명한 사람, 이런 강자들인데 그들에게는 접근하기조차 힘들죠. 그러니까 만만한 사람에게 화풀이성으로 흉기 난동, 이른바 '묻지 마 범죄'를 저지르는 것입니다.

이다혜   그런데 정말 '묻지 마 범죄'라면 성별이든 연령대든 랜덤하게 피해자를 골라야 하는데, 결과적으로 약해 보이는 젊은 여성이나 나이 든 여성이 피해자가 되는 경우가 많지 않습니까.

이수정   그렇죠. 안인득* 사건에서 다섯 명이 살해됐는데 안인득이 원래 죽이려고 했던 두 명의 미성년자와 그들의 보호자 외에 할아버지 한 분이 이유 없이 살해당했거든요. 그 할아버지가 젊고 건장한 청년이었다면 안인득이 과연 공격했을까 의심하지 않을 수 없습니다. 그러니까 범죄자들도 피해자의 방어 능력, 내가 반격을 당할 가능성 등에 대한 합리적인 판단을 마지막까지 하는 셈입니다.

이다혜   흔히 '묻지 마 범죄'라고 하면 범죄자가 범죄 순간 눈에 보이는 게 없다는 식으로 이야기하지만 사실은 그렇지 않다는 거죠. 그러니까 '묻지 마 범죄'라는 말은 옳지 않아 보입니다.

이수정   그리고 사실 무동기도 아닙니다. '너네도 한번 당해 봐라.' 하는 강력한 동기가 있는 셈인데 무동기라고 말하는 것도 이상한 일입니다.

연쇄 살인과 중독 사이클

이다혜   두 번째 살인을 마친 다음에 에일린 워노스가 차 밖으로 나가 담배를 피우는 장면이 있습니다. 범죄심리학적으로 보면 두 번째 살인부터 에일린 워노스가 연쇄 살인범의 면모를 갖추었다고 볼 수 있을까요?

이수정   그런 이완의 단계가 있습니다. 이완 단계에서 느끼는 충족

226

감도 있고요. 유영철*도 살인 이후에는 불면증이 사라지고 숙면했다고 하고요. 어떻게 보면 이완 또한 중독 사이클의 한 부분인 듯합니다.

이다혜   그렇게 생각하면 살인할 때의 쾌감도 중요하지만 그 이후 경험하는 안정감이나 만족감이 오히려 살인을 하는 직접적인 요인이 될 수도 있겠네요.

유영철

2003년 9월부터 2004년 7월까지 서울에서 부유층 노인 등 9명과 성매매 업소 여성 11명, 모두 20명을 살해한 연쇄 살인범. 2004년 7월 15일 검거되어 2005년 6월 대법원에서 사형을 확정 받고 현재 서울구치소에 복역 중이다. 유영철을 체포하는 과정에서 주먹구구식으로 이루어져 왔던 한국의 범죄 수사가 체계를 갖추고 과학 기법을 적극 도입하게 되었다. 2008년 나홍진 감독의 영화 「추격자」의 모티프이며, 많은 사람들이 프로파일러의 길을 걷는 동기가 되기도 했다.

이수정   그 며칠의 기간이 냉각기인 셈입니다. 살인을 쉬는 것이 아니라 살인 이후의 만족감을 만끽하고 있는 것입니다. 그러다가 다시 심리적 저하가 오면 나가서 정신없이 먹잇감을 찾는 데 몰두합니다.

이다혜   그렇게 생각하면 앞서 말씀하신 10개월 정도의 냉각기는 엄청난 것이네요.

이수정   그래서 강호순이 보통 사람이 아니라는 겁니다.

이다혜   연쇄 살인범이라고 하면 범행에 자기만의 특징이나 체계를 갖고 있다고들 하잖아요. 시그니처가 있어서 연쇄 범죄인지 아닌지를 판단하는 근거로도 쓰인다는데, 이런 독특한 특징이 처음에는 흐릿했다가 범행이 지속되면서 점점 분명하게 자리를 잡는다고 들었습니다.

이수정   꼭 그런 건 아닙니다. 비교적 일관성을 유지할 수 있는 능력이 되는 자들, 어떤 욕망이 일정한 자들의 경우에 해당하는 말입니다. 성적 살인은 직접 수행할 수 없을 때 자신의 성적 판타지를 충족시키기 위해 모은 기념품 같은 것으로 연상을 하며 위기를 넘기기도 합니다. 그러나 그런 시그니처가 없으니 연쇄 살인이 아니라고 판단하는 것은 아닙니다.

이다혜   그렇다면 연쇄 살인을 확인하는 방법이 따로 있나요?

이수정   어떤 방법이 있는 것은 아닙니다. 연쇄 살인에는 보통 냉각기가 있는데 냉각기가 딱 정해진 것은 아니고 모든 조건이 맞을 때까지 기다리는 거죠. 그런 게 일반적으로 연쇄 살인인 것이고요. 앞서 이야기한 대로 제정신이 아닌 상태가 돼서 총을 들고 나가 사람을 마구 쏴 죽이는 경우는 정신에 문제가 있는 사람들이 많죠. 그러니까 집중력을 유지하면서 일정 기간 동안 냉각기와 살인을 반복하고,

그사이에 또 피신도 하고 증거물도 없애야 하기 때문에 예컨대 조현병 환자는 연쇄 살인범이 될 수 없습니다.

이다혜　범행이 끝난 다음에도 현장을 컨트롤하면서 자기가 뒷정리를 할 수 있어야 하는데 그게 안 되는 사람은 연쇄 살인범이 될 수 없겠네요.

그리고 폭력 사건의 피해자였던 사람이 가해자로 전환되는 경우를 많이 보게 되는데요. 이럴 때 보통은 자기보다 약한 사람을 피해자로 물색하곤 하는데 에일린 워노스 같은 경우는 자기보다 강한 상대인 남성들을 범행 대상으로 삼습니다.

이수정　이것은 경계선성격장애의 특징입니다. 경계선성격장애는 관계가 중요하기 때문에 나를 학대하거나 성폭행했던 자들에게 복수하듯이 욕구가 형성되죠.

이다혜　범행이 용이한가 아닌가는 중요하지 않다는 거죠?

이수정　물론 그중에서도 용이한 사람이 있겠죠. 그런데 죽이는 것 자체가 목적은 아니라는 뜻입니다.

적대감이 쌓이면 결국 범죄 동기가 된다

이다혜　영화는 사회가 에일린을 연쇄 살인범으로 만들었다는 식의 뉘앙스로 진행됩니다. 어릴 적부터 어른들에게 보호받기는커녕 성적으로 착취당했고, 굉장히 어린 나이에 임신과 출산을 했고, 아이를 입양 보내는 과정도 있었고요. 법과 제도도 에일린의 편이 아니라는 것입니다.

새롭게 일을 시작하려고 해도 제대로 된 직업을 구할 수가 없었습니다. 구직이 잘 되지 않는 상황에서 지나가던 경찰이 에일린을 차에 태웁니다. 이 경찰은 에일린이 매춘부라는 걸 알고 있고 그래서 은밀한 곳에 데려가 성행위를 강요하는데, 이 장면이 에일린 워노스의 삶을 굉장히 잘 보여 주는 듯합니다. 이런 설정은 관객들이 에일린을 이해하고 이입하도록 만든 영화적인 설정인지, 아니면 범죄학적으로도 충분히 개연성이 있는 설정인지 궁금합니다.

이수정   저는 충분히 개연성이 있는 설정이라고 봅니다. 이런 형태의 일들이 한국에서 늘고 있다는 점도 중요하고요. 실제로 이와 비슷한 경험을 한 여자아이들이 소년원에 많습니다. 길거리에서 조건 만남 피해를 당하고, 오갈 데도 없는데 가정은 다 해체됐고, 남자들은 착취만 하고, 앱만 열어도 유인하는 댓글이 쏟아지고, 그런 와중에 임신과 출산을 합니다. 오늘 자 《중앙일보》에 작년에 영아를 살해 및 유기한 사례가 150건 이상이라는 기사가 실렸습니다. 현실이 이렇습니다.

그런 경험을 하고 소년원에 온 아이들은 눈빛부터 다릅니다. 학대 당한 개를 우리 안에 잡아 두면 사람 눈을 제대로 못 쳐다보잖아요. 사람을 경계하고 구석에 처박혀서 하루 종일 침만 흘리죠. 그런 모습의 아이들이 대부분 영양실조 상태로 소년원에 옵니다. 그런 아이들을 안전한 데서 먹이고, 재우고, 괴롭히지 않고, 성적으로 학대하지 않으면서 한 달 이상이 지나면 혈색이 돌아옵니다. 그러나 아직 시선은 안 돌아와요. 한 3개월쯤 헌신적인 노력을 하면 그제야 얼굴을 들고 사람 얼굴을 바라봅니다. 그게 회복 과정입니다.

꽹장히 많은 아이들이 위험에 노출돼 있지만 그중에 운 좋은 아이들 200명 정도만이 소년원에 들어와 구제됩니다. 그러면 나머지 수만 명은 어떻게 해야 할까요. 최근 7개월 아이를 방치했다가 사망에 이르게 한 사건이 있었는데, 아기의 엄마가 18세, 아빠가 20세입니다. 그런 가정이 점점 늘어날 거예요.

15세 무렵부터 성매매 산업에 뛰어들어 임신과 출산을 반복한 여자아이는 성인 남자들이 너무 무서우니까 자기 또래의 남자와 동거를 시작합니다. 성매매 후 돈을 준다고 해 놓고 주지 않거나 폭력을 행사하는 사람도 너무나 많습니다. 또래와 동거를 하면 그런 위험에 나를 노출시킬 필요가 적어지는 거죠.

이다혜 영화에도 약속한 화대를 주지 않고, 그 과정에서 때리는 장면이 있습니다. 영화 초반에는 에일린이 그나마 인간적인 관계를 맺고 있는 사람이 등장하는데, 그 장면이 참 인상적입니다.

집이 없어 짐을 창고에 보관하고 있는 에일린이 어느 날 창고에 짐을 꺼내러 갑니다. 창고 관리인인 남자 노인이 와서 잘 지냈느냐고 물어보자 에일린이 보관비를 못 내 미안하다며 다음에 꼭 주겠다고 말합니다. 그러자 노인이 돈 때문에 그런 게 아니고 네가 잘 지내는지 궁금한 것뿐이라며 먹던 샌드위치를 나눠 줍니다. 그런데 그걸 받아먹으면서 너무 고마운 마음에 에일린이 "한번 해 드릴까요?"라고 말합니다. 에일린이 알고 있는 보답 방법은 성매매밖에 없고, 돈을 벌 수 있는 방법도 싱매매밖에 없는 겁니다.

예를 들어 저는 글 쓰는 일을 하니까 항상 돈을 원고지 매수로 계산하거든요. 10만 원이면 원고지 10매, A4 용지 한 장 정도라서 원고를 쓸 때 '오늘은 20만 원을 벌었군.' 이런 식으로 계산을 하는데요, 에일린은 예컨대 오늘 4명을 상대로 성매매를 하면 10만 원이 생긴다는 식으로 생각합니다. 문제는 변수가 너무 많다는 점인데, 돈을 안 주거나 폭력을 행사하는 남자들이 많기 때문입니다.

이수정　그런 경험을 반복하다 보면 적대감이 쌓이고 범행 동기가 됩니다. 가끔 검찰이나 법원에서 피고인들에 대한 심리 분석을 요청하는데요, 그러면 피고인의 인생사를 보면서 그의 입장으로 세계관을 이해하는 것부터 분석이 시작됩니다. 그 사람의 범죄 동기를 알려면 그의 세계관을 이해해야 하거든요. 지금 말씀하신 대로 사람은 누구나 본인의 경험에 준해서 세상을 이해하기 때문입니다.

"한번 해 드릴까요?"라는 말 안에 함축된 에일린의 과거가 결국 미래의 선택을 결정하는 것입니다. 그 사실을 이해해야 좀 더 정확한 범행 동기를 알 수 있고, 동기를 이해해야 왜 죽였는지를 알 수 있습니다. 에일린의 경우 어릴 때 학대받았던 것, 성폭력 피해를 입었던 것 등이 주요한 범행 동기가 된 셈입니다.

아이들이 우리의 미래다

이다혜　에일린은 셀비라는 동성 애인을 만난 직후부터 폭주하듯 범죄를 일으킵니다. 이전까지 에일린은 항상 남성하고만 성적 관계를 맺었는데, 셀비를 만나면서 처음으로 동성 애인과 관계를 갖게 됩니다.

보통은 사랑에 빠지면 더 나은 사람이 되려고 하는데, 셀비와 에일린의 관계는 굉장히 분열적입니다. 셀비는 자기가 수입이 없기 때문에 에일린에게 돈을 벌어 오라고 합니다. 그러니까 에일린의 입장에서는 매춘을 하지 않을 수 없고, 매춘으로 원하는 만큼 돈을 벌 수 없으니까 살인을 저지르기 시작합니다.

이수정　그 대목이 이 영화의 냉소적인 지점이라고 생각합니다. 마초적 사회에서 피해를 심하게 당한 자가 사랑에 빠진 후 결국 마초적인 선택밖에 할 수 없는 아이러니를 보여 줍니다. 이 역시 개인의 선택은 개인의 경험에 기인하기 때문에 경험 이외의 것을 습득하는 건 불가능합니다. 그러니까 배운 것도 없고 돈을 벌 수 있는 다른 방법도 모르는 이 여자의 입장에서는 자기에게 피해를 줬던 그 마초처럼 행동해 사랑하는 사람을 지키는 방법을 선택하는 거죠.

만약 이런 순간에 복지 제도가 있다면 상황이 달라질 것입니다. 두 여자가 만나서 비행도 불법도 저지르지 않고 어떻게든 합법적인 테두리 내에서 자생하고 싶을 때 구조의 경로를 제공하면 복지 사회인 거고, 너희들끼리 알아서 약육강식의 세계에서 살아남으라고 방치하면 후진국인 것이지요.

지금도 길거리에서 착취당하며 성매매에 노출되고 있는 청소년들이 자활을 이런 식으로밖에 할 수 없다면 정부의 존재 이유는 없습니다. 국회에서 상영해야 할 영화는 한류 영화가 아니라 바로 이런 메시지를 일깨우는 영화입니다. 결국 아이들이 우리의 미래인데, 정치인들은 미래에 별로 관심이 없는 듯하여 아쉽습니다.

이다혜　저출생 이야기를 많이 하지만 이런 상황에서 누가 아이를 낳겠습니까. 출산 장려에 앞서 태어난 아이들을 어떻게 돌볼지 더 많이 고민해야 하지 않을까요. 곧 성인이 될 가출 청소년들이 맞닥뜨린 현실이 이렇다면, 그들이 한 명의 건실한 사회인이 되고 아이를 낳기를 기대할 수 없지 않나 싶어요.

이수정 예전에는 정말 힘들게 사는 가정의 아이들, 해체된 가정의 아이들만 위기에 처해 있었다면 지금은 그렇지 않습니다. 정말 다양한 경로로 아이들을 유인하는 시장이 형성돼 있기 때문에 이런 시장을 통해서 부모가 다 있는 가정의 아이든 중산층 가정의 아이든 위기에 빠질 수 있습니다. 관련 산업이 위축된다며 이런 환경을 방치하고 법을 개정하지 않는 일부 정부 부처는 정말 미래를 팔아먹고 있다는 것을 알아야 합니다.

이다혜 마지막으로, 만약 셸비가 생활비를 벌었다면, 그래서 에일린에게 성매매를 종용하면서까지 돈을 더 벌어 오라고 하지 않았다면, 그래서 두 사람이 좀 더 서로를 사랑하면서 보듬을 수 있었다면 에일린은 첫 번째 살인을 어쩔 수 없이 저질렀다고 하더라도 이후에는 살인을 멈출 수 있었을까요?

이수정 에일린은 쾌락을 위해서 살인을 한 것이 아니니까, 죄에 대한 처벌을 받고 셸비가 교도소 뒷바라지를 하는 해피 엔딩이 오지 않으리라는 보장도 없죠. 그러나 앞서 이야기한 대로 당사자들에게만 도덕적 잣대를 들이대는 것은 옳은 일이 아닐지도 모릅니다. 셸비가 생활비를 벌 수 있다는 전제가 성립하는 시대였는지부터 물어야 합니다. 여건이 어렵지만 그래도 복지 제도가 있어서 셸비가 어떻게든 생계를 이어 갈 수 있었다면 사랑하는 사람에게 성매매에 나서라고 하지 않았겠지요.

이다혜 　샬리즈 세런은 이 영화로 아카데미 여우 주연상을 받았는데, 그때 분장과 외모에 관한 흥미로운 논란이 있었습니다. 그녀는 이 영화에서 실제 에일린 워노스와 거의 흡사하게 분장을 하느라 얼굴을 알아볼 수 없을 정도였고, 니콜 키드먼도 「디 아워스」라는 영화로 아카데미 여우 조연상을 받았는데 당시 영국 소설가 버지니아 울프를 연기하면서 코 부분에 보형물을 넣어 원래 얼굴을 알아볼 수 없을 만큼 다른 얼굴로 만들었습니다. 샬리즈 세런은 충분히 연기를 잘하는 배우였는데요, 그럼에도 불구하고 이 정도로 분장하지 않으면 상을 받지 못하는가 하는 식의 논란이었습니다. 여성 배우들의 아름다움을 능력의 일부처럼 판단하고 선호하면서도 그들의 연기력을 인정할 때에는 아름답지 않게 보여야 상을 주는가 하는 지적이었지요.

그리고 마지막 장면에 에일린과 셀비가 전화 통화를 하는 장면이 있는데 그 대목에서 샬리즈 세런의 연기가 정말 훌륭하기 때문에 꼭 직접 보시라는 말씀을 드리고 싶습니다.

조디악

감독 데이비드 핀처 | 미국 | 2007년

1969년 8월 1일 샌프란시스코 지역 신문사 크로니클에 편지 한 통이 배달된다. "친애하는 편집장께, 살인자가 보내는 바요."라는 문장으로 시작되는 이 편지는 지난 2년간 샌프란시스코에서 발생한 두 건의 살인 미수 사건의 범인이 자신이라고 밝히고 있었다. 게다가 편지와 함께 동봉한 암호문을 신문 1면에 싣지 않으면 스쿨버스를 공격하겠다고 협박한다.

어쩔 수 없이 암호문을 신문에 올리고 일주일이나 흘렀을까, 똑같은 필적의 편지가 다시금 크로니클 앞으로 배달된다. "This is the Zodiac speaking." 즉, 조디악 가라사대로 시작하는 살인자의 편지는 자신을 잡지 못하는 어리석은 경찰을 조롱하고 있었다. 그로부터 두 달 뒤, 한적한 호숫가에서 처참한 살인 사건이 벌어지고 샌프란시스코는 끔찍한 공포에 휩싸인다.

이에 크로니클의 삽화가이자 암호광인 로버트 그레이스미스, 간판 기자 폴 에이브리, 샌프란시스코 강력계의 데이비드 토스키와 윌리엄 암스트롱 형사는 각자의 방식대로 조디악 킬러의 뒤를 쫓는다.

이다혜　데이비드 핀처 감독이 연출하고, 제이크 질런홀, 마크 러펄로, 로버트 다우니 주니어가 주연한 2007년 할리우드 영화 「조디악」을 중심으로 남성 연쇄 살인범에 관해 이야기합니다. 「조디악」은 데이비드 핀처 감독에게 거장의 칭호를 안겨 준 작품이기도 하고, 범죄 영화 장르에서 수작으로 꼽히는 영화입니다. 그래서 박사님께서 영화를 어떻게 보셨는지 더욱 궁금합니다.

이수정　재미있게 봤습니다. 굉장히 고전적인 영화로 보여요. 실제 사건에 기반하고 있기 때문에 사건을 영화적으로 어떻게 옮길 것인지 고민한 흔적이 곳곳에서 보였습니다.

이다혜　먼저 '조디악 킬러 사건'에 대해 설명을 부탁드려야 할 것 같습니다.

'내가 범인이다', 범인이 보낸 편지

이수정　꽤 오래된 사건입니다. 1969년에 일어난 사건이라서 연쇄 살인 케이스 중 일종의 표본처럼 취급되기도 하는 사건이고요. 물론 이 사건 이후에도 연쇄 살인은 계속 발생하고 있고, 그보다 훨씬 더 많은 피해자를 사망에 이르게 한 사건들도 많습니다. 이 사건은 그런 사건들에 비하면 피해자 수가 그렇게 많은 편은 아닙니다. 조디악 자신은 37명을 살해했다고 주장했지만 경찰이 확인한 피해자는 총 9명이고 그중 2명은 부상당했으나 살아남았습니다.

이 사건의 핵심은 사건의 실체가 알려지게 된 경위 그 자체인데요, 영화에서 보듯 샌프란시스코 지역 신문사 세 곳에 연쇄 살인범이 편지를 보내면서 사건이 드러나게 됩니다. 자신이 지난 2년간 샌프란시스코 일대에서 두 건의 살인 사건과 살인 미수 사건을 저질렀는데 왜 나를 잡지 못하냐는 내용의 편지였죠. 이렇게 범인이 경찰을 조롱하는 편지를 보내면서 그동안 일어났던 개별 살인 사건들이 사실은 연쇄 살인 사건이었음이 뒤늦게 드러납니다. 범인이 보낸 편지가 "This is the Zodiac speaking.(조디악 가라사대.)" 이렇게 시작되기 때문에 범인은 이후 '조디악 킬러'로 불리게 되고요.

이다혜   그래서 이 조디악 사건은 대중문화에서 친숙한 사건이라는 생각을 하게 됩니다. 보통은 연쇄 살인 사건 범인이 수사 기관이나 언론사에 편지를 보내고 암호문을 짜서 한번 풀어 보라는 식으로 자신을 드러내지는 않잖아요. 이 경우는 범인이 자기를 적극적으로 알리기도 했고, 결국은 해결되지 못한 미제 사건으로 남았기 때문에 지금까지도 호기심을 끌고 있다는 생각이 듭니다.[1]

이수정   그렇죠. 오늘날엔 범인이 이런 식의 시도를 하지 않아요.

---

[1]   2021년 10월 민간 단체 '케이스 브레이커'는 조디악 킬러가 2018년 사망한 게리 프란시스 포스트라고 주장했으나 수사당국에서는 그를 진범으로 인정하지 않았다.

왜냐, 일단 사람들이 더 이상 편지를 쓰지 않는 시대이기 때문입니다. (웃음)

예전에는 범인이 자신의 범행을 내보이고 싶어도 알릴 길이 별로 없었습니다. 미디어가 지금처럼 발달하기 전이었으니까요. 이런 연쇄 살인범들은 자신이 한 행위를 업적처럼 생각하고 과시하고 싶어 하기 때문에 사건이 조용히 덮이는 것이 불만이었을 겁니다. 그래서 결국 신문사에 편지를 보내 왜 나를 못 잡느냐고 조롱하면서 경찰을 일종의 게임 파트너로 취급하는 사고방식을 보여 주죠.

이런 점들을 보면 조디악 킬러는 전형적인 사이코패스였던 걸로 보입니다. 예컨대 수사 기관과 경쟁을 벌일 정도로 굉장히 대담하기도 하고, 사법 제도를 우습게 여기는 초법적 사고를 하는 사람이죠. 이런 초법적 사고의 소유자는 어릴 적부터 범죄를 저질러 온 사람일 개연성이 굉장히 높거든요. 그러니까 이미 다른 전과가 많은 사람일 가능성이 큽니다. 이렇게 범인이 스스로 자신을 내보였는데도 검거하지 못했던 이유는 결국 1960년대 말 1970년대 초에는 과학 수사가 없었기 때문입니다.

과학 수사가 없던 1960~1970년대

이다혜 이 영화에서 제일 답답한 장면 중의 하나는 언론사에 두 번째, 세 번째 편지가 계속 오는데 사람들이 장갑도 안 끼고 돌아가면서 그 편지를 꺼내 읽는 장면들입니다. 「과학 수사대 CSI」 시리즈를 보고 자란 세대로서는 너무 속이 터지고 힘든 장면들이 아닐 수 없습니다.

이수정　실제로 그랬던 시절이니까요. 1960~1970년대엔 증거를 확보할 수 있는 기술이 지금보다 많이 부족했습니다. 사실 편지 봉투를 침으로 붙였다면 당연히 DNA도 있었을 거예요.[2] 요즘은 종이에서 아주 미세한 지문도 추출할 수 있고, 종이 자체를 분석해서 이 종이가 어디에서 판매되었는지도 금방 확인할 수 있고, 필체를 이용한 필적 감정도 가능한데, 당시엔 지금과 달랐죠. 영화에서는 마치 홈스 시대처럼 많은 것들을 직관에 의거해 해결하려 하다 보니 사건이 잘 풀리지 않았을 겁니다. 영화가 지난 시대를 충실히 재현한 셈입니다.

이다혜　말씀해 주신 것처럼 당시는 편지를 쓰는 시대였기 때문에 범인이 편지로 자신의 범행을 고백했지만, 요즘 나오는 범죄물들을 보면 인터넷 생중계 등을 많이 합니다. 이것도 일종의 1인 미디어인 거죠.

이수정　한국의 인천 초등학생 살해 사건*에서도 사실 범인이었던 김 양이 트위터를 통해 공범인 박 양과 살인 과정 중에 계속 대화를 나누잖아요. 지시 같은 걸 받기도 하고 서로 의논도 했지요. 오늘날엔 의사소통의 경로가 다양해져서 범인의 이런 욕구가 해소될 수 있는 방법도 많은데, 예전의 범인들은 그렇지 못하다 보니 자신이 저지른 범죄가 아무도 모르게 묻혀 버리는 것에 대한 초조함과 애석함이 틀림없이 있었을 겁니다.

2　2002년에 샌프란시스코 경찰은 조디악 킬러가 보낸 편지에 붙어 있던 우표에 묻은 침의 DNA 일부를 채취해 유력한 용의자였던 아서 리 앨런의 DNA와 대조했으나 일치하지 않았다.

이다혜　저희가 영화 「몬스터」를 다룰 때 여성 연쇄 살인범 이야기를 하면서 여성과 남성의 살인 동기가 다르다고 설명하신 적이 있잖아요. 보통 남성들이 성적 쾌락을 위해서 살인을 저지른다고 할 경우 피해자가 여성에 한정되나요?

이수정　꼭 그런 것은 아닙니다. 성적인 동기는 사실상 폭력적이고 타인을 지배하려는 동기이기 때문에 자기보다 약한 남성을 상대로도 얼마든지 범죄를 저지를 수 있어요. 모욕을 주고 폭행을 하는 거죠. 유영철의 경우 실제로 피해자들 중에 남성이 꽤 있고, 그런 남성 피해자 중에는 몸을 제대로 쓰지 못하는 장애인도 있었습니다. 일부러 약점이 있는 피해자들을 선택하고, 그런 데서 죽여도 되는 이유를 찾으려 했던 걸로 보입니다.

> **인천 초등학생 살해 사건**
>
> 고등학교를 자퇴한 김 양(사건 당시 만 16세)이 2017년 3월 29일 놀이터에서 놀고 있던 8세 여아를 인천시 소재 자신의 집으로 유괴해 살해한 사건. 경찰 조사 결과 김 양이 피해자를 살해 후 시체를 훼손하고 처리하는 과정에서 시체의 일부를 SNS를 통해 평소 알고 지내던 박 양(사건 당시 만 18세)에게 검은 봉투에 넣어 전해 준 것으로 밝혀졌다. 2018년 4월 30일 서울고등법원에서 열린 항소심에서 김 양에게는 1심과 같은 징역 20년이 선고됐고, 공범 박 양은 살인방조 혐의를 인정해 징역 13년이 선고됐다.

이다혜　지금 해 주신 설명을 들으면서 성폭력도 그런 관점에서 바라보는 것이 중요하다는 생각을 했습니다. 단순히 성적 욕망을 채우기 위해서가 아니라 자신의 권력을 과시하고 상대방을 지배하기 위해서 성폭력을 저지르지 않나 싶어요.

이수정　맞습니다. 성폭력만 저지르고 사람을 죽이지 않는 경우도 있잖아요. 그런데 성폭력을 저지르고 사람을 죽이기까지 하는 것은 성폭력만으로는 만족되지 않는 무엇인가가 더 있다는 뜻입니다. 연쇄 살인의 경우에 성적 살인이라 하더라도 그게 성적 욕망만의 문제는 아닐 수도 있습니다. 성기 삽입을 하지 않는 성적 연쇄 살인도 많은데 그런 경우에는 '남성성은 곧 성기 삽입' 이런 식으로 공식화하는 개념이 성립하지 않는다고 봐야겠죠.

동물 학대와 연쇄 살인의 연관성

이다혜　연쇄 살인범을 다루는 작품들을 볼 때면 어렸을 때 곤충이나 동물들을 괴롭히거나 죽이면서 폭력성을 드러내는 경향이 있다는 식의 설명이 많이 나옵니다. 사이코패스 테스트에 관한 이야기에도 종종 이런 이야기가 나오는데, 이런 특성은 성별과는 무관한가요?

이수정　일단 공식적인 사이코패스 테스트에는 동물 학대에 관한 문항이 없습니다. 그런 문항은 아마 임의로 만들어 놓은 리스트 안에 있을 것이고, 동물 학대가 연쇄 살인범이 되는 요건은 아닙니다. 실제로 굉장히 다양한 사람들이 여러 가지 동기에서 동물 학대를 하거든요. 그렇기 때문에 동물 학대를 하는 모든 사람이 연쇄 살인범이나 사이코패스가 되는 것은 아닙니다.

그러나 그중 일부의 사람들이 타인에게 잔인함을 드러내기 전에 동물을 상대로 연습하는 기간을 갖기도 합니다. 실제로 강호순도 개여러 마리를 폭행해 죽인 적이 있습니다. 따라서 동물에 대한 잔혹 행위가 사이코패스나 연쇄 살인범과 완전히 관계가 없는 것은 아니나 반드시 인과 관계가 성립한다고 볼 수도 없습니다.

이다혜　연쇄 살인범은 가정 환경이 불우하고 성기능장애가 있다는 식의 속설은 어떻습니까?

이수정　오늘날엔 경제적으로 어느 정도 여유가 있는 것이 범죄를 은폐하기가 훨씬 더 쉽기 때문에 가정 환경이 불우한 것은 연쇄 살인에 오히려 방해 요인입니다. 범죄 은폐에는 돈이 많이 드니까요. 자기만의 공간도 있어야 하고, 집 안에 시신을 놓고 같이 살 수 없으니 유기에 사용할 차량도 있어야 하고요.

성기능장애보다는 인간을 인격체로 보지 않는다, 군림하려 든다, 전지전능하기를 원한다, 경찰을 우습게 생각한다, 이런 것들이 남녀 연쇄 살인범들의 공통점이긴 합니다. 영화 「몬스터」 때 이야기했던 것처럼 여자는 좀 더 관계 중심적인 연쇄 살인을 하는 반면, 남자는 모르는 사람에게도 얼마든지 욕구를 해소하고 죽여 버리는 패턴을 보입니다.

이다혜　미국에 한정해서, 대부분의 연쇄 살인범들이 백인 중년 남성이라는 통념은 사실인가요?

이수정   그런 빈도가 확실히 높다고 합니다.

이다혜   연쇄 살인이 가능하려면 어느 정도 조건이 갖춰져야 하는 거잖아요. 상대방에게 신뢰를 줄 수 있어야 여러 명의 피해자를 유인할 수 있고, 경찰에게도 신뢰를 사야 수사선상에서 제외될 확률이 높아져 연쇄 살인이 가능해지는 건데, 백인 중년 남성은 유색 인종이나 다른 약자들보다 의심을 훨씬 덜 받으니까요.

이수정   좋은 지적입니다. 그러니까 결과적으로 백인 중년 남성 연쇄 살인범이 많다는 거지, 백인 중년 남성만이 연쇄 살인범이 되는 건 아닙니다.

남성 살인범의 과시 욕구

이다혜   언론사에 먼저 연락을 한다든가, 아니면 경찰한테 자신의 범죄를 과장해서 설명하는 유형의 연쇄 살인범들은 대체로 남성이 많은 것 같습니다. 조디악 킬러도 신문사에 보낸 편지를 통해 자신이 37명을 살해했다고 주장했는데 실제 확인된 피해자는 10명이 채 안 됩니다. 이런 식의 과시욕도 성차로 볼 수 있을까요?

이수정   그런 것 같습니다. 태어날 때부터의 성차라기보다 사회에서 남자들에게 기대하는 것과 여자들에게 기대하는 것이 다르다 보니 후천적으로 발달한 젠더에 기인한 차이일 듯합니다. 여자 살인범들이 자신의 범행 사실을 부풀려서 이야기하는 케이스는 아직 본 적이 없습니다. 앞서도 이야기했지만 여자들은 자기 주변에 있는 사람들을 죽이고, 남자들은 모르는 사람들을 죽이는 경향이 있을 뿐이죠.

영화 「암수[3] 살인」처럼 남자 살인범이 실제로 자기가 저지르지 않은 사건까지 전부 자기가 했다며 살해 명단을 가짜로 만들어서 경찰을 골탕 먹이려 했던 케이스는 존재합니다.

이다혜　조디악 킬러의 피해자들은 나이가 10대 후반에서 20대 후반까지입니다. 대체로 커플이 많긴 한데 커플이 아닌 경우도 있습니다. 범행 장소 또한 한적한 교외도 있지만 도심도 있고, 범행 도구역시 총이었다가 칼로 바뀌기도 하는데요. 연쇄 살인범들은 특정한 성별 아니면 특정한 연령대 이런 식으로 범행 대상이나 방법에 고유한 인장이 있다고 많이들 이야기하는데, 조디악 킬러의 경우엔 너무 일관성이 떨어진다 하여 초반 프로파일링이 무용지물이 됐다는 식의 이야기를 들은 적이 있습니다. 어떻게 생각하세요?

반복된 범죄가 패턴을 만든다

이수정　연쇄 살인이라고 해서 언제나 일관된 원칙을 지키는 것은 아닙니다. 다만 가장 용이한 범행 도구나 장소, 대상을 선택하는

3　암수 범죄(暗數犯罪)란 실제로 범죄가 발생했으나 사건의 가해자, 피해자 당사자이외에는 아무도 모르는 상태이거나 범죄 사실은 인지되었으나 용의자를 파악하지 못하거나 증거 불충분 등의 이유로 공식적 범죄 통계에 집계되지 않은 범죄를 말한다. 범죄자가 피해자이자 가해자이기도 한 마약 범죄나 피해자가 신고를 꺼리는 성범죄 등에 많다.

과정을 반복하다 보면 점점 일관성이 생겨나는 것이지요. 아, 이렇게 하면 검거가 어렵구나, 이렇게 하면 시간이 단축되는구나 등을 터득하면서 다양한 흉기를 쓰기보다는 자기가 제일 편하게 다룰 수 있는 특정 흉기를 쓰는 식입니다. 유영철도 나중엔 자신이 직접 제작한 흉기를 썼거든요. 그런 식으로 범죄를 거듭 저지르면서 일관성이 발휘되는 것이지, 처음부터 원칙을 정해 놓고 하는 경우는 드물다고 볼 수 있습니다.

이다혜　「조디악」의 배경은 1969년 이후인데, 당시 과학 수사의 수준이 어느 정도였는지 궁금합니다. 지금이라면 잡을 수 있는데 그때의 과학 수준이 낮아서 못 잡았다는 생각을 해 보신 적이 있나요?

이수정　이 영화에는 DNA가 남아 있을 개연성이 굉장히 높은 증거물들이 연이어 등장합니다. 지금이라면 그런 것들이 다 증거로서 결정적 역할을 할 것이고, 그 결과 꽤 빠른 시간 안에 범인을 검거했으리라 봅니다. 범인이 언론사에 여러 번 편지를 보내는 자충수를 두었는데도 결국 과학 수사력의 부족으로 범인을 잡지 못하고 미제 사건으로 남게 되어 아쉽습니다.

이다혜　연쇄 살인은 실제 발생 건수보다 적게 보고되지 않나 하는 생각이 들기도 합니다. 미국 영화를 보면 관할권이 주마다 분리되어 있기 때문에 연쇄 사건이 되려면 FBI(미국연방수사국)에서 개입을 해야 한다거나 하는 설정이 나오거든요. 여러 지역에서 사건을 일으키는 사람은 그만큼 잡기 어려운 것 아닐까 하는 생각이 듭니다.

이수정　　실제로 미국은 FBI에서 연쇄 살인 사건을 맡아 추적합니다. FBI 행동분석 팀(Behavior Analysis Unit)의 프로파일러들을 소재로 만든 드라마가 「크리미널 마인드」 시리즈잖아요. 주마다 법이 다르다 보니까 예를 들어 이 주에서는 스토킹이 범법 행위인데, 저 주에서는 스토킹이 범법 행위가 아니다 하면 경찰의 추적을 따돌리기 위해 주 경계를 넘어가 버린다거나 하는 일들이 꽤 많이 발생합니다.

연쇄 살인범들 중에도 기차를 타거나 트럭 운전을 하는 식으로 여러 주를 돌아다니는 사람들이 있어요. 그래서 국가의 영토가 넓으면 '지오그래픽 프로파일링'[4]이 효과적입니다. 그런데 한국은 지오그래픽 프로파일링이 그렇게까지 의미를 갖기 어려운 게 사실입니다. 대도시를 중심으로 다닥다닥 붙어 살다 보니 범죄가 일어날 법한 삶의 조건이 정해져 있기 때문입니다.

이다혜　　반대로 한 청취자는 과학 수사가 발전하고, 기술의 발달로 인해 실시간으로 정보를 교환하고 공유하는 일이 가능해졌기 때문에 과거에는 개별 사건으로 인식됐던 것들이 요즘에는 연쇄 살인 범죄로 포착되는 것이 아닌가 하는 말씀을 해 주셨습니다.

이수정　　그럴 수도 있습니다. 별개의 미제 사건들을 장기간 조사하다 보면 누가 누구의 전처이고, 누구의 처갓집 식구였고 막 이런 사실들이 밝혀지면서 서로 연관된 사건인지 아닌지를 추정하게 되

4　geographic profiling. 경찰이 범인을 잡기 위해 범죄 현장에서 수집된 데이터를 이용하여 범인의 행동 혹은 심리적 특성을 추론해 인구 통계적 특성, 단서를 도출해 내는 기술. 전염병 추적은 물론 테러범 색출 작업에 활용되는 등 사용 범위가 계속 넓어지고 있는 중이다.

는 케이스가 실제로 있습니다. 이 경우에도 물론 데이터베이스가 무척 중요하죠. 그래서 경찰에는 이미 이런 종류의 사건들을 쭉 모아 놓은 전산화된 미제 사건 데이터베이스가 있고 전담 팀들이 그 정보들을 눈여겨보고 있습니다.

성인 실종 데이터베이스의 중요성

이다혜　미제 사건이란 건 범인이 잡히지 않은 사건이기 때문에 범인이 지금 활동 중일 수도 있는 것이잖아요. 단순히 과거의 사건이 해결되고 말고의 문제가 아니라 사실 그 범인이 계속 활동하고 있다면 다음 피해자를 막기 위해서라도 추가적으로 관리가 필요할 거라는 생각이 듭니다.

이수정　맞습니다. 그런 면에서 아쉬운 부분은 성인 실종 데이터베이스예요. 예를 들어 변사자가 발생했을 경우 범죄의 흔적들이 존재한다면 그 변사자는 범죄 피해자가 되는 거라서 미제 사건으로 취급됩니다. 문제는 실종이에요. 아예 실종이 되어 버리면 실종 사건이 되지 범죄 사건이 되는 게 아니라서 수사 진행이 달라집니다. 일례로 고유정* 사건의 경우에 피해자인 전남편의 시신이 발견되지 않았고 그냥 실종 신고만 된 상황이었는데, 만약에 살해 장소인 펜션 인근의 CCTV를 확보하지 못했다면 사건의 정황이 밝혀지지 않았을 수도 있습니다.

한국의 경우는 성인 실종 데이터베이스 관리가 잘 되고 있다고 보기 어려운 측면이 있습니다. 단순 실종 사건으로 분류됐지만 사실은 그런 종류의 범죄 피해를 당하고 증발한 사람은 없는지 묻지 않을 수 없는 이유입니다.

이다혜   「조디악」은 국내 개봉 당시 미국판 「살인의 추억」이라고 소개가 되기도 했습니다. 실제 미제 사건이 소재라는 점, 시대적 상황과 연쇄 살인 사건을 알레고리적으로 엮었다는 점에서 굉장히 비슷한데요. 「살인의 추억」이 군사 독재 시대의 엄혹한 공기를 화성 연쇄 살인 사건에 투영해 냈다고 한다면, 「조디악」은 각종 사회 문제로 첨예하게 갈등하던 미국 사회의 혼란과 공포를 조디악 킬러와 함께 보여 주고 있습니다. 특히나 「조디악」에 등장했던 1968년의 마틴 루서 킹 암살 사건도 굉장히 중요한데요. 영화적 알레고리는 그렇다 치고, 실제로 시대적 혼란과 연쇄 살인범의 출몰에 인과 관계가 있을까요?

이수정   관계가 있다고 주장하는 분들이 꽤 많습니다. 시대적 갈등과 혼란은 치안이 해이해지는 결과를 초래하기도 하니까요. 꼭 연쇄 살인이 아니더라도 사회적인 무질서와 범죄 발생은 매우 밀접한 연관성이 있다고 이야기하는 사회학자들도 있고요.

언론의 범죄 묘사가 위험한 이유

이다혜　'조디악 킬러'는 범인이 보낸 편지가 늘 "This is the Zodiac speaking.(조디악 가라사대.)"이라는 말로 시작되기 때문에 붙은 명칭입니다. 연쇄 살인과 관련된 여러 가지 이야기를 보면 범죄자 본인이 원하는 이름을 불러 주는 것도 실은 문제가 된다고 하던데 어떻게 생각하시나요?

이수정　살인범을 신화화하거나, 살인범에게 인간이 해결하지 못하는 신적 존재라는 식의 이미지를 만들어 주는 것이 결국 살인범들의 자아를 고양시켜 자기 과신으로 또 다른 범죄를 저지르게 만들 수도 있다는 것을 지적하는 말로 보입니다. 나도 영웅이 되어야지, 나도 저렇게 유명해져야지, 이러면서 모방 범죄를 저지르는 사람이 나올 수도 있고요. 그런 면에서 언론이나 경찰이 세심하게 주의할 필요가 있습니다.

이다혜　모방 범죄도 좀 궁금한 부분이었는데요, 유명한 연쇄 살인의 경우는 모방 범죄 이야기가 같이 언급될 때가 많습니다. 때문에 언론에서 범죄 사건을 보도할 때 범행 수법을 너무 구체적으로 보도하지 않는 것도 중요하다고 생각하는데 어떻게 보시나요?

이수정　맞습니다. 그 부분은 특별히 유의해야 합니다. 특히 현재 진행 중이고 많은 사람들이 주의를 기울이고 있는 사건이라면 범행 수법을 지나치게 구체적으로 보도하는 것은 자극을 유발할 수 있습니다. 그 범행 수법이 누군가의 뇌리에 남아서 가이드라인이 될 수도 있는 것이죠.

이다혜　조디악 킬러는 어느 순간 종적을 감춥니다. 더 이상 편지를 보내지도 않고 범죄를 저지르지도 않습니다. 저희가 영화 「몬스터」를 살펴볼 때부터 이야기하고 있습니다만, 연쇄 살인범의 경우 중간에 냉각기를 갖는 것이 특징 중 하나인데, 범행이 반복될수록 냉각기를 길게 갖기가 어렵다, 점점 짧아지는 경향이 있다고 말씀하셨잖습니까. 그런데 조디악 킬러처럼 자기를 과시하고 싶어 하고, 신문사에 편지를 보내기까지 했던 사람이 어느 순간 범죄 행각을 끝낸다는 게 가능한가 하는 생각이 들거든요.

이수정　몇 가지 가능성이 있습니다. 피해자를 죽이려고 하다가 자신이 죽었거나, 연쇄 살인까지는 아니어도 다른 범죄를 저질러서 교도소에 들어가 복역 중일 수도 있고, 지병으로 장기간 입원 중일 수도 있고, 다양한 가능성이 있어요. 자발적으로 살인을 끊을 수 있는가, 이 부분은 제가 보기에도 좀 부정적입니다. 다만 죽음이나 수감, 장기 입원처럼 타의에 의해 중단될 수밖에 없는 조건은 충분히 발생 가능하죠.

이다혜　그런 이야기가 있더라고요. 죽지 않고는 그만둘 수가 없다는 거예요. 미국 드라마 「크리미널 마인드」의 한 에피소드도 생각이 납니다. 13년 만에 연쇄 살인 사건이 재개됐는데 매번 리본을 정교하게 묶던 범인이 재개된 사건에선 갑자기 케이블타이를 쓰는 거예요. 이 사건이 동일범의 소행이냐 모방 범죄냐를 두고 의견이 분분한데, 사실은 범인이 뇌졸중으로 쓰러졌다가 회복되는 바람에 손을 예전처럼 정교하게 사용할 수 없게 된 것이 원인이었죠. 그래서 결국 수사진이 용의자의 병력을 추적해 범인을 검거한다는 내용의 에피소드입니다.

이수정　살인은 극도의 자극입니다. 살인의 사이클을 한 번 돌고 나면 깊은 잠을 잘 수밖에 없을 정도라고들 하지요. 그동안 한 번도 경험해 보지 못한 극도의 자극과 흥분과 쾌감, 그리고 이어지는 완벽한 휴식, 이런 경험은 소소한 자극과는 비교할 수 없겠죠. 그래서 스스로 중단하기는 어려워 보입니다.

연쇄 살인 사건의 높은 검거율

이다혜　연쇄 살인 사건의 발생 빈도와 검거율은 어떤지도 궁금합니다. 국외로 도망가지 않는 한 한국은 국토가 좁은 데다 요즘은 도처에 CCTV가 있기 때문에 검거될 확률이 높지 않을까 생각되는데요.

이수정　연쇄 살인은 거의 검거율 100퍼센트라고 보입니다. 연쇄 살인이라고 알려진 사건 중에 범인이 검거 안 된 사건은 거의 없습니다. 연쇄 살인 사건이라는 것을 인지하는 순간 검거력이 월등히 높아집니다. 그런데 충분히 연쇄 살인 사건일 가능성이 있으나 입증되지 않아서 사건화되지 못한 경우도 물론 있죠.

이다혜　화성 연쇄 살인 사건은 과학 수사가 잘 이루어지지 않아 오래도록 진범을 찾지 못했다고 생각하시나요?[5]

이수정　그렇다고 생각합니다. 그 당시에도 증거가 꽤 많았던 걸로 알고 있고, DNA를 검출할 수 있는 혈흔이 있었거든요. 여러 번 시도를 했지만 그때는 기술이 완벽하지 않아서 많은 걸 알아내지 못했습니다.

이다혜　그렇다면 연쇄 살인 사건의 범인이 자의적으로 살인을 중단할 수 없다고 가정했을 때 화성 사건의 범인도 살인을 그만두지 않았을 가능성이 높은 거잖아요.

이수정　그래서 화성 연쇄 살인 사건 이후 경기 서남부에서 시신이 발견되기만 하면 전부 화성 연쇄 살인범의 소행이 아니냐 그런 이야기를 하면서 계속 연관성을 찾곤 했습니다. 심지어는 강호순이 잡혔을 때 화성 사건 당시 강호순의 나이가 고등학생이었는데 화성 사건의 범인일 가능성이 있는가를 두고도 논란이 있었고요. 경기도에서 다리 아래 변사체가 발견됐을 때도, 사실 이 경우는 나중에 추락사로 밝혀졌지만, 화성 사건의 피해자들과 연령대가 비슷하고 성별

5　방송 당시에는 범인이 검거되지 않은 장기 미제 사건이었으나 2019년 9월 무기수로 복역 중인 이춘재가 용의자로 특정되었고 14건의 살인과 9건의 강간 사건을 저지른 연쇄 살인 사건의 범인으로 밝혀졌다.

이 여자였기 때문에 화성 사건과 연관이 있는지를 두고 한참 말이 많았습니다. 그러나 아마도 화성 사건의 범인은 불행한 결말을 맞이했거나 교도소에 수감 중일 가능성이 높다고 봐야겠죠.

자극을 많이 추구하다 보면 그만큼 리스크도 커지기 때문에 이미 사망했을 가능성도 있습니다. 정남규*도 교도소 안에서 결국 자살했잖아요. 그런 식으로 리스크를 안고 자극을 추구하는 인생이 순탄할 리 없으니 이 세상 사람이 아닐 거라고 추측하는 것이 현실적이지 않나 싶어요. 제가 그렇게 생각하고 싶어서 그런지는 모르겠습니다만, 생존 가능성을 열어 놓고 연관성을 캔다는 것이 현실적으로 어려울 듯합니다.

> ### 정남규
>
> 2004년 1월부터 2006년 4월까지 34명을 살해하거나 상해를 입힌 연쇄 살인범. 2005년 2월부터 약 5개월간 서울시 관악구, 구로구, 동작구, 영등포구 일대에서 3명을 살해하고 1명에게 부상을 입힌 서울 서남부 연쇄 살인 사건의 범인이기도 하다. 2004년 1월 14일 경기도 부천에서 초등학생 2명을 납치, 강간, 살해한 것을 시작으로 경기도와 서울에서 범행을 벌이다가 2006년 4월 22일 체포되었다. 2007년 4월 12일 대법원에서 사형이 확정돼 서울구치소에 수감되었으나 2009년 11월 스스로 목숨을 끊었다.

한동안은 서울에서 사람을 죽이면 전부 경기도에 버리고 갔다 하더라고요. 화성 연쇄 살인 사건이 완전 범죄가 되어 버렸기 때문에 경기도에 유기하면 안 잡힌다, 이런 망상이 범죄자들 사이에 있었던 겁니다. 그러나 결국 그들은 다 잡혔죠. 잡혔으니까 이런 이야기도 알려진 거고요.

이다혜　실제로 조디악 킬러는 잡히지 않았지만 데이비드 핀처의 영화 「조디악」은 용의자 중 한 사람인 아서 리 앨런이 범인이라고 거의 확신하고 있는 것처럼 보입니다. 「살인의 추억」에서 박해일 씨가 맡았던 역할처럼 비록 과학 수사 결과가 아니라고 하지만 정황상 범인은 그라고 이야기하는 셈입니다. 참고로 영화 「조디악」은 극중에서 마지막까지 조디악을 뒤쫓은 로버트 그레이스미스의 논픽션이 원작인데, 그래서 영화가 그레이스미스의 입장을 대변하고 있는 걸로 보입니다. 박사님이 보시기에는 아서 리 앨런이 범인 같나요?

이수정　정말 모르겠어요. 실제로 미제 사건이긴 하지만 영화는 그렇게라도 해야 끝이 나니까 어쩔 수 없는 선택이었겠지요. 열린 결말로 끝나면 보는 사람들이 허무할 수 있고, 범죄자를 지나치게 신화화하는 결과를 초래할 위험성도 있으니까요. 그래서 일부러 이런 결론을 선택했을지도 모르겠다는 생각이 듭니다.

「그것이 알고 싶다」에서 미제 사건을 많이 다루는 편인데, 자료를 찾다 보면 사건 발생 초기에는 들어오지 않은 제보가 방송사에서 다룰 때에는 막 들어오는 경우들이 있습니다. 그래서 초기에는 용의선상에 오르지 않았던 사람이 뒤늦게 용의선상에 오르기도 합니다.

예전 시대를 다룬 영화가 주는 위화감

이다혜 저는 「조디악」을 범죄물 중에서 좋아하는 편이거든요.

이수정 저는 이 영화가 굉장히 클래식하게 느껴졌어요.

이다혜 처음 도입부 촬영부터 시작해서 영화적으로도 할 말이 많은 작품인데, 제가 이번에 이 영화를 다시 보면서 새삼 생각한 건 그 시대 언론사의 분위기였어요. 언론사가 본연의 역할을 하기 위해 굉장히 사명감을 갖고 노력하던 시절이라는 점이 눈에 띄었습니다.
자신이 킬러라고 주장하는 사람이 편지를 보내서 자신이 만든 암호문을 신문 1면에 싣지 않으면 살인을 저지르겠다고 협박하자 언론인들이 모여 어떻게 해야 할 것인가를 두고 진지하게 고민하는 장면이 굉장히 인상적이었습니다.
언론사가 무대인 영화들을 볼 때마다, 이를테면 회사의 경영적인 부분에 곧바로 영향을 줄 수 있는 결정을 앞두고 언론의 순수성을 어디까지 지키면서 보도할 것인가를 두고 갈등하는 장면들이 멋있다고 생각하는 한편, 그런 회의를 하는 회의실에 10명 이상이 모여 있는데 그중 여자가 아무도 없는 걸 보면서 시대의 분위기를 보게 되는 거죠. 당시에는 수사 기관이나 언론사 모두 그런 풍경이 일상적이었고 이제는 많이 바뀌어 가고 있지만, 예전 시대를 다룬 영화를 볼 때 느껴지는 위화감은 어쩔 수 없는 것 같습니다. 현재를 배경으로 한 작품이라면 많이 다르겠죠.

이수정 일단 실내에서 담배 피우는 장면이 많아서 그런지 전체적으로 실내가 뿌옇다는 느낌이 들더라고요.

이다혜　특히나 아기를 앞에 앉혀 놓고 엄마랑 아빠가 담배 피우는 장면이 나올 때는 정말 옛날 영화구나 하는 생각이 들죠. (웃음) 이렇게 영화 「조디악」을 통해 남성 연쇄 살인범에 관해 이야기해 보았습니다. 감사합니다.

범죄 프로파일러의 탄생과 미화된 사이코패스 신화의 종말

추격자

감독 나홍진 | 한국 | 2008년

중호는 과거에는 형사였지만 지금은 출장 안마소(보도방)를 운영하는 불법 성매매 업자다. 요새 그는 관리하는 여자들이 하나둘씩 사라져 속을 썩고 있다. 그녀들이 돈을 떼먹고 도망쳤다고 생각하기 때문에 경찰에 알릴 생각은 추호도 없다.

그는 오늘 몸이 아파 쉬고 싶다는 미진에게 허튼소리 말고 당장 일을 나가라고 옥박지른다. 그런데 미진이 통화한 남자 고객 영민의 전화번호가 사라진 여자들이 마지막으로 통화한 전화번호와 동일하다는 것을 알아차린다.

중호는 영민이 자기 여자들을 빼돌려 팔고 있다고 확신하고 미진을 미끼로 영민을 잡으러 간다. 하지만 어느 순간 미진과의 연락이 두절되고 중호는 미진의 자동차가 주차된 주변을 헤맨다. 그러다 옷에 피가 묻은 영민과 우연히 마주치고, 중호는 그가 자기가 찾던 놈임을 직감한다.

숨 가쁜 추격전 끝에 중호는 영민을 붙잡아 경찰에 넘기고 영민은 사라진 여자들을 어떻게 했느냐는 경찰의 첫 질문에 내가 다 죽였다라고 태연히 말하며 웃는다. 이에 경찰서는 발칵 뒤집히고 모두가 물증을 찾기 위해 백방으로 노력하지만 정작 미진의 생사에는 관심이 없다. 그런 가운데 중호는 유일하게 미진이 살아 있을 거라 믿고 미진을 찾아다니기 시작한다.

이다혜　오늘은 나홍진 감독이 연출하고 김윤석, 하정우, 서영희가 주연한 2008년 한국 영화 「추격자」와 함께 유영철 사건에 대해 이야기합니다. 「추격자」는 한국 영화 산업에서도 굉장히 중요한 영화 중 하나입니다. 한국 영화계에서 연쇄 살인범, 사이코패스가 나오는 잔혹물이 인기를 얻게 된 시발점이 되기도 했는데요. 박사님은 이 영화 어떻게 보셨나요?

이수정　부유층 노인들을 주로 살해했던 유영철의 전반부 범죄 행각보다는 후반부 보도방 여성들 강간 살인 사건 쪽에 집중한 영화로 보입니다. 제목이 추격자인데, 이 추격자의 모델도 실존 인물이죠. 전직 경찰 출신의 출장 마사지 업체 주인으로, 유영철을 최초로 신고한 사람이자 실종된 여성들이 살해됐을 가능성을 제기한 사람이고, 유영철 사건을 해결하는 데 굉장히 큰 역할을 한 것은 사실입니다.

경찰 출신 성매매 포주의 신고

이다혜　저는 영화에서 성매매 여성들이 사라지는 것에 관심을 갖는 유일한 사람이, 수사 경험이 있고 성매매 산업 쪽 경험도 있는 전직 경찰뿐이라는 사실이 무척 중요해 보입니다. 김윤석 씨가 연기하는 주인공은 자기가 데리고 있던 출장 성매매 아가씨들이 계속 사라지니까 처음에는 돈을 떼어먹고 도망갔다고 생각합니다. 같은 일이 반복되니 이상하다는 생각을 하게 되면서 이야기에 진전이 생깁니다. 사람의 실종을 걱정한 것이 아니라 자신의 금전적 손실을 아쉬워한 성매매 업자에 의해 범인이 발견되는데요. 사실 그가 아니었다면 유영철이 지금까지도 사람을 죽이고 있을지 알 게 뭡니까.

이수정 　경찰 출신 성매매 업소 주인이 유영철을 신고했다는 사실이 씁쓸하긴 하죠. 그런데 요즘은 CCTV가 많아져서 유영철이 하루 온종일 집에만 있지 않는 이상 이런 사건이 발생하기가 어려워요. 그러니 지금까지도 살인 행각이 유지됐을지 모른다는 상상은 안 하셔도 됩니다.

유영철은 2000년대 들어서 탄생한 연쇄 살인범이고 그전에는 이런 형태의 범죄가 거의 없었던 탓에 주목을 많이 받아 영화화까지 된 걸로 보입니다. 그런데 여성을 성폭행하고 죽이는 이런 형태의 연쇄 살인이 사실 2000년대에 탄생한 새로운 범죄 스타일은 아니죠. 그전에도 꽤 많이 발생한 유형인데 다만 시대가 시대이다 보니 그동안은 사건화조차 되지 못한 경우가 다반사였습니다. 전 국민적 관심사였던 화성 연쇄 살인 사건 정도가 예외적이었달까요. 얼마 전 화성 사건의 진범인 이춘재가 등장함으로써 이제 더 이상 유영철이 전설적인 위치를 차지하지 못하는 시대가 됐죠.

이다혜 　김윤석 씨가 연기하는 중호는 전직 경찰이지만 현재 출장 마사지 업체를 운영하고 있습니다. 형사나 경찰이 일을 그만둔 뒤에 성매매 혹은 폭력 조직이 연계된 범법 사업을 하는 경우가 많을까요?

이수정　뭐라고 이야기하기가 참 곤란하네요. 아무래도 범죄에 대한 지식이 많다 보면 불법적으로 수익이 발생하는 일들이 뭔지는 정확하게 알 수 있겠죠. 그리고 그다음 선택은 양심의 영역일 테고요.

이다혜　영화를 보면 성 매수 남성들이 성매매 여성들에게 폭력을 휘두를 경우를 대비해 대기하는 것이 중호의 주요 업무로 나옵니다. 그 예시가 되는 사건이 초반에 나오는데 성매매 여성이 모텔 욕실에 들어가자 카메라를 든 남자가 팬티만 입고 숨어 있어요. 그러니까 성 매수 남성이 한 명이라고 생각했는데 욕실에 숨어 있던 남자가 한 명 더 있었던 거죠. 그것도 카메라를 들고. 성 매수 남성이 사실은 불법 촬영 제작자이기도 한 상황인데, 여기서 성매매 여성이 거부하고 저항하니까 마구 폭행을 합니다. 전에 가출 청소년 성매매 관련해서도 가해 조직은 일종의 분업이 되어 있다는 말씀을 하신 적이 있는데요.

이수정　네, 가출 팸 내에도 그런 역할 분담이 존재합니다. 양진호 사건 때도 음란물을 촬영해 올리는 헤비 업로더들을 그 업체에서 관리했었잖아요. 그 헤비 업로더들은 대체 어디서 음란물을 제작했을까요. 인근 지역 모텔 등지에 카메라를 설치해 몰래 찍은 영상을 상업적인 목적으로 유포했겠죠. 헤비 업로더가 되면 돈을 받으니까요. 성매매와 불법 촬영 세계는 첨단 기술들이 동원된 하나의 거대한 암시장입니다.

영화에선 성매매 여성이 폭력을 당하거나 하면 중호가 나서서 싸우는 역할을 하는데, 청소년 가출 팸도 그렇게 신변을 보호해 주는 성인 남성들을 조직에 편입시킵니다. 조직의 사이즈가 커지면 '조건 만남'에서 '조건 강도'로 이어지는 케이스가 생기기도 하죠. 음란물을 찍어 놨다가 협박해서 돈을 뜯어내기도 하고요.

비슷한 시기에 나타난 두 명의 연쇄 살인범

이다혜 하정우 씨가 연기하는 영민이 등장하는 첫 장면도 굉장히 인상적인데요, 그는 전화로 성매매 여성에게 연락한 다음 실제로 만나 이야기를 나눕니다. 처음에는 마치 소개팅을 하는 대학생처럼 굉장히 친근하고 유순한 인상이라 희대의 살인마라는 생각을 쉽게 하기 어렵습니다. 얼굴에 살인범이라 써 놓고 다니는 것은 물론 아니지만, 처음 등장했을 때의 이질감이 인상적인 것은 사실입니다. 실제 유영철도 그랬나요?

이수정 저는 유영철의 편지를 분석한 적은 있어도 직접 만나 본 적은 없습니다. 「그것이 알고 싶다」 등의 언론 자료들을 보면 유순하다기보다는 예민한 인상입니다. 실제로 유영철은 감수성이 뛰어나고, 그림도 잘 그리고, 편지도 유창하게 쓰는 사람이었고, 그런 점들이 아마 여성들의 경계심을 푸는 데 영향을 미쳤을 것으로 보입니다.

연쇄 살인범들에게 그런 종류의 피상적인 매력이 없으면 피해자들을 계속 유인하기가 힘들기 때문에 사실상 연쇄라는 게 불가능해집니다. 유영철은 차량도 없었고 금전적으로 여유가 있는 계층도 아니었지만, 이후에 검거된 강호순은 수원구치소에서 만나 봤는데 잘생긴 외모였습니다. 만일 그가 추운 겨울에 양복을 입고 동승을 제안한다면 누구라도 경계심 없이 차를 얻어 탈 것 같은 세련된 말씨와 호감형 외모의 소유자였습니다.

이다혜   살인범임을 이미 알고 보는데도 그렇다는 거잖아요.

이수정   물론입니다. 알고 봐도 그런 거죠. 외관상의 특징이야 정해져 있는 거니까요.

이다혜   유영철 사건의 수사가 진행된 과정도 궁금합니다. 영화에서는 마포 부녀자 사건, 그러니까 새벽에 망원동 일대 골목에서 일어난 여성 대상 살인 사건이 처음 언급되기 시작했던 당시 경찰들의 주먹구구식 탁상공론이 관객을 분통 터지게 합니다. 여자들이 사라질 때는 큰 관심도 없다가 갑자기 중대 사건이다 싶으니까 서로 자기가 가져가겠다고 싸운단 말이죠.

이수정   이런 일들이 2000년대 초반에는 비일비재하게 발생했습니다. 오늘날엔 광역 수사라고 해서 에이전트들이 지역을 넘어 청 단위로 협력하는 시스템이 갖춰졌지만 그 당시는 지금과 달랐으니까요.
강호순 사건 때 여자들이 연이어 실종되기 시작하자 경기청에서 저와 표창원 선생님 같은 민간인들이 포함된 회의를 소집한 적이 있습니다. 그런데 그때는 시신이 발견되기 전이고 몇 년 동안 실종만 일어나다 보니 이게 연쇄적인 사건이냐 아니냐를 놓고 말이 많았습니다. 당시 이와 유사한 외국 자료들을 많이 접해 본 민간인 연구자들은 연쇄 사건일 가능성이 있다고 이야기했죠. 그때 실종된 여성들의 관할 경찰서가 군포경찰서, 오산경찰서, 수원경찰서, 이런 식으로 다 달랐어요.
그때 형사들은, 공적이 될 가능성이 높은 사건인데 이걸 연쇄 사건으로 만들어 버리면 공적을 빼앗길 수 있다고 생각해 반발이 심했습니다. 절대 연쇄 사건이 아니라는 거였죠. 그때의 경험을 떠올리면 유영철 사건이라고 왜 안 그랬겠느냐는 생각이 듭니다.

이다혜   유영철 사건 조사 과정에서 경찰의 실수가 있었다고 알려져 있습니다.

이수정   정남규 사건과 헷갈렸던 걸 말씀하시는 거라면 그것을 실수라고 이야기할 수 있을지 잘 모르겠습니다. 서울 경기 지역에서 연쇄 살인 사건이 발생했던 2003년과 2004년에 유영철만 살인을 했던 것은 아닙니다. 정남규와 기간이 겹쳐요. 당시 일어난 이문동 사건*의 경우 처음에는 유영철이 저지른 것으로 간주됐지만 수사 결과 정남규가 저지른 사건으로 밝혀졌죠. 둘이 저지른 사건이 막 겹쳐서 일어나던 시기였습니다.

> **이문동 사건**
> 2004년 2월 6일 동대문구 이문동 노상에서 전 씨(27·여)가 살해된 채 발견된 사건. 처음에는 경찰 측에서 연쇄 살인범 유영철이 마지막으로 저지른 살인 사건으로 발표했으나 2006년 다른 연쇄 살인범 정남규의 소행으로 밝혀졌다.

이다혜   연쇄 살인 사건이 이렇게 동시에 일어날 수도 있나요?

이수정   제가 서울 남부 지검에서 성남규를 만났을 때 "나는 유영철보다 많이 죽이는 게 목표였다."라고 말한 것이 아직도 기억에 남아 있습니다. 둘의 수법이 너무나 달랐기 때문에 모방 범죄라고는 할수 없으나, 한쪽이 다른 한쪽을 의식하고 있기는 했던 거죠.

굉장히 내성적이었던 유영철이 자기 집으로 피해자를 불러들여 죽였다면, 정남규는 일종의 잡범 스타일이어서 1호선 지하철을 타고 여자를 쫓아다니면서 퍽치기를 했습니다. 제대로 강간을 하지도 못하고 여자를 추행하다가 집 안까지 따라 들어가서 퍽치기 수법으로 죽이는 식이어서 유영철과는 수법이 달랐지만, 범행 시기와 지역이 유사하게 겹치는 바람에 수사관 입장에서 보면 어느 현장이 누구의 소행인지 알 수 없는 시점이 있었던 거죠. 그중에 특히 혼란을 유발한 것이 이문동 사건이었고요.

성인 여성 실종 사건에 대한 편견

이다혜　영화에서 중호는 자신이 관리하는 성매매 여성들이 사라졌을 때 그들이 돈을 떼먹고 도망갔다고 이야기합니다. 그리고 이런 확신은 영민을 잡은 뒤에도 계속됩니다. 그래서 영민을 만났을 때 죽였다고 생각하는 것이 아니라 "벌써 팔았어?"라고 물어봅니다.

이수정　2000년대 초반은 한국에 연쇄 살인이라는 것이 널리 알려져 있지 않던 시절이라 아예 가능성을 떠올리기가 쉽지 않았을 겁니다. 그리고 죽였으면 흔적이 있어야 하는데, 그때는 과학 수사가 그렇게 발달돼 있던 때가 아니어서 흔적을 찾기도 쉽지 않았죠.

이다혜　또 하나 인상적인 점은 성매매 여성들이 사라지는 것은 아무도 이상하게 생각하지 않는다는 것입니다.

이수정　성매매 여성뿐 아니라 제 기억으로는 그 당시에 중년 여성들이 사라지면 대부분의 경우 경찰은 외도해서 가출했다고들 이야기하더라고요.

이다혜　차라리 가정 폭력을 당해서 도망쳤다고 생각한다면 제가 이해라도 하겠는데 외도를 해서 가출했다니요. 그런 판단은 다시 말해 다 여자 잘못이라는 거잖아요.

이수정　앞서 말한 강호순 사건 당시 회의에서도 경찰이 여자들은 거의 다 바람나서 없어진다는 식으로 이야기하기에 싸웠던 기억이 지금도 생생합니다. 그러나 그건 다 그들의 편견이었죠.

이다혜　경찰 편의주의 아닐까요. 진실을 몰라서 그렇게 이야기했다기보다는 '실종이 아니라 자기 발로 나간 거다, 자기 좋은 거 하러 나갔다.'라고 해 버리면 더 이상 경찰이 알 바 아니니까요.

이수정　강호순 사건 당시 열렸던 회의에서 그런 이야기를 나눈 후 그다음 해 봄부터 시신들이 발견되기 시작했습니다. 그러니까 객관적인 실체는 언제나 존재하는 것이고, 그 실체에 어떻게 대응하느냐에 따라 피해자를 한 명이라도 줄일 수 있느냐, 아니면 죽을 만큼 죽은 다음에야 겨우 해결할 수 있느냐의 차이가 발생하는 것입니다.
　화성 8차 사건의 범인으로 몰려 20년간 억울한 수감 생활을 한

윤성여 씨가 수사 당시 자백을 하긴 했지만 경찰들도 당시 그가 진범이 아니라는 것을 알았을 겁니다. 그럼에도 자백을 받아서 빨리 사건을 종결하고 싶었겠죠.

점점 더 강한 자극을 추구하는 살인 중독

이다혜　영화 「추격자」에서 가장 유명한 장면일 텐데요. 골목에서 맹렬히 달리며 추격전을 벌인 끝에 결국 중호가 영민을 잡아서 경찰에 넘깁니다. 그런데 이때 영민의 표정과 태도의 변화가 정말 드라마틱합니다. 처음에는 억울하고 어눌한 척하고, 자신에겐 휴대폰이 없다고 합니다. 그러다 경찰이 당신 전화번호 앞자리가 016이냐 011이냐 묻자 바로 016이라고 대답을 합니다. 휴대폰이 없다던 사람이 바로 번호를 말하자 경찰도 뭔가 이상하다고 생각하기 시작합니다. 그래서 당신이 아가씨들 팔아넘긴 거 맞느냐고 떠보자 영민이 작은 소리로 중얼거리듯 "죽였어요."라고 말합니다. 이런 말은 속임수처럼 들리기도 하고, 죽였다고 말한 이후에 다시 아니라고 말하는 태도가 경찰과 게임을 즐기는 것처럼 보이기도 합니다.

이수정　실제로도 이런 일이 있었죠. 그리고 서울마포경찰서에서 조사를 받던 중 수갑을 풀고 의경을 밀치고 도망을 가는 바람에 경찰이 유영철을 한 번 놓쳤다가 11시간 만에 시민들의 제보로 지하철역에서 다시 검거한 바 있습니다.

이다혜　영화에서는 경찰들이 처음에 영민의 자기 과시적인 과장이겠지, 설마 진짜 죽였을까 하고 생각합니다. 여자 관객 입장에서 볼 때 이 영화의 가장 무서운 장면 중 하나가 텅 빈 경찰서에 여자 경찰하고 둘만 남았을 때 영민이 보이는 행동입니다. 여자 경찰한테 다가가서 코를 킁킁거리다가 "향수 안 뿌리셨네, 생리하시나 봐."라고 하는데 그 말투가 마치 아이 같기도 하고, 변태 성욕자 같기도 해서 오싹하죠.

이수정　그 대목은 영민의 캐릭터를 부각시키기 위해 영화에서 창조한 장면인지, 아니면 실제로 있었던 일인지 잘 모르겠어요. 여성에게 과도하게 관심을 표하면서 성도착적인 집착을 보이는 이런 특성들은 오히려 이춘재의 스타일에 더 부합하는 특징으로 보입니다.

이다혜　중호가 영민의 정체를 알고 난 후 미진이 어딘가에 살아 있을 거라 생각하면서 또 다른 추격전이 시작됩니다. 그러는 사이 중호가 미진의 어린 딸을 돌보기도 하고요. 자기가 관리하는 성매매 여성을 일종의 물건이나 재물처럼 생각하던 중호가 갑자기 자책감을 느끼면서 경찰도 찾지 않는 미진을 찾으려 나서는 것이 비약으로 느껴지기도 합니다. 얼마 전에 버닝썬 사건에서 영감을 받아 만들어진 영화 「양자물리학」이 떠오르기도 하는데, 성매매 업소 주인이 버닝썬과 유사한 사건을 해결하고 응징하는 구세주처럼 등장해서 적잖은 비판을 받았던 영화입니다. 무슨 계시라도 받지 않고서야 이렇게 윤리적으로 급변하는 게 현실적으로 가능한 일일까요?

이수정　그렇게 본질적으로 변화하는 건 어렵겠죠. 하지만 사라진 성매매 여성을 동등한 인격체라고 생각해서가 아니라 자신의 재물, 재화라고 보면 잃은 것을 찾기 위해 집착할 수는 있을 듯합니다. 영화에서는 중호가 갑자기 내면의 경찰이 깨어나기라도 한 듯 양심적인 선택을 하고 미진을 찾아 나서지만 현실적으로 그런 일은 드물 것 같습니다.

이다혜　저는 범죄 영화들에서 성매매 업소를 운영하는 사람들을 미화하는 경향이 있지 않나 싶어요. 그들에게도 양심적인 부분이 있고, 그 역시 인간으로서 해야 할 일을 할 때는 한다는 식으로요.

영화에서 영민이 남성 프로파일러와 대화하는 장면 또한 명장면인데요. 프로파일러가 "여자 사귀어 본 적 있어요?"라고 물어보니까 영민은 "네."라고 대답합니다. "제일 오래 사귄 게 얼마나 돼요?" "1년 정도." "그럼 섹스도 해 봤겠네?" 하니까 영민은 쿡 웃으면서 "그게 왜 궁금해요?"라고 합니다. 프로파일러가 "주영민 씨가 성불구인가 해서."라고 대답하자 영민이 "내가 성불구인지 니가 어떻게 알아?"라고 하고 이에 프로파일러는 안경을 벗으면서 "너 같은 새끼가 대개 그러니까."라고 말합니다. 이 장면을 이번에 다시 보니까 박사님께서 예전에 여성을 연쇄적으로 살인하는 남성 범죄자들은 성적 장애가 있을 확률이 높다고 하신 말씀이 떠오르더라고요. 실제 유영철도 그랬을까요?

이수정　유영철의 담당 형사였던 권일용 범죄학 박사는 유영철이 발기부전이었을 개연성이 꽤 높다고 이야기한 바 있습니다. 물론 유영철은 21세 때 마사지사인 여자와 결혼했고 아들도 있어요. 다만 그 이후에 극도의 자극을 추구하다 보니 점점 특이하지 않으면 자극을 느끼지 못했을 겁니다. 세상에 살인보다 더 큰 자극이 거의 없으니

발기가 점점 어려워졌겠죠.

신경계에는 역치 수준이라는 게 있어 자극이 습관화되면 웬만한 것으로는 기준선을 넘을 수 없을 정도로 점점 더 역치 수준이 높아집니다. 그래서 점점 더 많은 자극이 필요하게 되고요. 마약 중독도 그렇고, 알코올도 마찬가지입니다. 신경학적인 원리로 따져 봐도 연쇄 살인이 반복되면서 아마 웬만한 자극은 자극으로 느껴지지 않았을 거예요. 살아 있는 여성들에게 삽입하는 것만으로는 절정 경험을 할 수 없었을 겁니다.

유영철이 쓴 글 중에 자신에겐 불면증이 있었는데 연쇄 살인 후 시신을 유기하고 돌아오면 엄마 배 속에 있는 것처럼 아주 깊은 잠을 잘 수 있었다는 내용이 있습니다. 그 잠이 너무 달콤해서 깨어난 후 엔 컨디션이 빠른 속도로 회복되었다는 거죠. 그래서 연쇄 살인을 저지르다 가진 냉각기 동안에 회복된 컨디션으로 자기 아이를 찾아가기도 하고 쇼핑을 하기도 했다고 합니다. 많은 연구자들이 중독 사이클을 이야기하는데, 유영철 역시 살인이라는 극도의 자극과 이어지는 깊은 휴식에 중독되어 살인 사이클을 반복했을 것으로 보입니다. 그러다 보니 살인을 안 하면 얼마나 무료했겠어요. 직장도 없고, 친구도 없고, 경제적으로는 쪼들리고…….

이다혜　그럼 일을 하면 되잖아요.

이수정　일을 할 수 있는 사람이었으면 애초에 이렇게까지 되지도 않았겠죠. 사이클이 멈추고 침체기가 찾아오면 또다시 자극을 찾아 나서게 됩니다. 유영철은 굉장히 치밀한 사람이었는데 해부학 책을 사서 학습한 후 시신을 훼손했어요. 욕실에서 티끌 하나 없이 처리하고 그걸 또 잘 매장했습니다. 그래서 매장한 곳을 찾아내는 과정이 쉽지 않았어요. 그러고는 돌아와서 숙면을 취하고 그렇게 불면증이 치료됐다는 거죠. 그런 사이클이 여러 번 반복됐습니다.

마약이나 알코올 같은 약물의 효력이 끊어지면 금단 증상으로 인해 '콜드 터키 현상'이라는 게 찾아옵니다. 온몸에 식은땀이 나면서 닭살이 돋거나 안색이 퍼렇게 변하면서 불쾌함이 밀려오는 식입니다. 하지만 살인 중독의 경우에는 그런 생물학적인 금단 증상은 없습니다. 그저 심리적인 권태나 무기력 같은 것은 있을 수 있죠.

유영철은 구치소 안에서 《월간조선》의 객원 기자였던 이은영 씨에게 계속 편지를 보냈습니다. 그 기자가 유영철의 편지에 관한 책을 쓰면서 저한테 그 편지의 분석을 맡겼고요. 유영철의 편지 속에 중독 사이클에 대한 이야기도 나오기 때문에 이은영 기자의 책 제목은 『살인 중독』으로 결정됐죠. 이 책은 현재 절판됐습니다. 이런 책은 대중을 위해서 결코 좋은 책이 아니라는 결론을 내고 더 이상 유통하지 말자고 합의하여 재쇄를 찍지 않고 절판시켰습니다.

자기 연민과 합리화로 가득한 유영철의 편지

이다혜　　그 책을 지금도 가지고 계신가요?

이수정　　저에게 한 권 있죠. 사실 그 책의 집필에 참여했을 때만 해도 제가 사이코패스에 대해 제대로 알지 못했던 시절이라서 지금 보면 그 편지에 대한 분석이 유영철이 원하던 식으로 왜곡돼 있는 부분이 있습니다. 유영철은 분명히 자기방어적으로 편지를 썼을 텐데,

제가 그런 자기방어적인 스토리를 분석해 여러 심리적인 설명을 붙였지만 그게 결국은 유영철의 손아귀에서 놀아난 꼴이다 싶은 챕터가 하나 있어요.

어쨌든 유영철은 편지에서 자신이 그렇게까지 괴물이 된 것은 어린 시절의 학대 때문이라고 이야기합니다. 아버지는 바람을 피우고 엄마를 팼고, 엄마가 집에 무기력하게 누워 있는 동안 자기는 매일 아버지의 내연녀에게 가서 돈 좀 달라고 아양을 떨어야 했는데 그게 치욕이었다는 거죠. 그러면서 여성에 대한 적대감 같은 게 굉장히 많이 쌓인 것 같아요. 자기가 아는 여자들은 성적으로 문란하든지 아니면 엄마처럼 무기력하거나 우울했기 때문에 여자는 신뢰할 수 있는 존재라고 생각하지 못했다는 겁니다. 반면에 아버지는 경제권을 쥐고 있고, 여자들을 거느리고 있는 강력한 존재로 보였고요.

이다혜　어렸을 때는 그렇게 생각할 수도 있을 것 같아요. 학대받는 상황에서 아버지의 능력을 더 과장해서 생각할 수 있고, 그런 상황에서 어머니가 행동하는 방식을 비참하다든지 무가치하다고 생각할 수 있을 것 같은데, 성인이 된 다음에도 여전히 그렇다는 건 문제 아닌가요?

이수정　만약 엄마가 뒤늦게라도 유영철과 형제들을 잘 돌봤다면 성인이 되어서 생각이 바뀌었을 수도 있습니다. 그러나 엄마가 계속 무기력하니 어린 유영철은 못 견디고 가출을 하고, 이후 소년 전과가 생기면서 범죄자의 길을 걷습니다. 결혼해서 아들을 낳기도 했으나 특수 절도와 강간 등으로 징역 3년 6개월을 선고받아 전주 교도소에 수감 중이던 2002년에 부인으로부터 이혼을 통보받습니다. 그러면서 엄마에 이어 아내에게도 버림받은 느낌, 세상의 모든 여자는 날 버린다는 피해 의식에 사로잡힙니다. 그런 식으로 자기만 생각하고 타인의 마음은 이해하지 못하기 때문에 사이코패스라는 거겠죠. 이런 사람들은 그저 자기만 비참하다고 생각하니까요.

유영철은 그림도 잘 그리고 글도 잘 씁니다. 재능이 있긴 해요. 그래서 그림을 전공하고 싶었는데 색약이어서 미술을 할 수 없었습니다. 미술을 공부할 만한 경제 사정도 아니었지만 선천적으로 색약이라는 점에 좌절한 듯합니다.

편지에서 인상적이었던 것 중 하나가 쥐 잡는 이야기였어요. 유영철은 자기가 동네에서 쥐를 제일 잘 잡는 어린이였다고 썼습니다. 예전에는 쥐 잡는 날이 따로 정해져 있었거든요. 그래서 잡은 쥐의 꼬리를 잘라 학교에 가지고 가서 몇 마리 잡았는지 선생님께 보고해야 했습니다. 보통은 쥐약을 놓아 잡았는데 유영철은 자신이 살아 있는 쥐를 부지깽이로 찔러서 잡았다고 했어요.

유영철은 전형적인 사이코패스의 발달 과정을 거쳤습니다. 어린 시절의 동물 학대, 주의력결핍과잉행동장애도 보이죠. 아동 학대가 발생하면 아이들이 영양실조에 걸릴 확률이 높습니다. 그러면 주의 집중이 잘 안 돼요. 태어날 때부터 기능상의 문제로 주의력결핍과잉행동장애가 되는 것이 아니라, 영양 부족으로 행동장애가 오기도 합니다. 유영철은 어린 시절에 돌봄을 제대로 못 받고 이란성 쌍둥이였던 여동생과 함께 시장에서 야채를 다듬을 때 나온 시든 부분을 주워다 먹었다는 이야기를 하기도 했습니다.

유영철의 편지는 그런 식으로 자기 연민에 빠져 자기 입장만 방어적으로 잔뜩 써 놓은 글이었어요. 그러면서 그림을 막 그려 놓기도 했고요. 그런 수십 통의 편지를 분석하면서 그때는 내가 뭘 잘못했는지 잘 몰랐는데, 지금에 와서 보면 그 사람의 자기 연민만 볼 게 아니라 그가 성인이 되고 난 후에 자발적 의지를 가지고 했던 잔혹 행위를 제대로 봤어야 한다는 생각이 듭니다. 제가 그런 부분을 충분히 잘 파악한 상태에서 그 챕터를 쓰지 못했다는 점은 지금까지도 반성하고 있습니다.

그 이후에 권일용 전 형사도 만나고 유영철 사건을 기소했던 검사도 만나면서 유영철이 했던 잔혹 행위의 내용을 듣게 되었고, 사이코패스란 피도 눈물도 없는 존재라는 걸 알게 됐죠.

이다혜　자기 연민이 강하다는 것도 쉽게 이해가 되지는 않습니다. 오히려 감정이 없고 무감각하기 때문에 잔혹 행위를 한다고 생각했거든요.

이수정　남의 고통에만 무감각한 거죠.

이다혜　보통은 내가 아프니까 남도 아플 거라고 추정하는 거잖아요.

이수정　공감 능력에 문제가 있어서 그게 안 되는 겁니다. 신경학 연구들을 보면 사이코패스의 대뇌피질에서 공감을 담당하는 부분에 문제가 있다고 하거든요. 그런데 제가 『살인 중독』의 한 챕터를 쓸 때는 그런 신경학적 연구들을 지금처럼 많이 접하기 전이었던 거죠.

자신의 범죄를 물타기하는 '중화'

이다혜　서영희 씨가 연기하는 미진은 혼자 딸을 키우는 여성입니다. 생활고 때문에 성매매를 하게 되었음을 짐작할 수 있는 장면들이 나오는데요, 감기몸살이 심하지만 포주의 강요에 의해 일을 나갈 수밖에 없었고 그 과정에서 영민 같은 살인마의 희생양이 되고 맙니다. 실제로 성매매업에 종사하는 여성들 중에 미진 같은 경우도 많겠다는 생각이 드는데요.

이수정　그렇죠. 성매매업에 종사한다고 해서 가족이 없는 것도 아니고, 생계유지를 위해 잠시 일을 한다고 생각하는 여성들이 꽤 많습니다.

이다혜　미진이 영민의 집 욕실에 감금된 이후에 벌어지는 일련의 장면들은 남자 관객들이 봐도 무섭다고 할 만큼 끔찍한 장면들이어서 이번에 다시 보면서도 힘들었습니다. 영화 초반과 후반에 미진이 절망을 경험하는 장면들이 있는데, 유영철 사건에서 영화 속 미진 같은 피해자가 실제로 있었나요?

이수정　네, 있었던 걸로 기억합니다. 여자들이 여러 명 피해를 당했는데 유영철이 사용한 둔기는 본인이 직접 만든 거였어요. 기존의 둔기를 써 보니 무겁고 망치를 쓰자니 피해자가 한 번에 정신을 잃지 않아서 스스로 해머를 제작했습니다.[1] 나중에 둔기의 손잡이 안쪽

1　공사장에서 쓰는 손자루가 긴 망치에서 자루를 떼어 낸 후 그 자리에 짧은 장도리

으로 스며든 피에서 피해자들의 DNA가 나와 결정적 증거가 됐죠.

이다혜　처음엔 부유층 노인들을 노리다가 이후에 경찰의 추적을 우려해 성매매 여성으로 타깃을 바꿨다는 점에서 유영철을 다른 여성 연쇄 살인범들과는 성격이 다르다고 볼 수 있을까요?

이수정　그렇습니다. 그냥 성적 살인만은 아니었던 거죠. 초반에 부유층 노인들을 타깃으로 삼은 것은 아버지로부터 제대로 된 보호를 받지 못한 채 인간 이하의 대접을 받았던 것이 영향을 미친 듯합니다. 어린 시절에 느낀 권위에 대한 적대감 같은 것들이 마음에 앙금으로 남았던 거죠. 그래서 노인들을 죽일 때마다 아버지를 죽이는 것 같다는 생각을 했을지도 모릅니다.

그러다 어디선가 CCTV에 뒷모습이 잡힌 후 돌아다니면 안 되겠다는 생각을 했고, 피해자가 알아서 유영철의 집으로 찾아오지는 않을 테니 고민을 시작했겠죠. 결국 새로운 타깃으로 성적으로 문란한 여자들을 생각해 냈는데, 이 역시 어린 시절 아버지의 내연녀에게 느낀 적대감이 원인의 일부였을 걸로 보입니다. 유영철이 검거되고 난 다음 기소되는 단계에서 언론에 한번 노출될 기회가 있었는데 그때 그는 "부자들은 각성하고 여자들은 몸 간수 잘하라."라는 말을 합니다. 그게 본인이 가진 적대감의 대상이었던 거죠.

이다혜　한편으로는 자신의 행동을 스스로 정의하고 영웅시하는 걸로도 보이는데요.

자루를 넣고 실리콘으로 마감하여 약 4킬로그램의 해머를 제작했다고 알려져 있다.

이수정   자기 자신이 로빈 후드처럼 정의를 실현하는 사람이라고 생각했을지도 모르죠. 범죄학에서는 그런 걸 '중화'라고 합니다. 일종의 물타기 수법인데, 자신이 저지른 짓이 나쁜 짓이라고 스스로 인정하는 순간 살 수가 없으니까 물타기를 하는 겁니다. 자신은 마땅히 해야 할 일을 했고 피해자들이 나빠서 죽었다고 생각하는 거죠.

이다혜   '중화'라는 용어가 따로 있다는 점이 놀랍습니다. 명백한 범죄자들조차 스스로를 합리화하는 것만큼은 마지막까지 포기하지 않는구나 하는 생각을 하게 됩니다.
한편 중호는 혼자서 영민의 범행 루트를 밝히다가 영민의 집 벽지 아래에 가려진 기괴한 벽화를 발견합니다. 영민이 그린 그림인데, 이 설정은 사건 고증에 따랐다기보다 연쇄 살인마 신화에 대한 비틀린 낭만을 보여 주는 듯합니다. 굳이 이런 장면이 들어가야 하나 싶은 거죠. 그러면서 한편으론 실제로 유영철이 그림을 잘 그렸다고 하니 이런 사실이 진짜 있었나 싶기도 하고요.

이수정   유영철이 그림을 굉장히 많이 그린 것은 사실입니다. 끊임없이 그렸으니까요. 펜화 같은 것도 그리고 묘사가 상세한 소묘 같은 것들도 그렸어요. 장미도 무척 잘 그렸고.

이다혜   미술 치료에서는 똑같이 집을 그려도 집의 크기나 창문 개수 아니면 그림에 사람들이 등장하는지 안 하는지 등의 요소를 보고 그린 사람의 심리를 판단하기도 하잖아요. 혹시 유영철 사건 때도 그런 분석 과정을 거쳤나요?

이수정　아니요. 그런 과정은 거치지 않았습니다. 그 정도로 주제가 있는 그림을 그리지는 않았어요. 그냥 평상시에 자기가 그리고 싶은 걸 그리는 쪽이었죠. 만약 좋은 부모 밑에서 성장했다면 아티스트로 자랐을 확률이 높은 사람이라고 생각해요.

이다혜　하지만 좋은 부모 밑에서 자랐다 해도 사이코패스이지 않았을까요?

이수정　그랬을 수도 있겠죠. 타인에게는 잔인해도 사회적으로는 성공한 화이트칼라 사이코패스도 있으니까요.

이다혜　어느 쪽이 더 안 좋은 건지 잘 모르겠어요. (웃음)

범죄 영화와 '윤리 의식'

이수정　저는 유영철을 모델로 한 영민 캐릭터를 다루는 방식이 이 영화의 제일 큰 문제라고 생각합니다. 개인적으로는 드라마 「동백꽃 필 무렵」에 나오는 범인이 연쇄 살인범의 실제 모습에 가장 가까울 거라 생각해요. 무척 찌질하고, 사회적·경제적 활동에 무능하고, 여자들 앞에서 잘 처신하지 못하고, 잔인할지는 모르지만 어쨌든 객관적으로는 보잘것없고 사회성이 떨어지는 모습일 확률이 높습니다.

그런데 이 영화에서는 살인범이 굉장히 강력한 캐릭터로 묘사되잖아요. 이런 것이 일종의 미화라는 거죠. 영민은 모든 상황을 자신이 원하는 대로 끌어갈 수 있는 사람처럼 보이고, 심지어는 경찰서에 갔을 때조차 경찰과의 두뇌 싸움을 통해 자기가 마치 이들을 휘두르는 것처럼 보입니다. 그런 묘사들이 사이코패스 범죄자들에 대한 두려움을 유발하는 한편, 그들을 전능한 것처럼 그린다는 점에서 문제가 됩니다.

이다혜   저도 동의합니다. 예를 들면 연기력 좋은 남자 배우들이 이제 이런 사이코패스 역할을 피하지 않는다는 거죠. 그러면서 점점 잘생기고, 더 공포스러운 사이코패스 신화 같은 것들이 탄생합니다.

그런 면에서 미진이 기지와 용기를 발휘해 영민의 욕실을 탈출한 후 근처의 구멍가게에 피신을 했는데도 영민이 다시 미진을 찾아내 굳이 죽이는 장면을 보며 저는 이 영화의 윤리 의식을 묻지 않을 수 없었습니다.

이수정   게다가 그 장면이 이 영화의 클라이맥스잖아요.

이다혜   누구라도 그 장면을 보고 미진이 드디어 도망쳤구나, 영민이 찾아간다 해도 어떻게든 해결되겠지, 이렇게 생각하지 설마 거기서 다시 끔찍한 일이 생길 거라고는 예상하지 않을 겁니다.

이수정   그러니까 영화겠죠. 반전 강박일 수도 있고요. 어떤 범죄자가 그렇게 간이 크겠어요. 미수에 그칠 수는 있어도 끝까지 위험을 무릅쓰는 범죄자는 없습니다. 이춘재도 그래서 미수가 있잖아요. 피해자 중 한 명이 강력하게 저항해서 생존한 경우가 있습니다. 범죄자를 만났을 때 저항하면 오히려 죽을 수도 있다는 정보가 많이 유포되었는데, 실제로는 저항을 강하게 하는 사람들의 생존 가능성이 더 높습니다. 물론 사생결단으로 저항하다 죽는 사람도 나오지만요.

이다혜　　저항이 완강하면 범죄자에게도 그만큼 리스크가 커지기 때문에 오히려 포기하고 도망가는 것이 더 이득이겠죠. 다만 생사가 달린 일이니 이걸 일반화해서 쉽게 이야기할 수는 없지만, 무조건 범죄자가 시키는 대로 한다고 해서 생존 가능성이 높아지지는 않는다는 뜻이겠네요.

이수정　　천신만고 끝에 도주했는데 결국 쫓아가서 죽이는 장면, 시신을 어항에 집어넣는 장면 등은 아무리 영화적 설정이라도 과잉으로 느껴집니다. 실제로는 범죄자들이 그렇게까지 대범하지도 못할 뿐 아니라, 요즘은 과학 수사가 발전하고 CCTV가 사방에 달려 있기 때문에 그런 무리수를 두지 않습니다. 오늘날에는 이런 식의 사건이 일어나기 어려워요.

이다혜　　말씀하셨듯이 CCTV에 범죄 예방 효과가 있는 건 분명해 보입니다. CCTV 설치와 경찰 충원 둘 다 하면 가장 좋겠지만, 현실적으로는 CCTV가 늘어나는 속도가 더 빠르단 말이죠. 하지만 CCTV 개수도 지역에 따라 빈부 격차가 있다는 말이 있습니다. 강남은 몇 초에 한 번씩 CCTV를 마주치면서 걸어갈 수밖에 없지만, 인구 밀집도가 낮거나 가난한 지역은 CCTV 수도 적다고요.

이수정　　그런데 요즘은 지자체에서 안전 문제를 최우선으로 잡아 예산 배정을 하기 때문에 과거보다는 하이테크 기기가 많이 설치되고 있는 상황입니다. 문제는 등산로에 CCTV가 없다는 거예요. 나무에 설치하기도 어렵다 보니 등산로에서 여성 살인 사건이 여러 건 일어나기도 했습니다. 제주도 올레길에서도 여성 여러 명이 살해된 바 있고요.

더 이상 오프라인 범죄가 쉽지 않다 보니 이제는 랜덤 채팅 앱으로 사람을 유인해 화장실에서 사람을 토막 내도 찾기 어려운 시대가 됐습니다. 범죄자들이 다 집 안으로 들어가 숨어 있는 거죠. 그래서 요즘 제일 큰 걱정은 전자 발찌를 차고 랜덤 채팅 앱으로 가출 청소년들을 불러다 성폭행한 후 증거를 없애면 그다음엔 어떻게 할 거냐 그런 것들이죠.

이다혜   그렇네요. 피해자를 집으로 불러들일 수 있는 방법이 점점 많아지고 있는 듯합니다. 결국은 범죄도 시대가 바뀌면서 방식을 바꿔 나가고 있어요. 옛날에 유효했던 방식이 더 이상 유효하지 않다고 해서 범죄가 없어지지는 않고요.

범죄의 성격에 따라 미디어가 주목하는 차이에 대해서도 생각하게 됩니다. 영화를 보면 초반에 정치인이 연루된 사건이 나옵니다. 성매매 여성들이 연속으로 사라지고 살해당하는 사건에는 무심하던 경찰이 정치인과 연루된 사건에는 일이 생기기도 전부터 대기하고 있습니다. 예를 들면 정치인에 대한 배설물 투척은 누군가의 불쾌함을 유발하는 일이지만 성매매 여성 살해는 누군가의 생명을 말살하는 일인데도 경찰의 우선순위는 전자에 있어 보여요. 범죄들 간에도 사회가 부여하는 우선순위라는 게 있구나 하는 생각이 들었습니다.

이수정   그런데 그건 영화적인 과장이고 제가 별로 좋아하지 않는 스타일의 흑백 논리 같네요. 세상은 그렇게 단순하지 않고, 인긴 사회엔 생각보다 빈틈도 꽤 많은데, 흑백 논리로는 그런 것들을 담아낼 수 없죠.

피해자들의 희생이 헛되지 않도록⋯⋯

이다혜   영화 속 하정우 씨의 살인범 연기는 어떻게 보셨나요? 실제 유영철 캐릭터랑 비슷하다고 느끼셨는지, 아니면 과잉 해석된 연기로 보셨는지 궁금합니다.

이수정   대담하면서도 무심하고 냉혈한인 영웅처럼 그려진다는 점에서 실제 유영철과는 다르죠. '사이코패스는 아마도 이럴 것이다.'라는 프로토타입에 부합하기 위해 노력해 만든 캐릭터로 보입니다. 영화 속 영민처럼 대담하게 움직이는 범죄자는 사실 많지 않습니다.

이다혜   영화적으로 만들어진 인물이라는 점, 영화가 범죄자를 대담하고 똑똑한 사람으로 그리고 있다는 지적에 공감합니다. 유영철 사건이 갖는 중요성이 있다면 무엇일까요? 이 사건 이후 실종 여성들에 대해 더 빠른 조사가 이루어지면 참 좋겠는데 말이죠.

이수정   실제로 유영철 사건 이후 한국에서 과학 수사가 획기적으로 발전하긴 했습니다. 국회 의원들이 경찰청장에게 연쇄 살인 사건에 대한 대책을 요구한 결과 만들어진 제도가 프로파일러니까요. 유영철 사건은 결과적으로 한국에 범죄 분석 요원들이 탄생하게 된 배경이라고 볼 수 있습니다. 사건 자체는 정말 끔찍했지만 여러 가지

기술이나 제도가 발전하는 데에는 큰 계기가 되었죠. 과학수사과가 독립하면서 DNA 관련 기술도 획기적인 발전을 했습니다.

마치 계단식 발전을 하는 것 같아요. 어떤 계기가 생기면 그로 인해 확 발전하는 거죠. 유영철 사건 때 과학 수사가 발전했고, 조두순 사건 때 여성과 아동의 인권 문제가 적극적으로 대두되기 시작한 것은 의미 있는 일입니다.

이다혜   피해자들의 희생이 헛되지 않았다는 점에서 그나마 다행입니다.

사람을 살리고
죽일 수 있는 '제도'

4

시스템이 지배

증인 신문, 진실을 둘러싼 고도의 게임

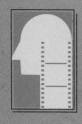

암수 살인

감독 김태균 | 한국 | 2018년

형사 김형민은 부산 자갈치시장 국숫집에서 만난 제보자로부터 뜻밖의 이야기를 듣는다. 몇 년 전 누군가의 부탁을 받고 산에다 커다란 비닐봉지를 하나 묻었는데 그 속에 토막 난 시체가 들어 있었던 것 같다는 이야기였다. 호기심이 동한 형민이 사건의 의뢰인이 누구인지 묻자 제보자는 기다렸다는 듯이 돈을 요구한다.

형민이 목욕이나 하라며 10만 원짜리 수표를 던져 주는 순간 형사들이 들이닥쳐 제보자를 체포한다. 그렇게 붙잡힌 살인범 강태오는 15년 형을 선고받고 감옥에 수감된다.

그로부터 3개월 뒤 형민은 감옥에서 걸려 온 강태오의 전화를 받는다. 강태오는 형민에게 자신이 7명을 죽인 연쇄 살인범이라고 자백하더니 자세한 이야기를 들려주겠다며 형민을 부른다.

형민은 형사의 직감으로 그 말이 사실이라고 믿고 드러나지 않은 살인 사건의 증거를 찾기 위해 강태오를 면회한다. 거짓과 진실을 교묘히 뒤섞는 강태오의 이야기 속에서 형민은 부단히 증거를 찾아 헤매며 수사를 포기하지 않는다.

이다혜   이번 작품은 김태균 감독이 연출하고 김윤석, 주지훈 씨가 주연한 2018년 한국 영화 「암수 살인」입니다. 이 영화는 2010년에 부산에서 일어난 실제 사건을 극화한 작품입니다. 주지훈 씨가 연기한 강태오는 이두홍이라는 가명의 살인범을 모델로 하고 있고요. 김윤석 씨가 연기한 김형민은 김정수 형사가 모델입니다. 이두홍과 형사 김정수의 기묘한 만남은 「그것이 알고 싶다」에서 두 차례에 걸쳐 굉장히 자세히 다루었습니다. 선생님도 이 사건에 대해서 잘 알고 계시죠.

이수정   네, 이 사건은 「그것이 알고 싶다」를 자문하다가 알게 됐습니다. 결국 피고인 이두홍이 교도소 안에서 자살을 했지만 「그것이 알고 싶다」를 할 당시에는 살아 있었고 굉장히 흥미롭게 내용을 살펴봤던 기억이 납니다.

수감자의 게임 같은 제안

이다혜   영화를 보면 실화임이 믿기지 않을 정도로 특이한 케이스였던 것 같습니다. 일단 수감된 살인범이 자기가 저지른 범죄를 형사에게 자백합니다. 그다음에 자기가 자백한 말이 진짜인지 가짜인지를 한번 밝혀 보라며 일종의 게임처럼 제안을 합니다. 이런 사례는 굉장히 희귀할 것 같은데요, 한국에서 이런 경우가 또 있었나요?

이수정 　가끔 교도소 수감자들 중에 본인이 털어놓지 않은 과거의 여죄를 자백하겠다며 예전에 알던 형사를 불러들이는 경우가 있기는 합니다. 이두홍의 경우는 여러 건의 범죄 리스트를 이용해 장기간에 걸쳐서 형사와 줄다리기를 하기도 했고요. 대부분의 형사들은 이런 거래 시도를 무시하지만 지금 이 사건의 주인공인 김정수 형사는 나름대로 성의를 가지고 수형자가 말한 여러 가지 사실들을 입증하기 위해 노력한 끝에 실제로 그중 한 건이 사실로 입증되었습니다. 매우 희귀한 케이스죠.

그렇게 수형자가 형사에게 사건의 힌트를 주고, 형사가 나가서 수사를 해 그것을 입증해 재판까지 간 경우는 처음 본 것 같습니다. 수형자들의 입장에서 보면 교도소 안에서의 생활이 고달프기 때문에 이런 일을 벌이는 것일 수도 있습니다.

이다혜 　자기가 저지른 범죄가 입증되면 형이 추가되고, 새로 추가된 죄에 대해 새롭게 재판을 해야 하는데 왜 굳이 자발적으로 이야기하는지가 궁금했습니다. 저는 두 가지 이유가 있을 거라고 생각했는데, 한 가지는 누군가가 계속 자신에게 관심을 갖고 자기가 하는 이야기를 들어 주고 반응해 주길 원하는 외로움 때문이라고 생각했고요, 다른 이유로는 영치금이라고 봤어요. 영화 속 강태오의 경우는 자기가 정보를 주는 것을 대가로 영치금 같은 걸 받잖아요. 그러니까 감옥에서의 생활을 업그레이드할 수 있는 재테크의 기회로 자신이 저지른 범죄를 이용하는 것이 아닌가 하는 생각이 들었습니다.

이수정　말씀하신 두 가지 중 하나가 답입니다. 후자입니다.

이다혜　정말요? 외로움은 이유가 될 수 없나요?

이수정　밖에 있어도 외롭기 때문에 그건 이유가 될 수 없죠.

이다혜　선생님도 외로우세요? (웃음)

이수정　순간순간 외롭죠, 안 외로운 사람이 누가 있겠어요. (웃음) 교도소 안의 생활 자체가 굉장히 고달파요. 영치금을 줄 가족이 있으면 한 달에 몇만 원이라도 입금을 받아서 그걸로 운동화도 사고 내의도 사고 영치 물품을 구매할 수 있는데, 만약 가족이 수형자를 버렸다고, 혹은 애초에 가족이 없다고 생각해 보세요.

바깥세상에서도 돈이 계급을 결정하지만 교도소 안에서도 역시 돈이 계급을 결정하거든요. 그 안에서도 주변 사람들에게 이것저것을 빌리는 일이 잦습니다. 교도소 안에서 가장 밑바닥 계층이 되지 않기 위해 수형자들이 영치금을 받을 수 있는 작업을 자원하기도 합니다.

이다혜　작업이란 교도소 내에서 임금을 받기 위해 하는 일을 말씀하시는 거죠?

이수정　그렇죠. 그런데 그런 성실성마저 없는 사람들은 어차피 잃을 게 없다고 생각하기 때문에 머리를 짜내 저지르지도 않은 범죄를 마치 저지른 것처럼 말해 형사와 거래를 시도하기도 합니다. 어차피 장기형이고 한국은 사실상 사형을 집행하지 않는 나라라서 당장 눈앞의 불편함을 해소하기 위해 옛날에 자기가 알던, 자기를 교도소로 보낸 형사들한테 내가 사실 당신에게 말해 줄 것이 있으니 찾아오라며 편지를 쓰거나 전화를 하는 거죠. 그러면 형사가 어떻게 빈손으로 가겠어요, 드링크 하나라도 사서 들어가면 마치 뭔가 대단한 걸 가지고 있는 양 거짓말을 해서 형사를 이용하는 것입니다.

이다혜   일종의 사기 아닌가요?

이수정   일부는 사기인데 지금 이 사건처럼 진짜인 경우가 있기 때문에 형사들이 무작정 무시할 수만은 없는 거지요.

형사와 범죄자의 특별한 관계

이다혜   그렇겠네요. 선생님이 프로파일링 해 보면 강태오는 어떤 사람인가요? 영화 속에서는 감정 불능의 살인범이라고 나오는데 동의하시나요?

이수정   부합하는 부분이 틀림없이 있습니다. 인정사정 보지 않고, 자제력이 굉장히 떨어지는 포악한 사람이었던 듯합니다. 제가 실제 인물인 이두홍이 김정수 형사에게 보냈던 메모의 실물을 본 적이 있는데요, 진실을 열 배 정도 부풀려 허풍을 치거나 능수능란하게 거짓말을 하는 캐릭터였습니다.
일부 거짓말은 경험자의 눈으로 보면 실존하지 않는 사건임을 금방 알 수 있었습니다. 제가 보기엔 김정수 형사 말고도 본인이 알던 모든 형사들에게 메모를 보내지 않았을까 싶은데, 김정수 형사가 유일하게 반응한 것이 아닌가 하는 생각이 듭니다.

이다혜　김형민 형사가 이 사건에 어떻게 휘말리게 되는지를 보여 주는 영화 초반이 흥미로웠는데요, 특히 강태오라는 캐릭터가 자아 도취적인 면이 너무나 강한 사람으로 묘사되는 점이 재미있었습니다.

이수정　연구에 따르면 사이코패스들은 자기애가 강하다고들 합니다. 이 강태오 캐릭터 역시 자기가 형사의 머리 꼭대기에 앉아 있다고 스스로 생각했겠죠.

이다혜　영화에서 강태오는 "형사님들은 멍청해서 내가 말을 안 해 주면 아무것도 몰라."라고 하는가 하면 "완전 범죄가 왜 없어."라는 말도 합니다. 연쇄 살인범을 다룬 영화를 보면 종종 너무 완벽하게 범죄를 저질러서 오히려 세상에 자신의 범죄가 알려지지 않는 것에 불만을 갖는 범인들도 등장합니다.

이수정　외국에서 일어났던 테러 사건의 경우에 경찰들이 해결을 못 하니까 경찰서에 익명의 편지를 보내서 자기가 뉴욕에 폭탄을 설치한 당사자라고 주장한 사람도 있었죠. 경찰을 조롱하는 데서 쾌감을 느끼는 사람들도 있는 것을 보면 강태오도 결국은 김형민을 가지고 놀면서 자기 효능감을 극대화했을 것 같습니다. 경찰임에도 불구하고 자신의 명령에 꼭두각시 인형처럼 교도소를 들락거린다는 사실을 즐겼겠죠. 영치금 이외에도 말입니다.

이다혜　김형민은 강태오의 말을 듣자마자 본인이 형사로서 오래 일해 온 감에 의거해 그 말에 신빙성이 있다고 생각하지만 저는 영화 속 대사나 상황만 놓고 보면 살인범 말을 어떻게 믿나 의구심이 들더라고요.

이수정　이 부분은 제삼자가 알기 어려운 측면이 있습니다. 실제로 수사를 하는 사람과 수사를 받는 범죄자 사이에는 연대감 내지는 사적인 결속력 같은 것이 생성됩니다. 검거된 이후에 여러 번의 수사를 통해서 결국은 재판을 받고 교도소에 갈 때까지 형사는 공격자이면서 동시에 스폰서 같은 역할을 하는 셈이거든요. 또 일부 피의자들은 자백도 하는데, 자백이란 형사를 신뢰하지 않으면 하기가 무척 어렵습니다. 김형민은 마약 사건 전담반일 때 강태오를 만났습니다. 마약과는 함정 수사를 많이 하고, 함정 수사는 범죄자들과의 신뢰 관계 없이 수행하기가 굉장히 어렵습니다. 누군가를 끄나풀 삼아서 덫을 놓는 것이기 때문에 범죄자와 수사 관계자 사이에 어느 정도 신뢰 관계가 있어야 합니다.

이다혜　형사는 범죄자에게 일종의 스폰서이기도 하다는 말씀이 굉장히 흥미로운데, 사실 일반인 입장에서는 그런 수사가 위험해 보이기도 하거든요.

이수정　사실 위험하죠. 유착이 생길 수도 있는 거고요. 사건을 해결하기 위해서 오랜 시간 물리적으로 함께 지내다 보면 공감대가 생길 수밖에 없고 궁극에는 자신이 범죄자인지 형사인지 알 수 없는 순간도 생깁니다. 한 발만 선을 넘으면, 삼간의 위험 감수로 얻을 수 있는 이득이 너무 크기 때문에, 형사들이나 사법 기관에 근무하는 사람들에겐 고도의 윤리 의식이 필요하고 이들을 위한 정기적 교육이나 훈련도 필요합니다. 이익에 반해 손실이라는 것은 징계 몇 개월 내지는 기껏해야 파면에 불과한데, 차라리 범죄 수입을 바탕으로 업종을 바꾸면 되니까 누구나 유혹에 빠질 수 있습니다.

영화에 얼마나 반영됐는지 잘 모르겠지만, 강태오와 김형민은 당시 나름대로 신뢰감이 있었던 것 같아요. 그래서 김형민이 반복적으로 교도소를 오가면서 강태오의 이야기가 완전히 헛소리는 아니라는 확신을 갖고 사건을 추적을 시작했을 듯합니다.

실종 사건 수사가 중요한 이유

이다혜　제목인 '암수 살인'은 실제로 벌어졌지만 수사 기관이 인지하지 못했거나 혹은 용의자의 신원이 파악되지 않은 범죄를 말합니다. 영화에서 김형민이 강태오를 면회하는 이유도 바로 암수 살인을 해결하기 위해서입니다. 암수 범죄, 암수 살인 이런 말들이 실제로 쓰이는 말인가요?

이수정　네, 실제로 쓰이는 말입니다. 사건이 일어나도 범죄로 등록되지 않는 경우가 있어요. 피해자가 살아 있어도 신고를 안 하면 범죄로 사건화가 되지 않죠. 가장 대표적인 것이 성폭력인데, 피해자가 여러 가지 이유로 신고를 안 하면 성폭력이 발생했어도 공식적으로는 기록이 남지 않게 됩니다.

이다혜　　살인이 암수 범죄가 되는 가장 대표적인 사례는 시체가 발견되지 않는 경우일 것 같은데요.

이수정　　그렇습니다. 실제로는 살인 사건인데도 실종 사건이 되는 경우가 많아요. 실종 사건 또한 가족이든 누구든 찾겠다고 나서야 실종 신고가 되는데, 신고를 안 하는 사건들이 있다는 거죠. 만약 혼자 살던 사람이 어느 날 사라졌다면 범죄의 희생양이 되었을 개연성이 높지만 아무도 사건화하지 않으면 그냥 사람과 사건 자체가 증발하는 것입니다.

이다혜　　영화를 보면 범인이 희생자를 물색할 때 '이 사람이 없어지면 누가 찾을까?'라는 기준도 희생자를 선택하는 중요한 요건 중 하나더라고요.

이수정　　그렇습니다. 가족이 없는 무연고자나 노숙자를 범죄에 가담시켜 수익을 올리는 가장 대표적인 범죄가 보험 살인입니다. 뒤늦게라도 가족이 출현해 보험금에 대한 권리 주장을 할 경우 보험 살인이 성사될 수 없기 때문에 무연고자들을 찾아 범죄에 가담시킵니다. 요즘은 실명제이고 개인정보보호법 때문에 제삼자가 통장을 만들기 어렵잖아요. 그러니 노숙자나 무연고자가 좋은 타깃이 됩니다.

이다혜　　법이 바뀌면 범죄자들은 항상 그 틈새를 노리는 것 같아요.

이수정　　그럼요. 범죄는 굉장히 빨리 진화합니다. 나쁜 쪽으로 머리가 천재적인 사람들이 워낙 많아서요.

이다혜　사회적으로 아웃사이더 혹은 무연고자라는 식의 표현을 많이들 사용하는데요. 그 범주에 제가 들어간다고 해서 그걸 이유로 어떤 범죄의 표적이 될지 스스로 예측할 수는 없잖아요.

이수정　예측하기도 어렵고 예측해 봤자 대안도 없습니다. 그만큼 취약하다는 뜻입니다. 복지 사회인지 아닌지는 결국 그런 구성원까지 찾아다니면서 복지 서비스를 제공할 준비가 된 사회인지로 판가름이 나겠죠.

이다혜　선생님께서 예전에 말씀하셨듯이, 결국 개개인의 경제적인 문제나 사회적 혹은 건강 관련 문제에 대해 국가가 책임을 나누어 진다고 하면 무연고자라는 것은 있을 수 없을 텐데요, 안타까운 현실입니다.

김형민 형사는 소외된 사건을 해결하기 위해 자기 경력 전부를 내던지다시피 하는 사람입니다. 나름대로 이성적이고, 윤리적이고, 피해자와 그 가족의 고통에 공감도 하고, 사명감도 넘치고요. 스크린 너머로 보는 저는 복장이 터지는데 이 형사는 참을성도 대단합니다. 최근 한국 영화에서 무척 보기 드문 형사 캐릭터라고 생각했어요.

아마도 김정수 형사의 실제 성격을 반영한 것이겠지만 그의 차분한 언행은 과시적인 사이코패스로부터 진실을 이끌어 내기 위해 수사관으로서 가지고 있는 기술이 아닐까 하는 생각을 했거든요.

이수정　오랜 경험으로 습득된 기술일 개연성이 굉장히 높아 보입니다. 보통 사이코패스는 남을 지배하는 데서 오는 존재감을 즐기는 사람들이라 상대가 대놓고 도전하거나 반격하면 털어놓으려던 말도 거둘 가능성이 있죠.

사건을 캐내려면 결국 이두홍이 제공하는 정보를 최대한 많이 습득해야 하니까 이두홍의 자긍심을 고양시켜 자랑하게 만드는 전략이 현명합니다. 그런 면에서 보면 이두홍이 부당한 이야기를 해도 면전에서 반박하기는 굉장히 어려울 것 같습니다. 결국 인내심과 차분함 자체가 면담 기술일 수 있습니다.

모든 범죄자는 흔적을 남긴다

이다혜   수사 기관 당사자가 주인공인 드라마 시리즈가 굉장히 많습니다. 그런 경우에 용의자 신문을 전문적으로 하는 사람들이 따로 있고, 성범죄자나 아동 성애자도 세분화해서 각 경우에 따라 달리 신문하라는 식의 교육이 이루어집니다. 한국도 그런 교육이 이루어지고 있나요?

이수정   그 정도로 디테일하게 분류가 돼 있진 않지만 수사 기관 등에서 나름대로 면담에 관한 기술을 교육하고 있습니다.

이다혜   선생님이 가서서 교육하기도 하시나요?

이수정   가끔 가죠. 관련 분야인 경우는 면담 교육도 하는데, 면담의 핵심은 적정한 거리를 유지하되 신뢰감을 잃지 않도록 자제하면서 진행하는 것입니다. 감정을 참지 못하는 수사관들도 당연히 있죠. 자백하려고 온 사람에게 경멸하는 태도로 소리를 지르다가 결국은 협조를 얻지 못하는 경우도 있고요. 그런 경우엔 면담을 혼자 진행하지 않고 여러 명이 같이 팀을 이뤄 진행합니다.

현재는 신문 장면을 다 녹화하고 있습니다. 신문실의 한 면이 원웨이 미러여서 바깥에 있는 수사관들이 지켜보며 전략을 짜고 어떤 식으로 면담을 진행하라고 조언도 하죠.

이다혜   가장 흔한 방식이 이른바 굿 캅, 배드 캅이잖아요. 한 사람은 착한 형사 역할을 맡아 달래고, 다른 사람은 나쁜 형사 역할을 맡아 윽박지르고.

이수정   굿 캅, 배드 캅 방식은 굉장히 효과가 있습니다. 배드 캅이 옛날처럼 막 폭행을 하는 것은 아니지만 수사를 받는 입장에서 상대적으로 희망을 주는 굿 캅이 등장하면 그쪽에 의지하게 되거든요. 자백으로 얻을 수 있는 이득에 대해 설명을 해 준다거나, 형을 감형해 주겠다고 한다거나, 현실적인 여러 조건을 이야기해 주면 용의자도 나름대로 합리적인 방향을 모색합니다. 그 전까지는 무작정 도주하고 싶다는 욕망뿐이었다면 검거되어 신문을 받은 후 상당히 협조적으로 변하는 경우도 많습니다.

이다혜   이왕 잡혔으니 협조를 하면서 자기가 빠져나갈 방법을 모색한다는 거군요.

이수정   이제는 과학 수사 기법들이 발달했기 때문에 세세한 증거들을 제시하며 서로 전략적으로 주고받게 된 셈이죠.

이다혜   과학 수사가 발달하기 전에는 무조건 했어, 안 했어, 어디 있었어, 이런 것들을 일일이 진술로 확인해야 했는데, 증거가 있으면 굳이 그럴 필요가 없으니 과학 수사가 신문에도 굉장히 큰 영향을 미치긴 했겠네요.

이수정   그중에서도 제가 제일 유용하다고 생각하는 것은 디지털 증거들입니다. 사람들은 어딘가에 반드시 자신의 흔적을 남겨요. 예를 들어 휴대폰을 가지고 다니면 기지국 정보가 남고, 만약 자살을 하고 싶다면 자살 방법에 대해 검색을 안 할 수가 없잖아요. 그런 흔적들이 다 남기 때문에 그것들 자체가 직접 증거는 안 되더라도 혐의를 입증할 때 정황적으로 굉장히 의미 있는 정보들이 됩니다. 핵심적인 질문으로 몰고 갈 수 있는 계기가 되죠.

이다혜   신문하는 장소가 어떻게 설계되는지도 심리에 영향을 준다고 하는데요. 예를 들어 온도가 낮을 때와 높을 때, 밝을 때와 어두울 때, 사람이 많을 때와 적을 때 같은 미세한 사안들도 감안해서 설계가 될 것 같은데 실제로는 어떻습니까?

이수정   제가 알기로는 국내에 녹화가 되는 신문실을 만들 때 검찰에서 해외로 나가 FBI 등 외국 검찰의 면담실이 어떻게 구성되어 있는지를 살펴본 후 벤치마킹해서 만든 걸로 알고 있습니다. 경찰도 마찬가지고요.
원스톱 센터를 처음 만들 때에도 외국의 피해 아동 조사실을 많이 참조했습니다. 아이들은 공포심을 잘 느끼기 때문에 면담 환경이 굉장히 중요하거든요. 제가 미국에서 방문했던 조사실에는 대형 화판이 놓여 있었습니다. 미술 도구도 다 준비되어 있어서 화판 아무 데나 그림을 그릴 수 있었습니다.

그런데 가만히 들여다보면 화판 가운데에 카메라가 숨겨져 있습니다. 피해 아동의 표정 변화 같은 것들을 기록하기 위해서인데요. 표정은 인간이 의식적으로 컨트롤하기 힘든 것이라 의외로 많은 사실을 알려 줍니다. 예를 들어 엄마가 이혼 소송을 진행하면서 보다 유리한 위치를 점하기 위해 아이로 하여금 아버지에게 성폭행을 당했다고 말하게 한 사건이 있었어요. 이렇게 거짓 발고를 하는 아이의 표정은 일반 피해자의 표정과 다릅니다. 그런 종류의 정보까지 다 포착할 수 있도록, 그러니까 피면담자의 상세한 특징들이 포착될 수 있도록 면담실을 설계해야 합니다.

이다혜　그렇다면 용의자를 신문하는 곳과 피해자가 자신의 피해 사실을 진술하는 공간은 각기 달라야 하지 않을까요?

이수정　면담자 입장에서 보면 사실 큰 차이가 있는 것은 아닙니다. 면담자의 유형에 따라 세팅이 조금씩 달라질 뿐이죠. 면담자가 갖추어야 할 자질을 제대로 갖추는 것이 더 중요합니다. 면담자의 성격 자체가 질풍노도라면 면담이 진행되기 어렵겠죠. 예전에는 사실 그런 수사관들이 많았습니다. 폭행도 하고, 늘상 유도 신문을 하고, 질문 안에 듣고 싶은 이야기를 다 넣어 말한 다음 '그렇지?' 하고 물으면 '네.' '아니오.'의 단답형 대답만 하게 만드는 식으로 많이 진행됐죠.

불법적 증거와 O. J. 심슨 사건

이다혜　　진실과 거짓을 굉장히 교묘하게 섞는 것이 강태오라는 영화 속 인물의 특징인데, 김형민 형사는 계속 거기에 끌려 다닙니다. 그러다 영화 중반쯤이 되면 형사가 더 이상 면회를 오지 않겠다고 선언하면서 둘의 관계에서 일종의 긴장 혹은 반전이 발생하는데, 이때 김형민이 강태오에게 "넌 거지새끼다, 개잡범이다." 이런 말을 하면서 자존심을 확 깎아내립니다. 이런 장면은 김형민의 심리적 노림수라고 보이는데, 이럴 때 노린 건 무엇이었을까요?

이수정　　흔히들 연애 과정에서 밀고 당기기를 잘해야 한다고 하는데, 결국 이것도 그런 과정이었던 것으로 보입니다. 김형민이 좀 모자란 척하면서 이야기를 다 들어 주다가 강태오가 결정적인 순간에 털어놓지 않자 이제부터는 본인이 주도권을 갖겠다고 알리는 걸로 보이고, 제 생각엔 아마도 실존 인물 역시 그런 과정을 겪었던 것 같습니다. 그래서 그분 말씀에 따라 영화가 이런 식으로 흘러갔던 것 아닌가 싶고요.

이다혜　　계속 일방적으로 끌려 다니기만 한 게 아니라 중간에 한 번은 그런 반전을 꾀했던 거군요.

이수정　　영화에서 김형민이 강태오에게 영치금도 넣어 주고 그랬는데, 실제로도 김정수 형사가 이로 인해 징계를 받았던 것으로 기억합니다.

이다혜   저도 사실 영치금을 저렇게 넣어 줘도 되나 하는 생각이
들더라고요.

이수정   안 되죠. 불법입니다.

이다혜   앞서 말씀하셨던 것처럼 영치금이 수형자의 먹는 것, 입
는 것, 모든 것을 결정하는데, 내가 돈을 줄 테니까 혹시 여죄가 있으
면 이야기해 보라고 하는 건 뇌물에 가까운 것 아닌가 하는 생각도
들었습니다. 이런 게 불법이 아니면 대체 뭔가 싶을 정도로 영화를
보면서 아슬아슬했거든요.

이수정   한국은 증거법이 관대해서 그런 부분까지 따지지는 않는
데, 영미권은 증거법에 굉장히 여러 판례가 있어서 지켜야 하는 규칙
도 그만큼 많습니다. 증거법이란 증거들이 합법적인 테두리 내에서
확보되어야 한다는 법이죠. 그러니까 정보를 제공하는 과정 자체가
합법적인 테두리 내에서 이루어져야 하고, 그 안에 불법적인 요소가
포함돼 있을 경우에는 증거 자체를 재판에서 활용할 수 없도록 무력
화시켜 버릴 수도 있습니다.

이다혜   예를 들어 혈흔이 나왔는데 혈흔을 얻는 과정에서 거짓
말이 있었다는 식으로 합법적인 절차를 밟지 않았다면 그 혈흔 자체
를 증거로 채택하지 않더라고요.

이수정   그러니까 이 영화처럼 영치금을 넣어 주면서까지 얻게
된 정보의 경우 증거 확보 절차에 결격 사유가 있다고 문제 제기를

하면 한국에서는 별문제가 되지 않을지 모르지만 증거법이 까다로운 국가에서는 문제가 될 수 있습니다.

이다혜 예를 들어 시체를 발견해도 증거 확보 절차에 결격 사유가 있으면 재판을 하지 않을 정도로 엄격한가요?

이수정 그건 아닐 것 같은데, 어쨌든 잘못된 경로로 얻은 증거는 사용하지 못할 수 있습니다. 제대로 된 경로로 얻은 증거만으로 유죄가 확정되면 다행이겠지만요. O. J. 심슨 사건*이 대표적인 사례인데, 이때 형사 재판에서는 무죄로 풀려났지만 민사에서는 유죄가 입증된 거나 마찬가지인 정도로 엄청난 벌금이 내려졌습니다.

O. J. 심슨의 살인죄 증거 중에 장갑의 수집 절차에 대한 문제가 제기되었고, 실제로 O. J. 심슨이 법정에서 할리우드 액션처럼 장갑이 손에 안 들어간다, 장갑이 이렇게 작은데 이걸 끼고 내가 사람을 죽였겠느냐, 하면서 배심원들을 설득해 결국 그 장갑의 증거력이 사라지고 무죄가 된 것으로 기억합니다.

이다혜 영화 중에 강태오가 자기 감방 안에 법전을 높이 쌓아 놓고 공부를 하는 장면이 있더라고요.

이수정 실제로 교도소에 그런 수형자가 많습니다. 자신의 억울함을 밝히기 위해서, 또 자기 재판을 이해하기 위해서도 법전 공부를 하고, 나아가 검정고시도 보고, 나중에 법리를 이용한 범죄에 법지식을 활용하기도 합니다. 공부하는 것 자체가 잘못이라고는 생각하지 않아요. 그런데 그걸 어떤 식으로 사용하느냐는 개인 편차가 클 것입니다.

이다혜   이렇게 법의 허점을 잘 아는 범죄자는 수사관들이 대하기가 더 까다로울 것 같습니다.

이수정   어렵죠. 예컨대 말 한마디마다 인권 침해라며 따지고 느는 피의자와 대화하기란 쉬운 일이 아닙니다.

이다혜　　이 영화 속에는 범죄자에게 속아서 가산을 탕진하고 가정까지 파탄 난 전직 형사가 등장합니다. 실제로도 잘 훈련받은 형사나 프로파일러가 이런 지능적인 범죄자의 수법에 휘말리는 경우가 있을까요?

이수정　　글쎄요. 어떤 특정한 피의자에게 말려서 파면을 당하는 일보다는 버닝썬 사건처럼 장기간의 유착 관계 때문에 꼬리가 밟히는 경우가 있을 법합니다. 이런 경우는 언젠가 한계에 도달하니까요. 그래서 해임이나 파면을 당한 후 사표를 쓰고 전직 경찰을 찾는 직업군으로 빠지는 분들이 있죠.
　　그러나 제 개인적인 경험일지도 모르지만 아예 범죄에 가담하는 분은 거의 못 봤습니다. 전직 경찰이 조폭이 된다거나 하는 경우는 드문 듯합니다. 그런 게 아니어도 전직 경찰을 원하는 직업군은 많으니까요. 영화적인 상상력에 가깝다고 할 수 있겠습니다.

300여 명의 심리학 박사가 일하는 FBI

이다혜　　이런 잔혹한 범죄를 신문하는 수사진들의 스트레스가 굉장히 크다는 이야기를 들은 적이 있습니다. 할리우드 경찰 영화를 보면 본인이 총상을 입거나 동료가 사건 중에 죽거나, 트라우마가 생길 정도로 너무 끔찍한 사건을 경험한 경우에는 심리 치료를 받게 하는데, 한국은 어떤가요?

이수정　한국도 경찰 내부에 케어 요원이 있습니다. 심리학 전공자들 중에 상담 전공자들이 주로 뽑힙니다. 경찰 내부에도 가해자가 있고 피해자가 있을 수 있는데, 그럴 때 피해자를 지원하거나 구성원들이 조직에 적응할 수 있도록 돕는 역할을 하고 있습니다.

한국과 달리 외국은 총기 사용이 워낙 잦고, 총을 쏜다는 것 자체가 스트레스이기 때문에 그 스트레스를 완화해 줄 수 있는 상담을 받으라고 권고하는 편으로 알고 있습니다. FBI에는 약 300명 정도의 심리학 박사가 근무하는데, 앞서 말한 심리 상담 업무를 하거나 일부는 현장에 프로파일러로 투입되기도 합니다.

이다혜　그렇게 많은 심리 전문가가 필요하다는 점에 조직 전체가 동의한다는 사실이 중요해 보입니다.

이수정　심리학 전공자들이 정말 많이 필요하죠. 최면이나 인지 면담 같은 수사 기법들도 다 기억을 연구하는 인지심리학자들이 만든 것이거든요. 어차피 사건은 이미 일어난 일이고 재판할 때 사건이 진행되는 건 아니니까, 결국 회상을 어떻게 이끌어 낼 것인가가 맹점인데 이때 인지 면담이 중요한 역할을 합니다.

기회를 줘야 쓰임이 나타날 수 있는데 한국은 직군이 정해져 있어서 기회 자체를 잘 안 줍니다. 새로운 직군이 나타나기 어려운 융통성 부족 사회인 겁니다.

이다혜　많은 경우, 새로운 직군이 필요하면 있는 사람들로 돌려막죠. 마지막으로 영화는 강태오의 암수 살인 중 한 건을 밝혀내고 무기징역을 선고하면서 끝나는데 실제 사건은 여기에서 조금 더 나아갑니다. 2012년에 「그것이 알고 싶다」에서 자기 이야기가 방영되자 이두홍은 김정수 형사에게 두 번째 살인 리스트를 보냅니다. 그러면서 한번 접견을 와라, 돈도 필요 없으니까 정리를 하자고 말하는데, 2018년 7월에 갑자기 감옥에서 스스로 목숨을 끊습니다. 이런 행동을 어떻게 해석할 수 있을까요?

이수정 저도 2012년에 이두홍이 만든 리스트를 봤습니다. 리스트 중 한 건이 실제 일어난 살인 사건으로 밝혀졌지만, 나머지는 개연성이 굉장히 떨어졌어요. 이두홍은 택시 운전을 하면서 택시에 탄 여자들을 여러 명 죽였다고 주장했거든요.

그런데 「그것이 알고 싶다」가 방영된 후 자신이 관심 대상이 되자 그런 리스트를 형사한테 또 보냅니다. 형사로서는 이미 이두홍은 무기징역을 살고 있으니 추가 살인을 조사해서 사형을 선고받게 하는 것에 큰 의미가 없다고 판단을 했을 듯합니다. 한국에서는 한 명을 살인한 정도로는 웬만하면 사형이 선고되지 않습니다. 이미 재판이 끝난 사건들은 일사부재리 때문에 다시 재판할 수 없으니까 사형이 선고되려면 복수의 살인 피해자들을 새롭게 밝혀내야 하는데, 현실적으로 불가능하다는 생각을 형사는 했을 겁니다.

동시에 형사가 자신의 말을 들어 주지 않자 더 이상 이용할 사람도 없고, 영치금을 넣어 주는 사람도 없고, 교도소 안에서 계속 무시를 받는 것도 싫었던 이두홍이 할 수 있는 선택은 결국 자살뿐이었던 것으로 보입니다.

이다혜 암수 살인, 암수 범죄라는 말과 미제 사건이라는 말은 어떻게 다른가요?

이수정　미제 사건은 이미 사건화가 되었으나 경찰에서 해결을 하지 못한 것이고, 암수 범죄는 사건화조차 안 된 것을 말합니다. 한국에 실종 사건 수가 꽤 많은데요, 그중에 일부는 가족들이 범죄 피해가 의심된다고 수사를 호소하기도 합니다. 전혀 그럴 이유가 없는데 사람이 갑자기 사라지는 경우, 범죄 피해 때문인지 아닌지를 분명하게 알 수 없기 때문에 사건화조차 안 되는 경우가 많습니다.

지금 이 영화에서 제일 안타까운 부분은 범인의 리스트에 적힌 사건들 중 만에 하나라도 실제 사건이 있다면 그것이 억울하게 묻혀 버린다는 지점입니다. 물론 거의 대부분이 범인의 거짓말로 보이지만 만에 하나 진짜 사망한 사람이 있다면 그 사람은 너무나 억울하게 살해됐으나 어디에서도 진실을 밝혀 주지 못하는 지경에 빠지게 된 거죠. 그 부분이 늘 찜찜하고 안타까운 영화입니다. 영화는 비록 그런 부분까지 주목하지 않지만 실은 반드시 염두에 둬야 할 측면이라고 생각합니다.

이다혜　그런 상황에서 실종 사건을 단순 가출이 아니라 범죄의 소지가 있다고 판단하는 기준은 무엇인가요?

이수정　공식적인 기준은 없습니다. 그런데 피해자의 활동 패턴이 존재하기 때문에 가까운 사람들은 직관적으로 알잖아요. 이영학* 사건은 피해자 부모가 국가를 상대로 손해배상 소송을 해서 최근에 1심 판결이 나왔는데 승소한 것으로 알고 있습니다. 아이가 실종이 돼서 빨리 찾아보자, 밤에라도 찾아보자 했는데, 경찰이 내일 아침까지 기다려 보라고 했고, 나중에 조사한 결과 실종된 날 밤에는 아이가 살아 있었다는 것이 밝혀졌습니다. 실종 수사의 경우 실종 신고를 하는 사람들의 입장을 좀 더 많이 반영해서 긴급히 판단할 필요가 있습니다.

이영학

이영학은 2017년 9월 30일 서울시 중랑구 자택에서 딸의 친구 김 모 양(당시 14세)에게 졸피뎀 수면제를 먹이고 성폭행을 시도했다. 도중에 피해자가 깨어 저항하자 목 졸라 살해한 후 사체를 강원도 영월군 야산에 유기해 2017년 10월 5일 검거되었다.

종양이 잇몸과 치아 뿌리에 자라나는 거대 백악종이라는 희귀병을 앓고 있어 일명 '어금니 아빠'로 불리기도 했다. 살해·유기한 혐의, 교통사고를 가장해 총 2830만 원가량의 보험금을 타 낸 혐의도 인정한 이영학은 성 학대에 시달리던 아내 최 모 씨의 자살을 방조한 혐의도 받고 있다. 2018년 2월 21일 1심에서 사형을 선고받았으나 항소심에서 무기징역으로 감형되었고, 11월 29일 대법원에서 형을 확정했다.

이다혜　영화 「암수 살인」에 대해 이야기했는데 어떠셨어요?

이수정　재밌었습니다. 저는 사실 이두홍의 그 리스트가 아직도 기억이 납니다. 끼적거린 글씨체가 몹시 엉망이었던 것도 기억이 나고요. 이걸 믿어야 돼, 말아야 돼, 너무 거짓말 같은데 이러면서 다 같이 고심했던 기억이 납니다.

리스트를 적을 때 이두홍이 그래도 나름 자세하게 적었던 사건은 실제로 수사를 해 사실임이 밝혀졌습니다만, 택시에 탄 후 기장까지 간 손님, 뭐 이렇게 간단하게 적었던 사건들은 하나도 밝혀진 것이 없습니다. 나머지 리스트 중에 정말 일어난 사건이 있다면 어쩌나 그런 생각은 지금도 늘 마음 깊은 곳에 있어요. 아마 김정수 형사도 틀림없이 저와 똑같은 생각을 할 겁니다. 지금도 그 형사님은 나머지 사건을 파고 계신다는 이야기를 들었는데 충분히 그럴 수 있다고 생각합니다. 형사 생활을 하는 동안은 아마 계속 의문을 가질 수밖에 없을 거예요.

'가학 수사'가 부른 비극, 허위 자백

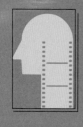

재심

감독 김태윤 | 한국 | 2016년

2008년 8월 10일 여름날 새벽 전라북도 익산시 약촌오거리에서 택시 기사 살해 사건이 발생한다. 사건의 목격자는 시내 다방의 커피 배달원인 15세 현우뿐이다. 경찰은 강압 수사를 통해 목격자 현우를 피의자로 둔갑시키고, 결국 현우는 10년 동안 억울한 옥살이를 하고 출소한다.

한편 고졸 출신 변호사로 돈도 백도 없이 빚만 잔뜩 진 준영은 거대 로펌 대표의 환심을 사기 위해 무료 변론 봉사에 나섰다가 우연히 현우의 사정을 알게 된다. 준영은 이 사건을 잘 처리하면 이름과 명예를 한 번에 얻을 수 있겠다 판단하고 약촌오거리 사건의 재심을 청구하기로 결심한다.

세상에 대한 믿음을 잃어버린 청년과 출세욕에 눈먼 변호사는 불의로 점철된 과거의 사건을 되짚어 나가며 삶에 대한 희망과 정의에 대한 열망으로 점차 뜨거워진다.

이다혜   2016년 김태윤 감독이 연출하고 정우, 강하늘, 김해숙 씨가 주연한 한국 영화 「재심」에 대해 이야기하겠습니다. 재심은 2000년 8월, 전라북도 익산시 약촌오거리에서 발생한 택시 기사 살인강도 사건*을 극화한 영화인데요. 먼저 이 사건에 관해서 간단한 설명 부탁드립니다.

약촌오거리 택시 기사 살인강도 사건

2000년 8월, 전라북도 익산시 약촌오거리 부근에서 택시 운전사 유 모 씨가 흉기에 수차례 찔려 숨진 채 발견된 사건을 말한다. 당시 최초 목격자였던 최 씨(당시 15세)는 이후 범인으로 몰려 재판을 받았다. 이때 1심에서 범행을 부인해 징역 15년을 선고받았고, 2심에서 범행을 시인, 징역 10년을 선고받았다. 2010년 만기 출소한 그는 '경찰의 폭행과 강압으로 허위 자백을 했다.'라며 재심을 청구했고 2016년 11월 무죄를 확정 받아 누명을 벗었다.

이수정   지금 말씀하신 대로 사건 내용은 아주 간단합니다. 익산시 약촌오거리에서 택시 기사가 택시 안에서 강도를 당하고 살해된

사건이에요. 그러면 택시를 탔던 사람을 찾았어야 하는데 얼토당토 않게 오토바이를 타고 지나가던 미성년자 목격자가 범인으로 몰려 10년형을 선고받습니다. 만기 출소한 후 본인이 범인이 아니라며 억울함을 호소한 끝에 재심이 받아들여지고 결국은 과거의 판결이 잘못됐다는 것이 밝혀지면서 무죄가 선고된 사건이죠.

증거보다 자백이 우선시되던 시대

이다혜 목격자가 범인으로 둔갑한 사례인데, 그때 목격자의 나이가 열다섯 살밖에 되지 않았고, 택시 기사가 살해된 정황을 봤을 때 승객으로 탑승한 사람이 살인을 저질렀을 가능성이 높음에도 불구하고 택시에 탄 적조차 없던 사람이 어떻게 범인으로 몰린 것인지, 영화를 보면서도 그렇고 약촌오거리 사건을 다룬 프로그램을 봐도 그렇고 처음부터 너무 이상한 부분이 많았습니다.

이수정 당시만 해도 범인을 빨리 잡아야 한다는 압박감을 느끼면 경찰들이 무리하게 수사를 하는 일들이 많았습니다. 지금은 객관적인 증거 위주로 입증의 과정이 진행되지만, 당시에는 객관적 증거를 확보하지 않아도 자백이 있으면 유죄로 인정되는 경우들이 많았기 때문에 초동 단계에서부터 혐의점이 있는 사람이라고 지목을 받으면 증거 확보보다는 자백을 먼저 받으려고 하는 분위기가 있었습니다.

그리고 암묵적으로 폭력도 용인이 되던 시절이라 압박 수사를 견디지 못하는 사람일수록 오히려 허위 자백을 하는 일들이 일어나곤 했습니다. 1980년대 민주화 운동을 하던 학생들을 대상으로 자행된 다양한 종류의 고문 및 폭행이 수사 관행으로 자리 잡았고 결국에는 약촌오거리 사건에서도 미성년자가 폭행에 못 이겨 자백을 해 버린 것입니다.

이다혜 　용의자는 미성년자이고, 일어난 범죄는 살인이라는 중범죄인데 용의자 신문에 보호자가 같이 간다거나 법률 대리인을 반드시 동석하게 하는 절차가 없었나요?

이수정 　있었죠. 그때도 공식적으로 절차는 있었습니다. 문제는 현장에서 절차대로 집행하는 일이 적었고, 그런 부분에 대해 대부분 기록조차 남기지 않고 은폐하다 보니 법원에서 애초의 수사 관행을 문제 삼거나 이미 자백해 버린 사건을 뒤집는 일은 거의 없었습니다.

그렇다고 해도 나중에 법원에서 책임을 져야 하는데, 그냥 진실을 덮어 버린 채로 상황이 지속됐죠. 오늘날은 초동 단계에서부터, 특히 장애인이나 미성년자는 국선 변호인 혹은 피해자 변호사분들이 입회하는 것이 일반화되었습니다.

수사 관행을 바꾼 두 개의 결정적 사건

이다혜 　사법부의 오판은 경찰이 현우에게 허위 자백을 받아 내면서부터 시작됩니다. 이 영화 때문에 제가 고문 장면이나 일방적인 폭력이 강도 높게 묘사되는 장면들을 정말 못 견딘다는 사실을 재차 확인했는데요, 영화 속에서 허위 자백이 발생하는 첫 번째 이유가 강압적인 폭력 수사입니다.

이수정 　경찰의 고문이나 폭행 장면을 적나라하게 보여 준 대표적 영화로 「살인의 추억」이 있습니다. 지적 장애인을 붙잡아 놓고 마구 폭행해서 결국 자백 비슷한 것을 받아 내기도 하고 다른 용의자를 거꾸로 매달아 놓고 고문하기도 합니다. 그 장면이 전형적인 취조 장면이라고 보면 되는 시대가 한국에 있었습니다.

지금은 물적 증거가 뒷받침되지 않으면 허위 자백을 받아도 사건 진행이 어렵습니다. 약촌오거리 사건은 2008년에 일어난 사건이지만 수사 관행이 지금처럼 많이 바뀌지 못해 고질적인 병폐를 피해 가지 못했던 것 같습니다.

이다혜 　그렇다면 폭력적인 독재 정권이 끝난 후에도 수사 기관에서는 꽤 오랫동안 그런 분위기가 당연하다는 듯 존재했다는 뜻이잖아요.

이수정 　체질 개선이 일어난 결정적인 계기가 유영철 사건이었습니다. 유영철 사건은 장기간에 걸쳐 발생한 사건이라 사람들이 극도의 공포심을 느끼면서 사회 문제로까지 발전했고 기존의 수사 관행으로는 도저히 추적이 불가능했습니다. 일단 용의자 특정부터 되지 않으니 폭행해서 자백을 받을 대상도 없었죠.

그렇게 수사의 첫 단추도 못 꿰고 있으니 뭔가 시스템적으로 문제가 있다는 문제 제기가 일어났고 그 결과 과학 수사가 적극적으로 도입되었습니다. 더불어 과학수사과도 생겨났고, 과 밑에 팀도 생기면서 여러 가지 수사 기법이 도입되었죠. 지금은 노저히 상상할 수 없지만 옛날에는 '과학 수사가 다 뭐냐, 그게 무슨 대단한 거라고, 내가 보면 아는데 과학은 무슨 과학이야.' 이렇게 생각하던 현장 수사관들이 많았습니다.

그런데 그런 기존의 수사 방식을 무력화한 것이 바로 유영철 사건이었고, 이 사건은 특히 형사사법에 변화의 물꼬를 트는 매우 중대한 사건이 되었습니다. 피해자의 인권이 부각되는 계기를 만든 사건은 조두순 사건이고요. 그러니까 지난 15년 사이에 형사사법의 흐름을 굉장히 큰 각도로 꺾은 사건 두 개를 꼽으라면 유영철 사건과 조두순 사건을 들 수 있습니다.

이다혜 지금 언급된 두 사건은 특히나 피해가 크고 끔찍한 사건입니다. 그 정도로 많은 희생이 발생한 후에야 사회 제도가 제대로 갖춰진 점이 안타깝습니다. 말씀하셨듯이 조두순 사건은 피해자의 인권을 어떻게 지킬지를 논할 때 중요한 사건인데, 그 사건이 처음 알려질 때는 피해자의 이름으로 알려졌단 말이죠. 왜 가해자가 아니라 피해자를 부각시키는 방식으로 사건이 보도되는지도 문제 제기가 없었던 모양입니다.

이수정 계보를 보면 형사 정책상 가해자의 인권만 중요하게 여기는 시절이 있었고, 더 전에는 가해자의 인권을 폭력으로 뭉개던 시절이 있었는데 유영철 사건과 조두순 사건을 계기로 물줄기가 크게 꺾여 여성과 피해자의 인권에도 눈을 돌리게 된 것이죠.

어떻게 보면 신림동 강간 미수 사건*은 강간도 안 일어났고, 가택 침입도 실패했고, 귀가하던 여성을 문 앞까지 쫓아간 것이 전부인 사건입니다. 남자가 여자를 좀 쫓아갈 수도 있지 하는 가부장적 사고방식을 가진 사람에게는 사건조차 안 되는 거죠. 그런데 이제 시대가 바뀌어서 공포에 질린 피해 여성에게 시선이 쏠리는 겁니다. 그 여성이 느낀 공포를 어떻게 해결해야 할지 논의하는 시대가 오기까지 지난 20년 동안 여러 가지 사건이 있었고 그에 대응하여 변화가 일어난 셈입니다.

신림동 강간 미수 사건

2019년 5월 28일 오전, 30대 남성 조 모 씨가 지하철 2호선 신림역 부근에서 귀가 중인 20대 여성을 뒤따라가 원룸에 침입을 시도한 사건. 당시 조 씨의 모습이 찍힌 CCTV 영상이 온라인을 통해 확산되면서 조 씨가 체포됐으며, 검찰은 조 씨가 과거 길을 지나가는 여성을 강제 추행한 사실로 입건된 전력을 언급하며 강간 미수 혐의를 적용해 징역 5년을 구형했다. 그러나 재판부는 주거 침입 혐의만 유죄로 보고 징역 1년을 선고했다.

이다혜 「재심」은 그중에서도 경찰의 강압 수사로 인한 허위 자백을 다루는데, 말씀하신 「살인의 추억」이라든가 「변호인」, 「1987」 등의 영화에서도 볼 수 있으며 군사 정권 시대에 흔하게 자행됐던 일입니다. 정치적인 사안은 종종 사건화가 되고 널리 알려지지만 약촌오거리 사건의 현우는 평범한 개인입니다. 아무 죄 없는 사람에게 폭력을 휘둘러 허위 자백을 받는 것은 누구나 옳지 못하다고 생각하는데도, 이슈화되지 않아 현우처럼 억울하게 당하고도 묻힌 경우가 정말 많지 않을까요.

이수정　관행적인 폭력 수사도 정치적인 이슈가 되면 세상의 관심을 받습니다. 그런데 논의가 지나치게 거시적으로 흐르기 시작하면 취약한 개인의 인권이 그 와중에 묻혀 버릴 개연성이 높기 때문에, 개개의 사안을 좀 더 집중적으로 다루며 원론적으로 문제를 해결하려는 태도가 중요합니다. 거시론적 이슈는 해결안이나 대안을 찾기가 힘들지만 사건을 작게 쪼개어 접근하면 생각보다 쉽게 대안을 찾을 수 있어요. 미시적으로 접근해 DNA 보관이라든가 기계적 기록 같은 절차를 중요시하는 것이 문제를 해결하는 데에 큰 몫을 하고 있습니다.

예컨대 여자들이 느끼는 차별이나 공포 등도 굉장히 현실적인 문제인데 이것을 거대 담론 속에서 다루면 오히려 문제의 중심에서 밀려나 버리곤 합니다. 그러다 보니 법안 통과가 안 되는 거예요. 스토킹만 해도 처벌법이 꼭 필요한데 정치적 논박만 하다가 법안 통과가 안 되는 지점들이 있어 참기가 힘듭니다.

다양한 강압 수사 방식

이다혜　허위 자백 이야기를 하면 아니 땐 굴뚝에 연기가 나겠느냐고 하는 사람들이 굉장히 많습니다.

이수정　물론 그게 그렇게 틀린 생각은 아니에요.

이다혜　「재심」 속에도 허위 자백을 이끌어 내는 과정이 나오는데, 먼저 모텔 같은 격리된 공간으로 용의자를 데려갑니다. 그곳에 있던 수사관들은 용의자를 때리기 시작합니다. 옷을 다 벗겨서 수치심을 주고 언제 끝날지 예측할 수 없는 상태에서 계속 폭력을 행사하다 보면 용의자가 공포심을 느끼기 시작합니다.

이수정 　희망이 없다고 느껴야, 절망하게 만들어야 헛소리를 하니까요. 자백만 하면 풀어 주겠다고 하여, 그게 유일한 희망이 되게 만드는 것입니다.

이다혜 　사실 그 '풀어 준다.'라는 의미가 결국 감옥에 가는 거잖아요.

이수정 　단시간 내에 너무 심한 폭행을 당하면 어떤 인지적 왜곡이 일어나게 됩니다. '아, 이러다 내가 죽을 수도 있겠다.' 이런 생각이 드는 순간 합리적 사고가 멈추니까요. 내가 자백을 하면 이 고통이 끝날 수 있겠구나, 하면 그냥 자백을 하는 겁니다. 사람들이 우스갯소리로 과학 수사가 있기 전에는 가학 수사가 있었다는 이야기를 합니다. 가학 수사를 당하면 자포자기하게 됩니다. 그 깜깜한 어둠 속에서 유일한 빛이 자백뿐이라면 나중 일에 대해 합리적인 사고를 하는 것이 아니라 썩은 동아줄이라도 붙잡고 살아나고 싶은 것이 인간의 본능이니까요.

이다혜 　그런데 좀 전에 제가 아니 땐 굴뚝에 연기가 나겠느냐고 생각하는 사람들에 대해 이야기했을 때 박사님께서 그렇게 틀린 생각은 아니라고 하셨는데요.

이수정　보통 연기가 나는 굴뚝은 불 땐 굴뚝이 맞으니까요. 그래서 그 연기를 쫓아가다 보면 범인을 찾을 개연성이 상당히 높은데, 간혹 가뭄에 콩 나듯이 이 약촌오거리 사건 같은 일이 없지 않으니 수사관들이 유의해야 하는 거죠.

이다혜　한국은 대중문화에서 경찰을 못 믿을 존재처럼 그리는 경우가 많은데 실제로는 한국 경찰들이 세계적으로 우수하다, 굉장히 적극적으로 사건을 해결하려 하고 뛰어난 면이 있기 때문에 너무 한쪽으로만 생각하는 것은 옳지 않다는 이야기를 들은 적이 있습니다.

이수정　그건 맞는 말입니다. 한국은 살인율도 전 세계에서 손꼽히게 낮고 사건이 일어났다 해도 범인이 99퍼센트 검거되는데, 사실 이런 나라가 거의 없어요. 그러니까 이 정도의 안전을 유지하는 건 대부분 경찰의 치안 활동 때문이라고 봐야 맞는 거죠.

이다혜　그런데 밤에 그렇게까지 안전한지 전 잘 모르겠더라고요.

이수정　여러 가지로 많은 점들이 지적되고 있으나 그럼에도 불구하고 상대적으로 보면 외국에 비해 훨씬 안전한 건 사실이고, 헌신하는 경찰들이 그렇지 않은 경찰들보다 많습니다. 그런 차원에서 보면 우리가 내는 세금이 제대로 쓰이고 있다는 점에는 의심의 여지가 없는데, 그래도 빈틈은 있게 마련이니 그 틈을 제대로 막아야겠죠.

이다혜　고문이나 폭행 같은 물리적 압력 말고도 회유라든가, 유도 신문이라든가 하는 정신적 압박도 강압 수사의 방법으로 볼 수 있지 않을까요?

이수정   그렇습니다. 그래서 유도 신문을 엄격하게 제한해야 한다는 이야기를 많이 하죠. 특히 피조사자의 인지력이 일반인보다 떨어지고 자기 자신을 제대로 방어할 수 없는 수준이라면 유도 신문에 잘 넘어갈 수밖에 없으니까요.

이다혜   제가 전에 어떤 사건을 목격해서 경찰 두 분이 제게 진술서 같은 걸 받아 가신 적이 있습니다. 그런데 그때 경찰이 "목격한 사람이 어떤 옷을 입고 있었나요?"라고 물어보는데 기억이 잘 안 나더라고요.

이수정   그때 경찰이 "빨간 옷을 입었던가요?" 이렇게 물어보면 그게 바로 유도 신문입니다.

이다혜   그러니까요. 사실 저는 뒷모습만 봤거든요. 그래서 제가 약간 머뭇거렸더니 "버버리코트를 입고 있었나요?" 이렇게 물어보는 거예요. 또 "머리 길이가 어땠나요? 지금 이다혜 씨 머리보다 짧았나요, 길었나요?" 이렇게 물어봤는데, 목격한 사람의 머리 길이가 짧았는지 길었는지 제 머리 길이를 기준으로 말하라는 것은 유도 신문이 아니더라도, 버버리코트를 입었느냐고 묻는 건 유도 신문일 수 있다는 거죠.
   조사받는 사람은 자기가 기억을 떠올렸다고 생각하지만 사실은 상대방이 어떻게 질문하는가에 따라 답변이 달라질 여지가 있고, 수사관이 원하는 답변을 따라갈 수 있다는 생각이 듭니다.

이수정　맞습니다. 실제로 왜곡 기억에 대한 심리학 실험 연구들이 있어요. 특정 연령대의 아동들에게 왜곡된 정보들을 주입시킨 다음 마치 그게 조금 전에 경험한 일인 것처럼 유도 질문을 해서 아이의 대답을 이끌어 냅니다. 그리고 일정 시간 후에 아이를 다시 불러서 질문자가 주입한 정보가 아이의 기억 속에 왜곡되어 심어지는지를 실험한 기록이 있는데 실제로 심어진다고 해요.

애당초 기억이 애매했는데, 애매한 정보에 질문자가 제공한 정보가 보태져서 일정 시간이 지나면 아이가 왜곡된 대답을 할 수 있습니다. 얼마든지 영향을 받을 수 있고, 유인될 수 있고, 유도될 수도 있기 때문에 면담자가 그와 같은 유도 신문을 하지 않는 것이 원칙입니다.

이다혜　그만큼 효과적이니까 수사관들이 그렇게 많이 적용해 왔을 거 아니에요.

이수정　실제로 끊임없이 유도 신문의 유혹을 느낄 수밖에 없죠. 듣고 싶은 이야기를 해 주니까 시간을 절약할 수 있잖아요. 그래서 아동 성폭력 피해자나 장애인 성폭력 피해자는 유도 신문을 금하는 면담 기술을 프로토콜로 훈련시킵니다. 면담 프로토콜 안에 들어 있지 않은 질문 형태, 예를 들어 "버버리코트를 입고 있었니?" 같은 유형의 질문은 할 수 없습니다.

이다혜　그리고 성인은 진술 조서를 보고 자기의 진술 내용을 확인한 후 사인을 하는데 어린이는 어떻게 하나요?

이수정　아이들도 확인을 거치는데 원스톱 센터에서는 아예 면담이나 신문 과정 자체를 CD로 제작합니다. 그 CD 자체가 증거력을 갖기 때문에 어른들처럼 기록된 것이 맞는지 확인하는 절차가 생략됩니다. 법정에서 CD를 플레이하면 되니까요.

이게 사실 조두순 사건 이후로 생겨났습니다. 당시에는 그런 절차가 없다 보니 조두순 사건의 피해자가 조사 과정에서 너무 큰 고통을 받았거든요. 결국 보호자들이 국가를 상대로 소송을 제기했고 승소하셨습니다. 그래서 피해자들을 고통스럽게 하지 말고 과정을 단축시키자는 취지에서 등장한 것이 원스톱 센터, 지금의 해바라기센터입니다.

이다혜　더 빨리 도입됐어야 하는데 2000년대 들어선 다음에야 변했다는 것이 안타깝습니다. 20년 전만 해도 지금과 환경이 아주 많이 달랐고, 그렇다면 그 시절에 아동 성폭력이라는 것은 과연 수사 기관에게 어떤 범죄였을지 아득해지네요.

이수정　이 약촌오거리 사건에서 허위 자백했던 피의자도 열다섯 살입니다. 지금은 미성년자를 면담할 때 이렇게 몰아붙이거나 폭력적으로 대하면 불법입니다. 하물며 감금이나 폭행은 절대 할 수 없죠. 특히 장애가 있는 피의자나 미성년자들을 조사할 때는 어떤 식으로 진행해야 하는지 지침이 정해져 있습니다.

이다혜　이런 경찰의 수사 관행이 법적으로 언제까지 지속됐는지도 궁금합니다.

이수정 앞서 말한 대로 유영철 사건이 2003~2004년에 일어났는데, 그때부터 무척 많은 것들이 바뀌어서 아마 그 시절 이후에는 유지되기 힘들었을 겁니다.

무엇이 진정한 사법 정의인가

이다혜 경찰이 등장하는 한국 영화들을 보면 용의자 신문을 하다가 갑자기 "야, 카메라 꺼." 이러면 모두 다 모르는 척하면서 카메라를 끄고 그때부터 폭행을 합니다. 이런 장면은 영화적 과장일까요?

이수정 이번에 버닝썬에서 폭행을 당하고도 가해자로 몰렸던 김상교 씨가 지구대에 들어갈 때 경찰에 의해 폭행을 당하면서 들어갔지만 그 장면이 분명하게 찍히지 않았습니다. 인권 침해적인 상황들이 발생하지 않도록 카메라를 설치한 것인데, 그중 하나만 돌아가고 나머지는 하나도 안 돌아갔다고 합니다. 요즘은 카메라를 아예 고정시켜 두니까 카메라를 끌 수는 없고 고장을 내겠죠. 버닝썬 사건에서만 이런 일이 생긴 것인지, 아니면 다른 곳에서도 이런 일들이 발생하고 있는 것인지 조사가 필요합니다. 제가 볼 때는 일상적으로 감찰이 이루어지면 해결될 것 같아요. 그러면 이런 일이 일어나기가 원천적으로 어렵겠죠.

이다혜 CCTV 녹화가 안 된 데에 대해 담당자에게 책임을 묻는다면 누군가는 계속해서 관리를 할 텐데요.

이수정 그렇죠. 그런 식으로 경찰의 비리를 원천 봉쇄하기 위한 감찰 기능을 강화하면 경찰 측에서도 좀 더 원칙대로 수사하게 되겠죠.

이다혜 「재심」 속 범행 시뮬레이션 장면은 매우 놀랍습니다. 사건을 다시 재심 청구하기로 결정한 변호사가 사건 당시의 조서를 가지고 현우와 함께 사건 현장인 약촌오거리에 가는데요, 영화에서 설명하기를 갈비뼈 사이로 칼을 찌르는 경우는 뼈 사이로 칼이 깊이 들어가기 때문에 찌르기도 힘들고 빼기도 힘들다고 합니다. 칼을 찔렀다 뺐다를 반복하는 그 모든 과정이 1분 45초 안에 끝나야 하는데 어떻게 시뮬레이션을 해 봐도 현우가 그 시간 안에 범행을 저지르기가 도저히 불가능합니다. 그러면 이건 형사들 입장에서 봐도 현우가 범인일 수 없는 일이고, 검사는 기소를 하는 입장에서 한 번만 시뮬레이션을 해 보면 알 수 있잖아요.

이수정 오늘날은 과학 수사라는 것이 일반화됐기 때문에 상식으로 자리 잡았지만, 예전에는 그런 생각까지 할 수 있는 사람이 많지 않았던 거죠. 요즘은 블랙박스 기록이 남으니까 논쟁의 여지가 없겠지만 그 당시에는 상황이 달랐습니다.

제 기억에 그 사건에서 범인이 택시 기사의 어깨뼈도 찔렀는데 그때 칼끝이 부러졌어요. 굉장히 핵심적인 사안이었죠. 시신에는 뼈에 찍힌 칼 조각이 남아 있었는데, 경찰이 증거로 제시한 흉기는 칼끝이 멀쩡했습니다. 조금만 눈여겨봤으면 알 수 있었을 텐데, 자백이 너무 강렬한 증거였기 때문에 그런 것까지 놓치면서 문제가 됐죠.

이다혜　강압 수사에 의한 허위 자백은 수사 기관이 사법 체계를 교란하고 진범이 사건을 은폐하거나 도주할 시간을 벌어 준다는 점, 다른 말로 하면 진범이 다른 범죄를 저지를 수 있게 수사 기관이 거의 돕는 역할을 한다는 점에서 심각한 문제로 보입니다. 무엇보다 큰 문제는 무고한 희생자를 만든다는 것이고요. 다행히 이들을 구제하는 재심이라는 제도가 있기는 하지만 재심으로 가는 게 사실 거의 불가능하다는 이야기를 들었습니다.

이수정　새로운 증거가 나오지 않는 한 재심은 정말 어렵습니다. 당시에 박준영 변호사가 「그것이 알고 싶다」 팀과 함께 많은 것들을 입증하기 위해 노력했고, 그때 범인이 택시 안에 있었던 시간을 측정할 수 있는 방법이 있다는 사실을 알게 되어 재연을 하면서 목격자가 범인일 수 없다는 것이 밝혀졌습니다. 처음에는 재심이 받아들여지지 않았고 다시 인권위원회에서 요청을 해 재심이 가능해진 것으로 알고 있습니다. 그러니까 이 사건의 판결이 뒤집히기까지 인권위원회의 존재도 나름대로 굉장히 중요한 역할을 한 셈이죠.

이다혜　재심은 아무리 청구해도 법원이 받아들여 줘야 가능한 것인데요, 이걸 받아들이면 사실 경찰, 검찰, 법원까지도 자신들의 잘못을 인정한다는 뜻이기 때문에 재심에 소극적일 수밖에 없고, 그래서 재심은 청구하는 것만으로 큰일이라는 이야기도 들었습니다.

이수정　재심이 법의 안정성을 해친다고 생각하는 법률가도 많습니다만 전 잘못된 사건을 정정하는 것도 사법 정의라고 생각합니다. 결국 모든 것은 인간이 하는 일이라 완벽할 수 없습니다. 외국에서도 이런 일은 발생하고요. 이런 종류의 반론을 제기할 수 있는 절차가 있는 나라가 좋은 나라이지, 한번 결정했으니 억울한 사람이 무조건 받아들여야 한다고 주장하는 나라는 옳지 않죠.

이다혜   재심 청구가 빈번한 사건 유형이 있을까요?

이수정   재심 자체도 워낙 희귀하지만, 억울하게 죄를 뒤집어쓴 사람도 실제로 많지는 않습니다. 교도소 가면 다들 억울하다고 하지만, 아니 땐 굴뚝에 연기 나느냐는 말이 틀린 말이 아니듯, 정말로 억울한 사람은 흔하지 않습니다.

외국의 경우에 '이노센스 프로젝트'라는 일종의 민간 단체가 있는데, 변호사나 전문가들이 억울한 사람들을 자원해서 도와주는 일을 합니다. 그 단체에서 발표한 연구 리포트를 보면 허위 자백을 많이 하는 몇 가지 유형이 존재하는데 미성년자, 지적 장애인, 정신 질환자 등이 리스트 상위에 올라 있습니다.

수원 노숙 소녀 살인 사건*의 경우에 다행히 항소심에서 아이들이 무죄로 다 방면됐는데, 처음에 두 명의 성인이 자백을 하면서 사건이 뒤죽박죽이 되었습니다. 그 두 명 중 한 명이 지적 장애인이었고, 다른 한 명이 조현병 환자였습니다. 그러니까 연구 리포트에서 보듯 허위 자백을 하는 사람들에게는 전형성이 있는데요, 대부분 나이가 어리거나, 사리 분별력이 떨어집니다. 이렇게 취약성이 있는 사람들을 면담할 때는 압박감을 주는 면담 대신 좀 더 개방식 답변이 가능한 면담 프로토콜을 사용하도록 권장되고 있습니다.

수원 노숙 소녀 살인 사건

2007년 5월 아침 수원 고등학교에서 16세 소녀가 숨진 채 발견되었다. 경찰은 소녀의 신원이 파악되지 않자 소녀를 노숙인으로 상정하고 지적 장애가 있는 20대 남자 노숙인 정 모 씨와 강 모 씨를 범인으로 지목했다. 정 씨는 상해치사죄로 징역 5년, 강 씨는 폭행죄로 200만 원 벌금을 선고받았다.

사건이 일어난 지 8개월 후 검찰은 다시 청소년 5명을 범인으로 지목했다. 청소년 5명 중 미성년자를 뺀 4명이 기소되었는데, 강압 수사 끝에 허위 자백을 했다는 피고인들의 주장이 인정되어 끈질긴 법정 공방 끝에 무죄 판결을 받았다.

앞선 노숙인 2명 또한 재판에서 범행을 부인하여 위증 혐의로 기소되었다가 무죄 판결을 받았다. 장애인이나 사회적 약자에 대한 강압 수사였다는 비판이 제기되었고 진범은 여전히 잡히지 않았다.

이다혜   그렇다면 지적 장애가 있는 것도 아니고 강압적인 행위도 없는 상태에서 일반 성인이 수사 도중 허위 자백을 하는 건 있을 수 없는 일이겠네요.

이수정   그럼에도 불구하고 허위 자백을 하는 사람들이 가끔 있습니다. 아들의 죄를 덮어 주기 위해 엄마가 허위 자백을 하는 식이죠. 그런데 허위 자백도 증거를 통해 입증을 해야 합니다. 수사 기관에서 억울한 허위 자백만 만드는 게 아니라 실제로는 그렇게 밑도 끝도 없는 허위 자백을 바로잡기도 합니다.

피해자의 심적, 물적 복구를 위한 국가의 역할

이다혜　재심을 통해서 오판이 인정되는 비율이 얼마나 될까요?

이수정　재심 청구가 받아들여진다고 해서 무죄가 되는 건 아닙니다. 무죄를 받으려면 재판을 처음부터 다시 해야 합니다. 아직은 재심 자체가 너무 희귀해서 비율을 산출하는 것이 의미가 없어 보입니다. 현재 진행 중인 재심 사건이 하나 있는데, 앞선 사건보다는 다툼의 여지가 있어 확률이 반반이라는 이야기를 들었습니다.

이다혜　오판이 인정되는 경우 제일 크게 화제가 되거나 제일 중요하게 생각되는 부분은 억울한 형을 산 것이고 그 부분에 대해서 당연히 보상이 이루어져야 할 것 같은데요.

이수정　국가를 상대로 피해 보상을 청구해서 보상금을 받기도 합니다.

이다혜　그건 다시 청구를 해야 하는 것이지요?

이수정　그렇죠. 민사 소송을 해야 합니다. 보통 재심을 도와준 변호사가 민사 소송도 함께 진행합니다. 재심을 청구하는 사람들 대부분이 돈이 없기 때문에 공익으로 했다가 민사 배상금이 나오면 그 돈으로 변호사 비용을 지불하는 경우가 많습니다.
그럼에도 불구하고 억울하게 형을 산 사람의 시간은 복구할 수 없다는 것이 가슴 아프죠. 제가 배우 강하늘을 참 좋아하는 데 이 영화에서 그가 맡은 현우 캐릭터의 청춘이 다 날아가 버렸잖아요. 지난 시간은 영원히 복구가 안 되는 거죠.

이다혜　정말 영화나 뉴스로 보면 현실감이 없을 수도 있는데, 15세부터 10년 정도 형을 살고 나왔더니 청춘이 끝나 있다는 상황 자체가 끔찍합니다. 재심 청구도 사실 이 사람이 억울하다고 해서 시작된 것은 아니었잖아요. 이런 과정을 보면 물질적인 보상도 굉장히 중요하지만 피해자와 가족들의 심리적 복구를 위해서 상담이라든가 관련자 처벌이 있어야 할 것 같습니다.

이수정　그런데 관련자를 처벌하는 것이 굉장히 어렵습니다. 그들의 범죄를 입증할 증거를 새로 수집해야 하는데, 허위 자백을 시켰다는 증거를 모으기가 생각보다 쉽지 않습니다. 인권위원회에서 약촌 오거리 사건 재심 청구를 할 때 제게 의견서를 써 달라고 해서 제가 이 사건의 당사자를 전주에서 만난 적이 있습니다. 그런데 피해자가 재심을 별로 원치 않더라고요. 왜냐하면 이미 끝난 사건이고 10년간 형을 살고 나와 이제야 내 인생을 살 수 있게 됐는데 다시 뭔가를 시작하기가 두려운 거죠. 나름대로 사회에 적응하고 있었으니까요.

당사자는 원치 않았지만 가족들이 꼭 억울함을 풀고 보상을 받자고 당사자를 설득해 재심이 진행됐는데, 이 당사자가 열다섯 살에 교도소에 들어가서 10년을 살고 나온 탓에 공교육도 제대로 받지 못했고, 그러다 보니 어려운 일에 다시 엮이는 것에 대한 거부감이 컸습니다.

우리 같은 평범한 사람들은 억울한 일을 당연히 바로잡아야 한다고 생각하지만, 피해 당사자들은 자아가 다친 사람들입니다. 이미 볼

신과 배신을 경험했고, 무엇도 확신할 수 없는 상황에서 계속 변호사가 와서 재심을 하자고 하니 변호사에 대한 신뢰감도 별로 안 생기는 것입니다. 그렇기 때문에 더더욱 국가에 의해 피해를 입은 분들에게 제대로 심리적 지원이 있어야 합니다. 심리적 문제 때문에 어려운 절차를 견디지 못해 중간에 포기하는 사람도 있습니다.

이다혜   결국 2000년대에 들어와서도 폭력적인 수사 관행이 있었고, 독재 정부가 끝난, 이른바 민주 정부 시기에도 이런 관행들이 남아 있어 바뀌는 데에 꽤 시간이 걸렸다는 것을 알 수 있는데, 약촌오거리 사건 같은 비극을 막으려면 현재 수사 시스템에서 어떤 점을 보강해야 할까요?

이수정   지금은 수사 기술이 비약적으로 발달했고, 초동 단계에서 기술을 동원하는 것이 경찰들의 실적에 이롭기도 하기 때문에 경쟁하듯 기술을 적용해서 증거 확보를 하거든요. 증거 없이 수사가 진행되기가 상당히 어려운 때라 초동 단계에서의 실수보다는 고의적인 왜곡, 소위 말하는 유착이 더 큰 문제로 보입니다. 밑에 있는 수사 조직들이 사건을 왜곡하기보다는 위에서 영향력을 행사해 아래 조직들의 기능을 마비시키는 것이 더 큰 문제이지 않을까 싶어요.
권한 있는 사람들의 양심이 중요합니다. 그러기 위해서는 검찰이든 경찰이든 정치로부터 멀어져야 할 것 같다는 생각을 많이 합니다. 자신에게 주어진 역할에 맞춰 원칙대로 살면 되고, 답이 너무 뻔한데 그렇게 하기가 쉽지 않은 거죠. 자꾸 더 큰 걸 원하고 욕심을 내게 되니까요.

이다혜   크게 화제가 되었던 사회적으로 큰 사건들, 버닝썬 사건이나 장자연 씨 사건의 수사에 대한 신뢰도가 높지 않습니다.

이수정   지나간 사건을 이제 와서 다시 수사하는 것은 쉽지 않을 것으로 보입니다. 처음에 증거를 확보해 놓지 않아서 한계가 있어요. 그런데 지금 현재 진행형인 사건을 부실 수사한다면 그것은 정말 이상한 거죠. 범죄 현장에 경찰이 못 들어간다는 게 말이 돼요? 상식적으로 이해가 안 되는 부분들을 남겨서는 안 됩니다. 특히 여성들 입장에서는 당장 오늘의 안전과 연결된 문제인데 말이죠. 안타까운 일입니다.

성폭력 무고,
피해자 진술
시스템이
필요한 이유

더 헌트

감독 토마스 빈터베리 | 덴마크 | 2012년

이혼 후, 귀향한 루카스는 새로운 여자 친구, 사랑하는 아들 마커스와 함께 평안하고 행복한 나날을 보내고 있다. 그러던 어느 날 친절하고 사려 깊은 유치원 선생님 루카스는 뜻하지 않은 곤경에 빠진다. 원생이자 절친한 친구의 딸, 클라라가 그를 성폭력범으로 지목한 것이다.

아이들의 선생으로, 누군가의 친구로, 공동체의 어른으로 부끄럽지 않게 살아온 루카스는 이 사소한 오해가 곧 풀릴 거라고 믿었지만 그의 믿음과 달리 상황은 돌이킬 수 없이 흘러간다. 루카스는 모든 것을 잃고 주변 사람들의 냉대와 억측 속에서 자신을 지키기 위한 힘겨운 싸움을 이어 간다.

이다혜　오늘은 토마스 빈터베리 감독, 마스 미켈센 주연의 2012년 덴마크 영화 「더 헌트」와 함께 성폭력 무고에 대해 이야기합니다. 마스 미켈센에게 2012년 칸영화제 남우 주연상을 안긴 작품이기도 하죠. 영화는 소문의 부정적인 힘이나 공동체의 폭력성, 인간의 믿음 체계 등 여러 이야기를 담고 있는데요. 이 영화를 통해 성범죄 사실을 증명하는 데 결정적 역할을 하는 피해자 진술을 중심으로 성폭력 무고에 대해 이야기해 보고자 합니다.

이 영화에서 마스 미켈센이 연기하는 유치원 교사 루카스는 친구의 딸이자 원생인 클라라 때문에 성범죄자로 의심을 받게 됩니다. 사건의 발단은 이렇습니다. 어느 날 클라라가 유치원 원장에게 루카스 선생님이 싫다고, 멍청하고 못생겼고 고추가 있다고 말합니다. 원장은 "고추는 아빠하고 오빠에게도 있단다."라고 말해 줍니다. 그러자 클라라는 "선생님 고추는 앞으로 뻗어 있어요. 막대기처럼."이라고 말합니다. 만약 유치원생의 입에서 이런 말이 나온다면 성폭력 가능성을 충분히 의심해 볼 수 있을까요?

이수정　분명 평이한 진술은 아닙니다. 발기한 모습에 대한 진술처럼 보이는데 아동의 발달 과정을 보면 유치원생이 성인 남성 성기의 발기 시 모양새를 안다는 것이 자연스러운 일은 아니니까요. 그러니까 주목하기는 해야 하는데, 그렇다고 해서 이 발언만으로 해당 아동에게 성폭력 피해 경험이 있다고 단언할 수는 없습니다.

아동 발달 과정에 대한 이해와 편견

이다혜　영화에서는 루카스가 클라라를 성추행하지 않았습니다. 오히려 자기 입에 뽀뽀한 클라라에게 이런 뽀뽀는 엄마 아빠에게만 하는 거라고 주의를 줍니다. 클라라가 준 하트 모양의 선물도 거절하는데요, 클라라는 그날 오후 원장 선생님에게 앞서 말한 이야기를 합니다. 이때 클라라가 어떤 마음이었을지, 왜 그런 식으로 표현했을지 궁금해지거든요.

여기서 저는 아이의 마음이 궁금해지도록 만드는 것이 제일 큰 문제라고 생각하고 있고, 오늘은 그런 이야기들을 많이 하게 될 것 같아요. 이 영화는 클라라가 마치 의도적으로 선생님을 좋아하는 마음이 거절당한 데에 대한 앙심을 품는 것처럼 묘사하고 있거든요. 그래서 클라라는 대체 어떤 생각으로 이런 말을 한 것인지 생각하게 된단 말이죠. 실제로 아이가 어떤 심리였는지를 알기란 어렵지 않나요?

이수정　일단 영화에서 성추행은 일어나지 않은 거죠? 중요하니까 확인하고 넘어가겠습니다. 지금 클라라는 유치원생이잖아요. 그런데 이 연령대의 만 5~6세의 여자아이라면 본인의 일차적 성징, 내가 남자인지 여자인지 그런 것을 알고 있을 거예요. 그런 차원에서 보면 이성에게 호기심을 갖는 것은 전혀 이상한 일이 아닙니다. 남자 선생님이었던 루카스에게 내가 다른 여자 친구들보다 훨씬 더 예쁘게 보이고 싶다는 생각을 갖는 것 역시 이상하지 않은 일이고요. 더 나아가서 저 선생님이 나만 예뻐해 주면 좋겠다는 독점욕을 갖는 것도 충분히 있을 수 있습니다. 아동의 발달 과정상 선생님에게 잘 보이고 싶어서 먼저 뽀뽀를 하는 일은 충분히 발생할 수 있다는 것을 우선 이해해야 합니다.

이다혜　그런데 영화에서는 그걸 마치 성인의 행동처럼 느끼게 만든다는 것이 불편하게 느껴집니다.

이수정　이 영화의 주제가 무고이다 보니 주인공의 이후 고통을 더 극적으로 보여 주기 위해 해당 장면을 그런 식으로 영상화한 것이 아닌가 싶습니다. 최대한 선의로 해석해 보자면 말이죠.

이다혜　선생님, 오늘따라 무척 선의를 갖고 해석해 주시네요. 원래 가차 없으시잖아요. (웃음)

이수정　무고의 경우가 실제로 꽤 일어나고 있거든요. 이런 일이 실제로도 발생한 바 있기 때문에, 영화로 만들면서 이런 식의 설정은 불가피했을 수 있다고 봅니다.

이다혜　심상치 않은 이야기를 들은 원장은 이튿날 루카스를 부릅니다. 그리고 어떤 여자애 혹은 남자애가 당신의 성기를 봤다고 하니 진상을 확인할 때까지 유치원에 나오지 말아 달라고 합니다.

이수정　이 대목이 완전히 오류인 거죠. 아이가 루카스의 성기를 봤다는 이야기를 하지 않았잖아요. 클라라가 선생님 성기를 봤다고 이야기한 적이 있나요? 안 했죠. 그런데 지레짐작으로 원장의 머릿속에서 사건이 커진 거죠. 상황을 유추하는 과정에서 원장의 머릿속에 이미 시나리오가 만들어진 것입니다. 클라라의 뽀뽀나 성기 이야기가 문제가 아니라 어른인 원장의 선입견과 그로 인한 허위 시나리오가 문제의 시발점인 거죠. 그런데 이런 종류의 섣부른 시나리오를 머릿속에 넣은 교사, 상담사, 경찰 또는 검사로 인해 애먼 사람 잡은 사건은 실제로 존재합니다.

이다혜　이게 너무 조심스러운 것이, 반대의 선입견도 있잖아요. 이른바 '꽃뱀' 같은 거죠. 또 그와 반대되는 선입견, 즉 이 남자는 사회적으로 인정받고 있는 유치원 교사이고 친구들과도 굉장히 잘 지내는 사람이니 성추행을 저지를 리 없다는 선입견도 이런 사건에선 문제가 되지 않습니까?

이수정　그런데 그 두 가지를 똑같은 위치에 놓고 다투게 만들면 안 된다는 겁니다. 그러니까 소위 말하는 '꽃뱀설'은 언제 나오나요. 일단 사건이 진행되고 난 다음에 2차 가해의 형태로 나오는 것이 꽃뱀설이잖아요. 지금 이 사건의 핵심은 애당초 아무 일도 일어나지 않았는데 누명을 썼다는 점이에요. 그냥 어린아이가 선생님에게 일종의 구애 행위를 했을 뿐이죠. 발달 과정상 아이들은 얼마든지 그럴 수 있으니까요. 그런데 문제는 어른이 그것을 자신의 고정 관념으로 해석해서 없었던 일을 있었던 일로 만들어 낸 것이고, 이것은 결국 확증 편향의 문제로 귀결됩니다.

말씀하신 두 가지 사항은 모두 편견의 오류죠. 그러나 두 오류의 출발 지점은 현저히 다릅니다. 이 경우는 아무 잘못도 없는데 원장 선생의 머릿속 허위 시나리오 때문에 문제가 발생한 것이고, 꽃뱀설은 신고된 사건이 이미 있는 상태에서 2차적으로 발생하는 편견과 가해이기 때문에 같은 선에서 살펴볼 문제가 아닙니다. 그러니까 제가 보기엔 이것을 남혐, 여혐 문제로 몰고 가는 것 자체가 실체적 진실과는 거리가 먼 신중하지 못한 논쟁이라는 것입니다.

초기 진술 확보의 중요성

이다혜 실체적 진실을 확인하기 어려운 부분이 있다는 것이 성범죄 사건들의 특징이 아닌가 생각하게 되는데요.

이수정 그런 부분만 있는 것은 아닙니다. 오늘날엔 CCTV나 통신 수단 등이 발달하면서 곳곳에 증거가 남기 때문에, 일반인들이 생각하는 것처럼 허위로 날조한 피해 사실, 또는 실제로 피해를 당했는데 인정이 안 된 그야말로 억울한 사건 같은 것들은 일어나기 어렵습니다.

수사로 넘어가면 일단 초동 단계에서의 진술이 굉장히 중요합니다. 저는 먼저 피해자 입장과 가해자 입장을 다 듣고 이를 참고해서 정리합니다. 이후 검찰에서 하는 진술은 절대 신뢰하지 않습니다. 피해자와 가해자가 제일 처음 한 진술, 피해가 발고되는 과정이 정말 중요합니다. 초동 단계에서 진술을 충분히 확보하면 이것이 진짜 경험한 사실에 대해 디테일한 이야기를 순차적으로 하는 것인지, 아니면 머릿속의 막연한 스테레오 타입을 옮겨 놓는 것인지 어느 정도는 추정이 가능합니다. 그런 것들을 진술 분석이라 하는데요, 실제로 해바라기센터에서는 진술 내용은 물론 사용된 어휘를 한 줄 한 줄 아주 디테일하게 분석합니다. 그렇기 때문에 저는 증거가 없다는 말은 섣불리 하지 않으려 합니다. 피해 진술 자체가 증거라고 생각하니까요.

이다혜   영화 이야기로 돌아와서, 아이가 너의 성기를 봤다는 원장의 말에 루카스는 충격을 받고 "그게 가능하기는 합니까?" 하고 묻습니다. 이 반응만으로 박사님은 루카스가 범죄를 저질렀는지 아닌지를 알 수 있을까요? 쉽게 말해서 범죄가 드러났을 때 성범죄자들이 보이는 일관된 반응이 있어서 첫 반응만으로 어느 정도 사건의 방향을 알 수 있을까요?

이수정   일단 진술 속에서 거짓말을 분석해 내는 기법은 계속 발전하고 있습니다. 성범죄 혐의를 부정하는 사람들이 가장 많이 보이는 반응은 '보기는 했다, 만지기는 했다, 그런데 내가 성범죄까지는 안 저질렀다.' 이런 식의 단계적 부정입니다. "그게 가능하기는 합니까?"라는 루카스의 반문은 이런 것들과는 다른 차원의 진술이거든요. 전문가라면 이런 차이를 발견할 수 있습니다. 일반적인 거짓말 패턴에서 벗어나는 진술을 하고 있다면 그 사람 말은 거짓말이 아닐지도 모르죠.

물론 이런 반응만으로는 판단하기는 어렵지만 조사 과정이 며칠, 경우에 따라서는 몇 달씩 진행되기 때문에 거짓말은 걸러질 수밖에 없습니다. 1회 신문 조사에서는 이렇게 말했는데 2회 신문 조사에서는 조금 다르게 진술 번복이 되고, 3회에서는 또 다르게 번복되고,

그런 과정과 맥락을 다 상호 비교하고, 피해 진술과 피고인의 진술도 상호 비교하기 때문에 거짓말이 통하기 어렵습니다. 그렇기 때문에 더더욱 피해 사실이 있었다고 처음 발고하는 과정이 무척 중요한데, 지금 이 사건은 피해자가 아니라 원장이 발고한 거잖아요. 분석하는 사람들에게는 그런 점도 중요합니다.

이다혜   진술 분석이 엄청나게 정교한 과정이네요.

이수정   그럼요. 단순히 느낌이나 인상으로 판단하는 것이 아니고 장기간 훈련받은 전문가들에 의해 정교하게 진행됩니다. 예를 들어 신고를 한 피해자는 없는데 목격자와 뜬소문만 돌아다니는 성폭력 사건이 있다면, 그게 실재하는 사건인지, 아니면 모종의 성관계가 있었던 것은 맞는데 그게 소문을 타고 이상한 식으로 와전된 것인지, 그런 것들이 목격자 진술 분석으로 밝혀져야 합니다.

또는 피해자는 피해 발고를 했는데 알고 보니까 그 여성이 어떻더라 하면서 피해자의 품성에 대한 공격이 이어지는 경우도 피해 발고 과정과 이후에 이어진 참고인 진술들을 상호 비교해 좀 더 실체에 접근할 수 있습니다.

2008년에 대구 초등학교에서 집단 성폭행 사건 신고가 있어, 온 수사 기관 사람들이 다 대구로 내려가는 등 소동이 인 적이 있습니다. 해당 초등학교 인근에 있는 중학교 남학생들이 초등학교 여학생 3명을 집단 성폭행했다는 내용이었는데, 당시는 조두순 사건이 일어나기 전이었지만 안양에서 혜진이, 예슬이가 죽은 정성현* 사건이 있던 시절이어서 아동 성폭력에 대한 사회적 관심이 높을 때였습니다.

수사 기관이 중학생 몇 명을 가해자로 잡고 초등학생 남자애들도
몇 명 잡아다가 전부 검찰로 송치를 했고, 언론에도 대서특필했는데
나중에 알고 보니 이 사건은 집단 성폭행 사건이 아니었어요. 실제
일어난 사건은 중학생 한 명이 초등학교 여학생 한 명을 강제 추행한
것이었는데, 초기 단계에서 구름처럼 소문이 일어나면서 얘도 그랬다,
쟤도 그랬다, 누가 봤다더라 하며 사건이 부풀려졌던 것이었습니다.

그 와중에 초등학교 담임 선생님이 제일 말썽 부리는 남자 초등
학생 두 명을 불러 "너도 사건 현장에 있었지?" 하며 추궁해 시인을
받고 나서 거기 있던 애들 다 대라고 하자 그 두 남학생이 얘도 있었
어요, 쟤도 있었어요, 그러면서 가해자들이 잔뜩 생기고 피해 여학생
들도 생겨났습니다. 그러나 장기간에 걸친 수사 결과 피해자들은 성
폭행이 아니라 단지 짓궂은 장난을 당한 것에 불과했던 황당한 사건
이었죠. 당시 검찰에서 사건을 살펴봐 달라는 의뢰가 들어와 조사
결과를 들여다보니 정확한 성폭행 피해자는 없는데 집단 성폭행 사
건으로 둔갑해 있었습니다.

그렇기 때문에 피해를 발고하는 과정이 굉장히 중요합니다. 피해
자가 피해 사실에 대해 개연성 있고 맥락 있는 설명을 하고 있는가를

들여다보지 않고, 꼬리에 꼬리를 문 소문만 가지고 사건을 추정하는 것은 정말 위험한 일입니다.

이다혜   선생님 말씀을 들으면 진술 분석도 정교해져서 용기를 내어 성폭력 피해 사실을 발고하는 분들의 이야기가 더 검증되고 신뢰받는 방식으로 한국 사회가 바뀌어 왔다는 생각이 드는 동시에 가해자들에 대한 솜방망이 처벌에 대해서는 여전히 갈 길이 멀다는 생각도 듭니다.

이수정   특히 아동 청소년 성폭력범들에 대한 한국의 처벌 수위가 너무 낮은 건 사실입니다.

진술 분석 전문가의 필요성

이다혜   어서 빨리 법 개정이 됐으면 좋겠다는 바람과 함께 다음 질문 드리겠습니다. 루카스에게 사실을 알린 유치원 원장이 아동 심리 전문가를 불러서 클라라의 진술을 받습니다. 그런데 아직 아이의 양육자에게 상황을 알리지 않은 상태에서 이래도 되나요?

이수정   안 됩니다. 이 영화가 2012년작 덴마크 영화여서 그런지 모르겠는데, 미국에서는 이렇게 조사할 수 없습니다. 무조건 양육자에게 알리고 피해자가 양육자의 보호 아래 전문 기관으로 가서 진술하게 돼 있습니다. 전문 기관으로 가기 전에 아동에게 함부로 질문할 수 없습니다.

이 영화에서 유치원 원장이 다짜고짜 아동 심리 전문가를 불러다가 진술을 받은 내용을 보면 전부 유도 신문에 해당합니다. 아동에게 실재했던 사건을 이야기할 기회를 주지 않고 있어요. 일단 아동 심리 전문가인지부터 의심스럽습니다. 결국 그런 일이 있었느냐고 계속 추궁하고 아이의 이름을 반복적으로 부르니까 아이가 고개를 끄덕인 것이 전부인데, 이것은 허위 진술일 가능성이 굉장히 높습니다.

이다혜   선생님은 영화를 보실 때 더 힘드실 것 같아요. 선생님 눈에는 말도 안 되는 부분이 많이 보일 테니까요. (웃음) 인물의 일관성이라는 측면에서 봐도 그렇고 실제로 사건 수사가 진행되는 단계도 그렇고…….

이수정   그래도 이 영화는 나름대로 의미가 있습니다. 나중에 제가 진술 분석 전문가 교육을 하거나 경찰 교육을 할 때 이 영화를 함께 보면 도움이 많이 되겠더라고요. 진술이 왜곡되어 가는 과정을 구체적으로 보여 주니까요.

이다혜   한국에서도 일단 아이의 양육자에게 사건을 알리고 그다음에 상담이 진행되는 방식으로 가고 있나요?

이수정   유치원에서 어떤 문제가 있다고 양육자에게 알리면 양육자는 경찰에 신고를 했다 해도 무조건 해바라기센터로 가야 합니다.

이다혜   그런데 아이의 양육자가 아주 심각한 상황이 아니라며 없던 일로 하고 어떻게든 사건을 덮으려는 경우라면 양육자의 의견에 따라 그 사건은 그 지점에서 멈추게 되나요, 아니면 계속 상담을 진행하게 되어 있나요?

이수정　일단 범죄 사건으로 인지가 되고 사건화가 되어야 그다음부터 상담을 받거나 치료를 받는 부분이 국비로 지원이 됩니다. 그런데 사건화가 되지 않으면 그와 같은 조력자들의 도움을 자비로 받아야 합니다. 일단 신고를 하면 법률 조력부터 상담 조력, 의료 지원까지 다 국비 지원을 받을 수 있기 때문에 요즘은 피해자들이 신고를 하는 편입니다.

국가가 예산을 들여서 시스템을 만들어 놓고 전국 어느 곳에서 사건이 일어나더라도 표준화된 방식으로 전문가들이 투입돼서 제대로 사건화를 할 수 있게 만들어 주는 것, 그것이 국가의 책무입니다. 아동 성폭력 사건은 이제 어느 정도 그 시스템이 구축됐는데 문제는 아동 학대입니다. 아동 학대 쪽은 시스템이 여전히 엉망진창인 면이 있죠.

이다혜　이 영화를 보면 피해자의 진술을 받는 과정이 얼마나 중요한지를 알 수 있습니다. 영화에서의 과정을 보면, 심리 전문가는 클라라에게 원장 선생님한테 한 말을 자신에게 다시 들려달라고 합니다. 하지만 클라라는 아무 말도 안 했다고 합니다. 그러자 전문가는 원장 선생님이 없는 말을 지어내신 거니, 아니면 네가 없는 말을 지어낸 거니 하고 묻습니다.

이수정　이렇게 물으면 안 되죠. 일단 여기부터 틀렸습니다.

이다혜　어린 유치원생이 아니라 성인인 저도 이런 주궁을 돌으면 겁부터 날 것 같습니다. 제가 어떤 말을 했다는 이유로 여기까지 불려 왔는데 누군지도 모르는 어른이 "선생님이 거짓말한 거니, 네가 거짓말한 거니?"라고 묻는 거잖아요. 클라라는 거짓말한 게 아니라고 하면서도 입을 다뭅니다. 전문가는 "루카스 선생님의 고추를 봤다고 말한 적 있니?"라고 묻습니다.

이수정　이건 유도 신문입니다.

이다혜　클라리는 아니라고 합니다. 전문가는 그 선생님이 어떻게 했는지 상황을 설명해 보라고 합니다. 클라라가 나가서 놀고 싶다고 하니까 원장은 대답을 하라고 타이릅니다.

이수정　이건 종용이죠.

이다혜　겁먹지 말라고, 너에게 해코지하지 않는다고, 그냥 사실을 알고 싶은 거라고 원장이 말하는데, 전문가가 다시 묻습니다. "유치원에서 선생님이 그걸 보여 줬니?" 아이가 대답을 안 하니까 다시 묻습니다. "그랬니, 클라라?" 그래도 말을 안 하니까 다시 이름을 부릅니다. 그러자 클라라가 상담사를 보면서 고개를 끄덕입니다.

이수정　아이는 아무 진술도 안 했잖아요. 피해 진술이 전혀 없었습니다. 고개를 끄덕이는 것은 피해 진술이 아닙니다. 일어났던 일을 A부터 Z까지 자발적으로, 자기 입으로 이야기하도록 만들어야 하는데 전문가라는 사람이 전문적이지 않은 방식으로 아이를 종용하고 유도 신문하고 있습니다.

아동, 청소년, 장애인 면담 매뉴얼

이다혜   성폭력 피해가 심할수록 피해를 입은 당사자 입장에서는 피해 사실을 일목요연하게 정리해서 말하기가 힘들 수도 있지 않습니까. 예를 들어 피해가 심각함에도 불구하고 모조리 이야기하는 것이 너무 고통스럽기 때문에 처음에는 모호하게 이야기했다가 상담자와 라포가 형성[1]되면서 진술이 점점 구체적으로 바뀌어 가는 경우라면 어떻게 판단하나요?

이수정   예전에는 진술 번복이 신빙성이 떨어진다고 판단했던 적도 있습니다만 요즘은 피해 진술이 일목요연하지 않아도 됩니다. 사건을 순차적으로 기억하지 못해도, 진술이 반복되면서 디테일이 증가하더라도 진술 번복이라고 판단하지 않습니다. 그런 경우도 피해 사실이 인정되도록 진술의 신빙성을 판단하는 기준을 정해 두었기 때문입니다. 진술이 번복되는 과정을 최소한으로 줄이기 위해 면담 기법을 훈련받는 것이고요. 그러니까 성폭력 피해와는 관계없이 진술의 원칙에 대해서 먼저 훈련을 시킨다는 의미입니다. 모르는 건 모른다고 대답해도 된다, 면담자가 틀린 이야기를 하면 면담자의 말을 중단시켜도 된다, 반문해도 되고, 잘못된 것은 잘못됐다고 지적해라, 이런 식으로 피해자에게 미리 면담 진행 원칙을 주지시키고 연습할 여유를 줍니다.

---

1   Rapport building. 상담이나 교육을 위한 전제로, 의사소통 과정에서 상대방과 형성되는 친밀감 또는 신뢰 관계를 형성하는 것.

이다혜　피해자가 성인이 아닌 아동일 때 추가되는 면담 기법 같은 게 있을까요?

이수정　아동, 청소년, 장애인의 경우에 사용하는 면담 매뉴얼이 따로 있습니다.

이다혜　영화에서 클라라가 고개를 끄덕인 것은 진술이라 보기 어렵다고 하셨잖아요.

이수정　요즘은 CCTV로 면담 과정을 촬영해 행동 분석도 합니다. 고개를 어떻게, 어느 순간에 끄덕이느냐가 중요한데요, 계속 강요받다가 코너로 몰려서 할 수 없이 고개를 한 번 끄덕였다, 그것도 이름을 두 번 세 번 불러서 압박을 가한 다음에 고개를 끄덕였다면 시인으로 인정하지 않습니다.

아동의 허위 진술이 일어날 때의 상황을 보면 면담자가 호응을 과도하게 해 주고 어떨 때는 간식도 줍니다. 그러면 아이가 이것도 이야기하고, 저것도 이야기하고, 어디서 봤던 이야기도 하고, 읽었던 이야기도 합니다. 그러고 나서 아이가 돌아다니는데 면담자가 잡아다 앉혀 놓고 먹을 것을 줘 가면서 또 이야기를 시킵니다. 이런 면담 장면이 CCTV로 찍히면 변호사들은 문제 제기를 할 것이고 결과적으로 증거로 인정받지 못합니다. 지난 십수 년 동안 해 온 일이기 때문에 이제 그 정도의 노하우는 많이 축적돼 있어요.

이다혜　그럼에도 불구하고 선생님께서 보시기에 더 개선되었으면 좋겠다 싶은 사항이 있을까요?

346

이수정　앞서도 이야기했지만 제일 중요한 것은 최초의 진술입니다. 해바라기센터에서 최초로 피해 진술을 하기 전에 아동에게 이것저것 물어보지 않는 편이 좋습니다. 피해 아동의 진술에 왜곡이 일어날 수 있기 때문입니다. 엄마나 선생님이 연습시키고, 영화처럼 자칭 아동 심리 전문가가 와서 또 연습시키고, 이런 식으로 진술이 오염되기 시작하면서 허위 자백과 재심 사건이 생기는 것입니다.

이다혜　아이이기 때문에, 어른들이 기대하는 말을 할 확률이 높기 때문에 주의해야겠네요. 아이에게는 전문가가 처음 만난 낯선 사람이긴 하지만, 그래도 훈련받은 사람이기 때문에 처음부터 전문가와 만나는 것이 도움이 될 듯합니다.

이수정　기본적으로 아동 진술 전문가는 빠른 시간 안에 라포를 형성해야 하고, 진술 원칙에 대한 이해도가 높아야 합니다. 진술은 자발적으로 이루어져야 하고, 자기 입으로 처음 뱉는 이야기여야 합니다. 누군가로부터 주워들어서 반복하는 말이거나 강요 끝에 나온 대답이어서는 안 됩니다.

이다혜　성폭력 관련 사건의 기사 댓글을 보면 피해자의 말만 믿고 애먼 사람 잡는다는 식의 2차 가해에 해당하는 말들이 많습니다. 수사 기관과 사법 기관에서 피해자의 말이 사실인지 아닌지를 판단하는 데에는 진술이 신뢰도 있는 기관을 통해서 이루어졌는지의 여부도 포함되나요?

이수정　진술의 신빙성을 판단하는 기준이 따로 있습니다. 일단 전국의 해바라기센터에는 전문가들이 배치돼 있고 그 전문가들이 주기적으로 훈련을 받기 때문에 당연히 신뢰성을 갖춘 기관입니다. 그리고 요즘은 애먼 사람 잡기도 생각보다 쉽지 않아요. 물론 조두순 사건 때는 수사 기관에서 아동의 피해 진술을 여러 번 받았습니다. 그렇게 반복된 아동의 진술에 일관성이 있어야 하고, 일관성이 곧 신빙성이라고 판단하던 시절이었죠.

이다혜 사실 저도 계속 똑같은 말을 해야 진술의 신빙성을 인정받을 수 있다고 생각했어요.

이수정 전혀 그렇지 않습니다. 반복하는 것은 별 의미가 없어요. 예컨대 아빠가 나의 성기를 만졌다고 주장하는 경우라면 아이가 사실을 여러 번 반복하여 말하는 것보다 어디서, 어느 순간에, 어떤 방식으로 만졌는지 구체적으로 진술하는 것이 중요합니다. 기억에는 여러 종류가 있는데 그중에서도 우리가 지금 이야기하는 것은 삽화적 기억(episodic memory)에 속합니다. 에피소드는 실제로 자기가 경험한 것이기 때문에 몸이 기억을 하고 있어요. 아빠가 내 성기를 만졌을 때의 느낌과 당시의 상황 같은 감각적인 부분들이 구체적으로 언급되어야 합니다.

요구 특성과 진술 오염

이다혜 막연하게 특정한 단어를 반복 사용한다고 해서 피해 진술이 인정되는 것이 아니라 이를테면 그때 그 장소에서 어떤 소리가 났다든가 하는 식으로 관련된 여러 가지 상황에 대한 진술이 있어야 신빙성이 생기는 거군요.

이수정　해바라기센터가 생기기 전에는 전문가들이 법정에 서서 피해자에게 질문을 하라는 요청을 곧잘 받곤 했습니다. 저도 2008년에 수원지법에 불려 가 본 적이 있어요. 장애인에 대한 성추행 사건이었는데, 법정이 아닌 다른 곳에 대기 중인 장애인 피해자에게 영상으로 비대면 질문을 해 달라는 요청을 받았습니다. 마주 보고 질문하는 것도 어려운데 비대면 질문을 통해 실제로 일어난 사건임을 판사들에게 납득시킬 만한 피해자 진술을 끌어내야 하는 상황이었습니다. 당시 피고인은 그런 일이 없었다고 일관되게 진술하고 있었고요. 반면에 장애인 여성은 모텔 주차장에 정차된 차 뒷좌석에서 성추행을 당했다고 주장했는데, 진술이 띄엄띄엄 이어지고, 이 이야기했다, 저 이야기했다 하는 식으로 진술 번복이 계속 일어나는 상황이었습니다.

그때 제가 피해자에게 사건 당시로 돌아갔다 가정하고 차 뒷좌석 유리창 바깥을 좀 봐 달라, 뭐가 보이느냐 하고 물어봤어요. 앞서 이야기한 삽화적 기억을 최대한 불러오기 위한 질문이었습니다. 그랬더니 뉴코아가 보인다고 대답했어요. 뉴코아 앞에 실제로 모텔 주차장이 있었고 결국 피고인은 유죄를 선고받았습니다. 그러니까 기억은 시각, 청각, 후각적 요소들이 섞인 총합이라는 것을 이해하면 더 구체적인 진술을 끌어낼 수 있어요.

여하튼 피해자가 피해 진술을 안 했는데 뜬소문만 듣고 성폭력 사건으로 몰아가 애먼 사람을 잡는 일은 이제 일어나기 힘든 세상이 맞습니다.

이다혜 　그런 댓글을 쓰시는 분들께 말씀드리고 싶네요. 피해 사실을 말하는 단계까지 가는 것만도 개인에게는 굉장히 고통스러운 일인데 그 힘든 과정을 오도하지 마시라고요.

이수정 　지금은 굉장히 많은 것들이 바뀌었다는 점을 강조하여 말씀드리고 싶습니다. 아까 장애인 성폭력 사건으로 제가 법정에 불려 갔던 그 시절에는 장애인 성폭력 사건이 1년에 3건 기소됐어요. 장애인은 진술 능력이 떨어지니까 사건화 자체가 잘 안 됐던 거예요. 그런데 13년이 지난 지금은 장애인 성폭력 사건이 1년에 1000건 가까이 기소됩니다. 그러니까 시스템을 구축하면 장애인이라도 얼마든지 피해 진술을 신빙성 있게 할 수 있고, 무고한 사람이 억울한 일을 당할 확률도 그만큼 매우 낮아지는 것이죠.

이다혜 　다행이라는 생각이 듭니다.

이수정 　그런데 그렇게 열심히 입증해서 기소해도 처벌 수위가 워낙 낮아서 벌금만 나오고 말죠. 안타까운 일입니다.

이다혜 　그래서 저는 처벌 수위가 높아져야 한다는 한결같은 입장을 고수하고 있습니다. (웃음) 이 영화에서는 루카스의 범죄를 확신한 원장이 학부모 회의를 열어서 추가 범죄 여부를 조사합니다. 그러자 아이들이 너도나도 루카스의 범죄를 증언합니다.

이수정 　이렇게 된다니까요. 한꺼번에 모아 놓으면 너도나도 허위 진술을 하게 돼요.

이다혜 　서로의 말에 영향을 받게 하면 안 되고 전문가가 각각 개별적으로 이야기를 듣는 과정이 필요하다는 말씀이신 거죠? 만약 이 범죄가 사실이었다면 추가 범죄가 있을 가능성도 있으니 더 신중하게 접근할 필요가 있겠습니다. 아동의 경우 암시에 굉장히 취약하다고 합니다. 실제로 입양 자녀를 추행한 혐의를 받은 할리우드의 영화감독 우디 앨런은 연인이었던 미아 패로가 아이의 기억을 왜곡해 자신에게 불리한 증언을 하게 만들었다고 주장하기도 했는데요, 아동이 암시에 취약하다는 사실이 가해자에게도 굉장히 좋은 무기가 되는 것 같습니다.

이수정 　그래서 피고인의 변호인으로부터 아동이 암시를 당해 진술했다는 반박을 많이 당합니다. 그렇기 때문에 더욱 전문가가 필요한 것이고요. 우디 앨런 같은 피고인은 한국에도 많습니다. 피해 진술이 잘 이루어져야 기억의 왜곡으로 인해 유도된 진술이라는 피고인 측 주장을 막을 수 있습니다.

기억의 왜곡은 생각보다 쉽게 일어나요. 그렇기 때문에 아동이 전문 기관에 도착하기 전까지 누구도 물으면 안 됩니다. 아동이나 청소년이나 장애인은 요구 특성(Demand Characteristics)에 굉장히 취약하기 때문에 일단 의심되는 사건이 있을 땐 무조건 전문 기관으로 데리고 가야 합니다.

이다혜 　요구 특성이란 상대방이 요구하는 것을 파악해서 그 의도에 맞춘 반응을 보여 주는 걸 말하는 건가요?

이수정 　그렇습니다. 그리고 저는 우디 앨런 사건 류에서 정신분석학 운운하는 사람을 정말 싫어합니다. 아들의 엄마에 대한 성적 판타지, 딸의 아빠에 대한 성적 판타지를 운운하면서 고리타분한 프로이트 이론 이야기를 하는 것은 자중했으면 합니다.

이다혜　범죄를 범죄로 상대해야지, 그것을 이해하기 위해 다른 신화적 도구를 가져올 필요는 없다, 중요한 지적이라는 생각이 듭니다.
　다시 영화 이야기로 돌아가면, 결국 경찰이 개입해 조사한 결과 아이들의 진술에서 오류가 발견됩니다. 루카스 선생님 자택 지하실에서 성폭력을 당했나고 했지만 지하실은 없었어요. 덕분에 루카스는 집으로 무사히 돌아오는데, 그럼에도 불구하고 사람들은 자신들의 섣부른 판단을 반성하기는커녕 루카스의 집에 돌을 던지고, 집단 린치를 가하고, 개를 죽이는 등 더 폭력적으로 굴기 시작합니다. 이런 심리는 또 뭘까요?

이수정　사실 관계를 정확히 몰라서일 수도 있고, 자신의 판단이 틀렸다는 걸 받아들이고 싶지 않기 때문일 수도 있습니다. 누구나 확증 편향과 아집이 있고 그걸 버리는 데에는 나름대로의 희생이 필요한데, 그러기 싫어하잖아요. 사실을 인정하면 자존심이 손상되는 것처럼 생각합니다. 증거가 아무리 많아도 믿지 않는 사람들이 있어요.
　제가 조금 전에도 대구 초등학교 집단 성폭력 사건 검색을 해 봤는데 그게 여전히 온라인에선 실제로 일어났던 사건으로 검색이 됩니다. 하지만 그건 엉터리 사건이거든요. 그런데도 수정된 정보, 올바른 정보를 아무도 올리지 않는 거죠. 집단 성폭행 사건은 일어나지도 않은 허위 사건이었다, 이런 사실은 누구도 기사화를 안 합니다. 그러니 사건 초기 단계에서 자극적으로 게재됐던 뉴스 기록만 남아 있는 것입니다. 이런 식으로 사람들은 점점 더 자신의 편견과 확증 편향을 고수하며 계속 내가 맞다고 주장하는 거고요.

성폭력 무고 사건과 2차 피해

이다혜　이 영화와 비슷한 사례가 한국에서도 지난해에 있었는데요. 보습 학원 원장이 초등학생 2명을 강간 및 추행한 혐의로 1심에서 징역 10년을 선고받았다가 2심에서 아이들의 허위 진술이 밝혀지면서 무죄 판결이 난 사건입니다. 한국에서는 보통 성범죄에 대한 피해자 고발이 있고, 그다음에 가해자로 지목된 사람이 피해자를 무고로 고소하는 경우가 대부분입니다.

이수정　그래서 법률 개정을 통해 처음에 성폭력 사건으로 발고된 사건에 대해 법적 결론이 나기 전에는 가해자가 피해자를 무고로 고발하지 못하게 하자는 입법안이 논의되고는 있습니다.
　사실 가해자가 피해자를 무고로 고발하는 데에는 피해자로 하여금 합의하게 만들겠다는 의도가 포함되어 있습니다. 그런데 이제는 친고죄가 폐기됐기 때문에 피해자가 합의를 해 줘도 사건은 중단 없이 진행된다는 사실을 알아야 합니다.

이다혜　피해자를 압박하고 사건을 물타기하기 위해서 이른바 무고로 맞고소를 하는 것이 성범죄자들에게 일종의 매뉴얼로 통용되는 듯한 인상을 많이 받습니다. 앞서 말씀하셨듯이, 2019년 법무부 성범죄성희롱대책위원회에서 성폭력 피해자에 대한 2차 피해를 방지하기 위해 성폭력 사건이 종결될 때까지 성폭력 무고 사건의 진행을 중단하도록 권고한 것도 바로 이런 이유 때문이겠죠.

이수정 그런데 그게 아직은 권고일 뿐 법률에 반영은 안 돼 있습니다. 시행 지침 정도는 있을 수 있지만 법안을 개정하거나 그러지는 못했던 것입니다.

이다혜 실제로 성범죄의 경우에 무고 비율은 어느 정도인가요?

이수정 2017~2018년 기간에 검찰의 성폭력 범죄 사건 처리 인원수 총 8만 677명 중 중복 가능성이 있는 8937명을 제외한 7만 1740명 중 성폭력 무고죄로 기소된 피의자 수는 약 556명으로 추정된다고 합니다. 성폭력 범죄와 성폭력 무고죄로 기소된 인원수를 비교할 경우 0.78퍼센트 수준에 불과하다는 거죠. 성폭력 무고 중 가해자에 의한 고소 사건은 대부분 불기소되고(84.1퍼센트), 기소된 사건 중에서도 15.5퍼센트는 무죄 선고를 받습니다. 결국 성폭력 무고로 고소된 사례 중 유죄로 확인된 사례는 전체의 0.4퍼센트에 그치는 셈입니다. 무리한 무고죄 기소는 가해자에게도 결코 좋은 선택이 아닙니다. 그랬다가 나중에 유죄 입증을 받으면 반성의 뜻이 없다며 항소심에서 형량이 더 늘어날 수도 있어요.

이다혜 성범죄 사건이 무혐의로 끝나는 경우도 무척 많잖아요. 무혐의와 무죄는 어떻게 다른가요?

이수정   무혐의는 재판 받기 전에 수사 기관에서 종결된 경우를 말하고, 무죄는 재판을 받아 판결을 받은 경우에 해당되니 엄연히 다릅니다. 제가 재직 중인 학교에서 교수에 의한 학생 성폭력 사건이 있었는데 피해자가 너무 억울해하며 사건 발생 후 1년이 다 되어 가는 시점에 절 찾아왔어요. 그때 가해자를 고소했는데 공소권 없음으로 무혐의가 나서 제가 괜히 고소했다고 후회하며 제 발등을 찍은 적이 있습니다.

그때는 성폭력 사건에 신고 기간이라는 게 있었어요. 신고를 즉시 하지 않으면 사건화가 안 되는데 1년이 지나기 직전에 피해자 학생이 문제 제기를 하는 바람에 고소가 늦어졌죠. 그래서 검찰 송치가 되어 검찰로 넘어갔는데 담당 검사가 형법을 적용하면 고소 가능 기간이 6개월이었고, 성폭력처벌법을 적용하면 1년이었는데 그때 성폭력처벌법이 입법된 지 얼마 되지 않았던 때라서 검사가 형법을 적용했고, 결국 공소권 없음이 되어 무혐의 처분이 났지요. 그 바람에 가해자인 교수에게 징계를 내리기가 굉장히 어려워졌고요.

시스템이 먼저인가, 피해자의 의사가 먼저인가

이다혜   둘은 엄연히 다름에도 불구하고 무혐의를 무죄처럼 이야기하는 경우가 많습니다. 성범죄에서 지금 말씀하신 고소 기한 등의 절차적인 문제 때문에 무혐의 결론이 난 것을 두고 마치 무고한 사람을 고발한 양, 무죄랑 똑같은 것처럼 이야기하는 경우가 많습니다. 그리고 그런 이야기를 하는 사람들 중 상당수가 영화 「더 헌트」를 언급하고요.

사실은 죄가 없는데 그런 식으로 몰아갔다며 무혐의랑 무죄를 섞어서 생각하는 경우가 많은데, 무혐의와 무죄는 큰 차이가 있다는 것을 이 자리를 빌려 꼭 이야기하고 싶습니다. 그리고 마지막으로 죄를 지어 놓고도 무고로 피해자를 압박하는 경우에 어떤 처벌이 뒤따르는지도 알고 싶습니다.

이수정　앞서 이야기한 대로 형량에 불리한 영향을 미칠 수 있죠. 그러나 피해자가 협박죄 같은 걸로 다시 맞고소하지 않는 한 법적으로 어떤 처벌이 뒤따르지는 않습니다. 무고에 대해서만 불기소가 되고 끝나고 그 이후에는 대응을 안 하는 것이 일반적이죠. 피해자가 너무 고통스러우니까 더 이상 피고인과 싸우고 싶지 않은 거예요.

이다혜　저는 「더 헌트」의 설정이 가장 거짓말을 하지 않을 법한 피해자가 사실은 앙심을 품고 거짓말을 한다고 가정하는 영화이기 때문에 매우 피곤했습니다.

이수정　순전히 절차의 오류로 인해 억울한 피해자가 생긴 거지, 아이의 거짓말에 무슨 고의가 있었겠어요. 그러니까 이 영화를 흑백 논리로 보기보다는 이런 종류의 절차적 오류는 충분히 있을 수 있겠구나 하는 타산지석으로 삼는 것이 좋을 듯합니다.
　게다가 이런 절차적 오류가 단지 성범죄에만 발생하는 것도 아닙니다. 수없이 많은 재심 사건들을 한번 보세요. 다 수사 기관이 초동 단계에서 가혹 행위를 하고 허위 자백을 받아서 시작된 일들입니다. 일단 자백을 하면 나중에 법정에서 아무리 내가 안 했다고 주장해도 재판부가 믿어 주지 않습니다. 그 결과 아무 죄도 없이 평생을 교도소에서 썩다 나오는 사람들이 실제로 있잖아요. 그런 차원에서 「더 헌트」라는 영화를 이해해야지, 이걸 남녀의 갈등 구도 속에서 보자 하면 말이 안 되죠.

이다혜　아동 청소년들의 경우, 없는 피해 사실을 이야기하는 경우보다 있는 피해 사실을 이야기하지 못하는 경우가 더 많으리라고 생각합니다. 가해자가 선생님이라든가 보호자일 경우엔 더욱 그렇겠죠.

이수정　그 점은 충분히 납득할 만한 이야기지만 포커스를 다른 차원에 두고 영화를 바라보면 왜 이 영화의 주인공이 남우주연상을 받았는지도 이해가 될 것 같습니다.

이다혜　동시에 실제 범죄 사건에 있어서 절차라는 게 얼마나 중요한가도 생각하게 되고요.

이수정　절차가 전부라고 말할 수 있을 정도입니다. 제가 대학생 때 버스에서 성추행을 당한 적이 있습니다. 30년도 더 지난 일인데 그 성추행범의 눈빛이 아직도 기억이 납니다. 야비하게 씩 웃던 모습이 머릿속에 생생해요. 그때 저는 신고하지 않았어요. 당시에는 강간 아니고는 성범죄로 사건화하지도 않았고 수사 기관에서 절 믿어 주지도 않았을 겁니다. 그냥 "참으세요. 젊고 예쁘니까 만진 거 아니야." 이런 식으로 저의 피해 발고를 무시했겠죠.
　그런 의미에서 이제는 친고죄도 폐지되고 그나마 사건화가 자동적으로 되는 시스템이 생겼으니 얼마나 다행인가 하고 생각해 왔는데, 최근 정의당 성폭력 사건을 보면서 친고죄가 폐지된 것이 이런 종류의 병폐를 낳을 수도 있구나, 피해자의 의견을 무시하는 결과를 초래할 수도 있겠구나 하는 생각을 하게 됐어요.

전 정의당 대표의 성추행 사건에서 피해자가 형사 고소를 하지 않고 당내 젠더인권본부의 절차를 신뢰하여 이른바 '공동체적 해결 방식'을 택했는데, 제삼자에 의해서 고발이 되는 바람에 경찰은 무조건 수사를 해야 하고 피해자는 불려 다녀야 하는 일이 생겼잖아요. 피해자는 사건화를 원치 않았음에도 불구하고 눈물을 머금고 경찰 앞에서 내가 어디끼지 이렇게 피해를 당했는지 계속 반복적으로 이야기해야만 하는 상황이 된 거죠.

물론 정의당처럼 피해자를 보호하는 조직이 아니라 피해자를 꽃뱀으로 몰면서 가해자 편을 드는 조직이라면 친고죄가 폐지된 지금의 시스템이 있어 그나마 다행이겠지만 말이에요. 여하튼 이런 사건에서는 형사 고소만이 능사는 아니라는 것, 피해자의 의사가 제일 중요하게 반영되어야 한다는 생각을 다시 한번 하게 됩니다. 여러모로 어려운 얘기예요.

이다혜 　마지막까지 꼭 강조하고 싶은 건 이런 절차상의 개선이 이루어진 것은 무척 좋은 일이나, 그 절차를 통해서 피해 사실이 충분히 입증되었을 때 이후 형량 문제도 그 피해 사실만큼 엄중하게 다루어졌으면 좋겠습니다.

이수정 　형량도 엄중해야 하고 피해자에게 '성폭력 피해자'라는 네이밍을 붙이지 않았으면 좋겠습니다.

이다혜　　오늘 언급한 주제들은 앞으로도 여러 가지 사건과 영화들을 통해서 지속적으로 이야기하게 되지 않을까 생각합니다. 「더 헌트」라는 영화에 대한 저의 사적인 감정과 무관하게 관련된 중요한 이야기를 나누게 되어서 집에 가는 내내 생각을 많이 하게 될 것 같습니다.

편견을 감싸 안는 바람직한 공동체상에 대하여

5

철학·어문

외국인 범죄,
과열 경쟁은
혐오 범죄를
부추긴다

범죄 도시

감독 강윤성 | 한국 | 2017년

나쁜 놈과 더 나쁜 놈들이 느슨한 동맹을 맺고 있는 2004년의 서울 가리봉동. 이곳에는 룸살롱을 거점으로 한 한국계 조직 폭력배 춘식이파와 불법 도박장을 운영하는 중국계 이수파, 역시 중국계로 이수파와 경쟁 관계인 독사파가 한국인 형사 마석도의 중재 아래 이권을 나눠 먹고 있다. 하지만 하얼빈에서 건너온 장첸이 등장하면서 이들의 아슬아슬한 공생 관계는 깨져 버린다.

찌르고 맞는 데 이골이 난 조폭들조차 오금을 저리게 만드는 잔혹한 폭력을 통해 장첸이 도시 일대의 최강자로 급부상한 이후, 매일 길 한복판에서는 패싸움이 벌어지고 살인, 강도, 강간이 빈번하게 일어난다. 흉기를 든 자들이 무리 지어 길을 활보하는 흉흉한 상황이 계속되자 마석도를 비롯한 강력반은 장첸 일당을 일망타진하기 위해 팔을 걷어 소통 작전을 시작한다.

이다혜 　강윤성 감독, 마동석, 윤계상 씨 주연의 2017년 한국 영화 「범죄 도시」와 함께 외국인 범죄에 관해 이야기하겠습니다. 범죄 도시는 2000년대 초 서울 구로구 가리봉동 일대의 중국계 폭력 조직을 일망타진한 강력반 형사들의 실화에 바탕을 둔 영화인데요. 박사님, 먼저 이 사건에 관해서 간단히 설명해 주시겠어요?

이수정 　1990년경부터 가리봉동에 차이나타운이 생기기 시작했습니다. 그곳에 많은 조선족들이 모여들기 시작하면서 그곳의 이권을 노리는 조직도 난무하는 상황이 전개됩니다. 그래서 서울남부경찰청에서 단속을 시작했고 2007년에 서울경찰청 광역수사대가 개입하면서부터 단속 상황이 빠르게 전개됩니다.
　영화에 나오는 흑룡파의 장첸이라는 캐릭터를 배우 윤계상이 맡아서 연기했는데, 이번에 너무나 인상적으로 봤습니다. 사실 전 영화 내용은 잘 생각이 안 나고 윤계상 씨가 나오는 몇 장면만 머릿속에 남아 있습니다. (웃음)

합법과 불법의 모호한 경계

이다혜 　말씀하신 것처럼 윤계상 씨가 워낙 인상적이어서 이전에

했던 역할들이 잘 안 떠오르더라고요. (웃음) 1990년대 한국에서는 노동자 처우가 크게 개선되었습니다. 그리고 중국은 시장 경제 체제를 받아들이면서 인민에게 각자도생을 선언한 시기이기도 합니다. 이 시기에 한국에 중국 이주민이 늘어난 건 아마도 이런 배경이 있지 않나 싶은데요. 그 과정에서 조폭이 입국하고 차이나타운에 모인 사람들끼리 범죄 조직을 만들기도 했는데 가리봉동 사건이 일어난 시기가 그 절정이었던 듯해요.

이수정　**외국인** 범죄의 심각성은 1990년대부터 이야기되기 시작했는데, 2000년대에 들어서면 특히 중국인과 조선족이 모여 사는 지역이 다양해집니다. 그중 대표적인 지역이 서울의 서남부권, 가리봉동을 중심으로 한 지역과 경기도 안산입니다. 일종의 특구처럼 안산에 외국인 거주지가 따로 마련되면서 성매매 업소, 노래방들이 즐비하게 생겨났고, 경기도에 흩어져 사는 외국인 노동자들이 주말이면 그 지역에 와서 업소들을 돌아다니던 시절이 있었습니다.

저도 안산 실태를 알아보기 위해 경찰들과 함께 해당 지역을 돌아본 적이 있는데, 그때는 낮 시간대라 그런지 비교적 관리가 잘 되어 보였지만 밤이 되면 굉장히 잔인한 사건들이 일어나기도 했습니다. 그때 경찰들이 했던 이야기 중의 하나가, 안산에 새로 자리 잡은 분들이 중국에서의 영업 방식을 고수하다 보니 합법이 무엇이고 불법이 무엇인지 경계도 없고 신경도 안 쓴다는 것이었어요. 마치 한국이 1960~1970년대에 그랬던 것처럼 폭력이 난무해도 그것이 불법이라는 인식이 없었다는 것이죠. 신변 보호를 위해 흉기를 휴대하고 다니는 외국인도 많았고요. 한국은 흉기 소지가 일상적이지 않은 국가임에도 불구하고 중국에서 위험했기 때문에 이곳도 역시 위험하다는 가정을 여전히 하고 있었던 겁니다.

이다혜   말씀을 듣다 보니 그 지역 여성분들은 흉기를 필히 소지해야 할 것 같은데요?

이수정   혹시 총기가 범죄를 막을 것 같다고 생각하신다면 틀린 생각입니다. 통계를 보면 총기나 흉기는 무조건 단속하는 것이 답입니다. 그것이 다 같이 안전해지는 길이에요. 아무튼 외국인 범죄가 폭발적으로 증가한다, 그렇지 않다, 하는 논쟁들이 있었지만 통계치로 보면 2018년도 외국인 범죄는 총 3만 4832건으로 2017년도에 비해 감소했습니다.

과거 2000년대 초반에 비하면 경찰청도 외국인 범죄를 컨트롤하는 노하우가 쌓이면서 치안 역량을 발휘하고 있다고 봐도 무방합니다. 우리의 막연한 짐작보다는 위험한 상황이 아니라고 말할 수 있겠습니다.

이다혜   이런 영화를 보고 나면 정말로 심각한 위협이 있는 듯 보이기도 하고 상황이 과장되게 느껴지기도 합니다. 하지만 외국인 범죄 발생 추이는 감소하고 있고, 한국에서 태어난 한국인들이 저지르는 범죄보다 큰 문제가 있는 수치라고는 볼 수는 없다는 말씀이신거죠?

이수정   그렇습니다. 한국에서 발생하는 범죄는 대부분 한국인에 의한 것입니다. 그러니 외국인 범죄가 심각하다고 이야기할 만한 근거는 없습니다.

국경이 없는 온라인 범죄

이다혜   일전에 박사님께서 내국인 범죄에서도 강력 범죄가 줄었다고 말씀하시면서 오프라인 범죄가 온라인으로 대거 이동했기 때문이라고 하신 적이 있는데요. 외국인 범죄도 같은 맥락에서 볼 수 있을까요?

이수정   충분히 같은 맥락으로 볼 수 있습니다. 더군다나 중국을 거점으로 하는 소위 피싱 범죄 등 온라인 범죄에는 국가도 경계도 없습니다. 다만 우리가 줄었다고 이야기하는 것은 길거리에서 흉기를 휘두르는 식의 강력 범죄는 외국인 범죄도 줄었다는 뜻입니다.

이다혜   국경이 없는 온라인 범죄들에 대해 어떻게 국제 공조를 할지가 중요해 보입니다. 도박 사이트나 콘텐츠 영상물들을 업로드하고 유통하는 불법 사이트도 국경이 아무 의미 없기 때문에 그런 경우에는 사건이 발생한 나라와 범죄자가 속한 국적의 나라에서 적극적으로 서로 협조해야 할 텐데요.

이수정   그런 공조는 언제나 이루어지고 있습니다. 사이버 수사대에서 하는 일이 바로 그런 일이고요. 이 영화에서처럼 국내 경찰이 외국과 연결된 조직범죄를 추적하는 일도 당연히 진행되고 있습니다.
국제적 차원의 범죄 중에서 가장 문제가 되는 것은 마약입니다. 사실 마약은 한국에서 제조되는 경우보다는 외국에서 제조되어 국내로 반입되는 경우가 대부분이기 때문에 국제 공조 없이 추적하기가 매우 어렵습니다. 주로 국내에 언제 어디로 반입될 것이라는 정보를 미리 입수해 공항에서 덮치거나 항만에서 발견하는 식으로 공조 수사를 하고 있습니다.

사이버 수사의 비중도 점점 높아지고 있습니다. 이번에 n번방 성 착취물 때문에 사이버 수사대의 기능이 대폭 확장됐지만, 사실은 마약 범죄나 총기 거래, 불법 무기 거래 들도 앞서 말씀하신 도박 사이트 못지않게 온라인으로 많이 발생하기 때문에 경찰은 사이버 수사에 지속적으로 관심을 가져 왔습니다.

이다혜　불법 영상물은 한국에서 만들어진 것들이 많잖아요. 마약은 한국에서 제조하지 않고 주로 외국에서 들어오기 때문에 제조국과의 연계 수사가 필요하다면, 한국에서 주로 만들어지는 불법 영상물에 대해서는 한국 경찰이나 정부가 더 책임 있는 자세를 취하는 것이 국제 사회 구성원으로서 의식 있는 행동이 아닐까요?

이수정　맞습니다. 불법 영상물 주요 제작국으로서 어느 정도 국제적인 책임감을 느낄 필요가 있습니다. 국가의 위상과도 연관된 일이니까요. 일단 미성년자 성 착취물 등의 불법 동영상이 왜 한국에서 그렇게 많이 제작되는가 하면, 검거돼도 외국보다 형이 무척 낮기 때문입니다. 외국에선 미성년자 성 착취물을 만들다 잡히면 사실상 남은 인생은 감옥 안에서 보낸다고 봐야 하는데, 한국에선 최근까지도 그게 범죄가 아니었잖아요.

그래서 우리가 시즌 1에서 내내 한 이야기지만, 미국에서 검색창에 '코리안 걸즈' 이렇게 입력하면 한국 미성년자 음란 성 착취물이 마구 검색되는 게 현실입니다. 이게 도대체 정상적인 일입니까? 결국 n번방으로 실태가 드러나면서 이에 대응하기 위한 여러 가지 법률늘

이 정비되고 있는 상황이긴 합니다만 좀 더 빨리 정비됐어야 합니다.

2020년 7월에 서울고법이 미국 법무부의 범죄인 인도 요청에도 불구하고, 세계 최대 아동 성 착취물 사이트 '웰컴 투 비디오'의 운영자인 손정우를 미국으로 송환하지 않기로 결정하면서 바로 석방되지 않았습니까? 이 소식이 외국의 주요 언론사에 전부 보도가 됐단 말이에요. 이런 전례는 창피하기 짝이 없습니다.

이다혜   자국 내에서 강도 높게 처벌하는 것도 아니고, 현재 국제사회에서 통용되고 있는 엄격한 처벌 기준에 맞게 처벌을 받을 수 있도록 미국으로 송환하는 것도 아니라면, 대체 대한민국이 어떤 책임을 지는지 이해가 되지 않습니다. 손정우 사건에서 가장 화가 나는 지점은 피해자들이 자기가 피해를 입었다는 것을 제대로 언어화하기도 힘든 연령대라는 점입니다. 그 아이들은 현재 어디에 있으며, 어떤 구조 속에 있는지도 알지 못하지 않습니까.

어쨌든 마약처럼 그동안 한국에서 비주류에 속했던 범죄의 경우라면 체류하는 외국인이 늘면서 아무래도 발생 건수가 늘었겠다는 생각이 들기도 합니다. 제가 초등학생 또는 중학생일 때 학교에서 교육 비디오를 종종 틀어 줬는데, 그중에 마약 중독 경고 비디오도 있었습니다. 당시 정권이 이른바 '범죄와의 전쟁'을 한창 벌일 때였고, 그때는 부탄가스나 본드 흡입 같은 것들이 제 또래 사이에도 심각한 문제들이었기 때문에 그런 것에 대한 경각심을 심어 주려고 틀어 준 것 같은데요. 한국 사회에서 마약 범죄의 추이는 어떻게 변화해 왔나요?

이수정   옛날의 마약은 오늘날의 합성 마약하고는 다른, 중독성이 강한 아편 등이었죠. 오늘날에도 향정신성 의약품 중에 고통을 경감시키기 위해 사용하는 마약성 의약품이 있지만, 예전에는 마약이 주로 민간 치료제로 사용되었습니다. 그중 가장 대표적인 것이 양귀비고요. 저는 관상용 개양귀비 꽃을 굉장히 좋아하거든요. 그래서 개양귀비 씨를 사다가 심은 적이 있는데 당시 개양귀비와 마약 성분 양귀비의 차이를 제대로 알아야 할 것 같아서 인터넷으로 열심히 찾아보기도 하고 그랬습니다. 예전에는 할머니들이 작은 화분에 양귀비를 키워서 배탈 나거나 배앓이를 할 때 조금씩 주고 그랬죠.

이다혜　저도 개양귀비 꽃을 참 좋아하는데, 마약 성분의 양귀비는 모양 자체가 관상용 개양귀비와 상당히 달라서 우연히 실수로 키울 수가 없어요. 꽃만 봐도 "나 위험한 식물이야." 하는 강렬한 아우라가 느껴지거든요. (웃음)

이수정　오늘날의 마약은 향정신성 의약품, 그러니까 마약성 진통제가 더 심각한 문제일 수 있어요. 청소년들 사이에서 마약 대용품으로 유행 중인 감기약이나 진통제가 사회적 문제로 대두되기도 했고요.

그러니까 사실은 의료 자격을 가지신 분들에 대한 더 엄격한 기준이 필요한데, 그런 부분에 대한 윤리적 교육이 부족하다고 느낍니다. 잠깐 양심을 거두면 거대한 수익 구조로 연결되기 때문에, 중독성 의약품임을 알면서도 처방하고 판매하는 병원과 약국이 있습니다. 의사라고 해서 범죄 조직에 연루되지 말라는 법은 없거든요. 감기약을 대량 구입해 마약 제조에 사용하는 범죄 조직들이 있는데 의료 업체들이 합법적인 테두리 내에서 감기약 공급책 역할을 해 문제가 된 적도 있습니다.

언론의 자극적인 확대 재생산

이다혜　외국인을 대상으로 한국인들이 저지르는 범죄도 있지 않습니까? 뉴스에서 자주 보는 이주 노동자에 대한 임금 체불, 학대, 감금, 폭행, 성폭력 등 말입니다.

이수정　이런 문제들은 우리가 정말 선진국이 맞는지 돌이켜 보게 하는, 진짜 반성해야 하는 문제라고 생각합니다. 특히 어린 외국인 신부들을 데리고 와서 집에 거의 감금하다시피 하고, 언어도 배우지 못하게 하다가, 폭행으로 결국 사망에 이르게 하는 사건들이 여전히 발생하고 있습니다. 이런 식의 국제 매매혼이 인권 차원에서는 물론이고 한국의 국제적 위상을 위해서도 얼마나 일어나서는 안 되는 일인지 정말 심각하게 생각해 봐야 한다고 봅니다. 지금도 많은 분들이 애쓰고 계시지만 국가적 차원에서도 어떻게든 예방하기 위한 노력을 해야죠.

이다혜　국내에 거주하는 외국인의 수는 늘었지만 외국인 강력 범죄는 줄어드는 추세이고, 또 전체 범죄에서 차지하는 비율도 미미한 편인데 왜 체감하는 범죄율은 높은 걸까요? 이건 역시 언론이 이런 보도들을 더 자극적으로 하기 때문일까요?

이수정　그런 면도 있기는 합니다. 확대 재생산이죠. 원래 희소성 있는 사건이 언론의 관심을 더 받잖아요. 그런데 꼭 그 이유만은 아닌 것이, 오원춘* 사건을 생각해 보면 외국인 범죄가 국내 범죄와 수법이 약간 다르다는 것도 이유인 것 같습니다. 범죄자도 본인이 살아온 사회 환경에 의해 영향을 받기 마련이니까요.

그러니까 한국 사회의 공통된 영향력 아래에서 성장한 사람이 저지르는 범죄와, 신체에 대한 감각이 우리와 다른 문화권, 그것도 메이저 문화권이 아닌 특정 지역의 소수 문화권에서 성장한 사람이 저지르는 범행은 수법 면에서 차이가 있을 가능성이 큽니다. 즉, 외국인 범죄의 특이성이 없는데 우리가 과장해서 느끼는 것인지를 묻는다면, 꼭 그런 것은 아닐 수도 있다는 것입니다.

> **오원춘**
> 2012년 4월 경기도 수원에서 중국 동포 오원춘은 귀가 중이던 20대 여성을 납치, 성폭행하려다 살해한 후 시신을 훼손했다. 당시 피해 여성이 도움을 요청하며 112에 신고했지만, 경찰이 정확한 위치를 파악하지 못해 사건을 막지 못하면서 사회적 공분을 샀다. 2013년 1월 무기징역을 선고받았다.

이다혜　2016년에 발표된 학술지 논문 중에 「외국인 범죄에 관한 언론 보도가 외국인 우범자 형성에 미치는 영향」이라는 논문이 있는데요. 내용을 거칠게 요약하면, 한국 언론이 외국인 범죄, 특히 살인이나 강간 같은 강력 범죄를 과장 보도해 사람들의 편견을 부추긴다는 내용입니다. 실제로 주의해서 봐야 하는 부분이 있기 때문에 언론에서 다루어지는 부분이 있는가 하면, 또 편견을 더 조장하는 보도도 많다는 것입니다.

이수정　언론에서 자주 다루면 편견은 당연히 강화되기 마련입니다. 저는 그럼에도 불구하고 언론을 탓할 수만은 없다는 이야기를 하는 것이고요. 편견을 조장할 위험이 있다고 해서 분명히 외국인 범죄가 심각한데 이를 보도하지 않으면 괜찮은가 하면 그건 아니잖아요. 저는 알 권리를 막는 것은 심각한 문제라고 생각합니다.

편견이 있기는 하나, 오늘날의 대한민국 시민들은 그걸 소화할 능력 또한 갖고 있다고 보는 것이 맞지 않겠느냐는 거죠. 물론 편견을 부추기는 면도 있습니다. 그러니까 내가 이런 편견에 휘둘리지 말아야겠다고 생각할 수 있는 성숙한 시민 의식이 우리에게 있다고 저는 믿습니다.

내가 당하면 차별, 남이 당하면 관행

이다혜　왜 이런 뉴스가 많이 보도되는가. 언론만 문제가 아니라 자극적인 뉴스들이 그만큼 많이 클릭되고, 조회 수가 많기 때문에, 사람들이 관심을 많이 가질 만한 뉴스가 많이 보도된다고도 볼 수 있거든요. 외국인 범죄에 대한 과도한 공포를 불러일으키는 기사들도 언론 혼자 만드는 것이 아니고 보는 사람들이 같이 상승 작용을 일으키고 있다는 결론에 도달하게 됩니다.

이수정　편견을 가질 만한 사건이고 이런 식의 언론 보도 양상이 예견된다면 다시 계도할 수 있는 기사를 또 쓰면 된다고 생각합니다. 예를 들어 앞서 이야기한 대로 매년 외국인이 저지르는 강력 범죄가 감소하고 있다는 기획 기사를 보도하면 됩니다. 경고하는 동시에 정확한 실상도 알려 주는 것이 언론의 역할 아니겠습니까? 그렇기 때문에 성숙한 언론사라면 심층적인 기획 기사를 많이 보도해야 한다고 생각합니다.

이다혜　2015년에 여성가족부가 발표한 '국민 다문화 수용성 조사 연구'가 있습니다. 이 결과를 보면 '외국인 이주민 때문에 범죄율이 상승했다.', '외국인 이주민이 국가 재정 부담을 가중시킨다.'라는 응답이 전에 비해 늘었다고 합니다. 최근에도 청와대 게시판에 조선족을 추방하라는 청원이 올라오기도 했고요.

이수정　국적과 인종을 불문하여 인간은 평등하다는 차원에서 보면 이런 것들이 청원 게시판에까지 올릴 만한 사안은 아니죠. 사실 조선족을 모두 추방하면 한국 산업에 타격을 입을 것입니다. 정말 한국 사람들이 하기 싫어하는 일들, 이른바 3D 업종의 일들을 그분들이 하고 계시거든요. 일단 요양 병원부터 전부 문을 닫아야 할 겁니다.

　오히려 한국에서 이분들의 노동력이 착취당하는 면이 있기 때문에 이렇게 일방적으로 책임 소재를 물을 수는 없습니다. 조선족을 다 추방하면 실직률이 다시 낮아질까요? 아마 인과 관계가 틀렸을 개연성이 굉장히 높습니다. 좀 더 조사가 필요한 일이고, 아마 성숙한 정부라면 장기적인 분석을 통해 답을 찾을 겁니다.

이다혜　이주 노동자나 결혼 이주자에 대한 한국 사람들의 생각을 보면, 사람을 기능으로만 본다는 느낌을 피할 수 없습니다. 공장에서, 농촌에서, 요양 병원에서 당장 사람이 필요할 때는 싸고 쉽게 사람을 부리면서도 정작 그 사람들을 사회의 구성원으로 인정하는 데에는 굉장히 인색합니다. 이것이 결국 차별입니다.

이수정　2020년에 미국 트럼프 행정부가 코로나19 대유행으로 인해 모든 수업을 온라인으로 수강하는 외국인 학생들을 강제 추방하겠다고 했다가 역풍을 맞고 철회한 적이 있습니다. 미국 대학들의 오프라인 개강을 압박하기 위해 유학생들을 볼모로 잡은 사건이었죠.
유학생 입장에서는 미국으로 오기 위해 장기간 노력했고, 이미 돈도 굉장히 많이 투자한 상태이고, 코로나로 인해 오프라인 수업을 하는 대학도 거의 없는데 정부에서 막무가내로 추방하겠다고 협박하니 얼마나 황당하겠어요. 그게 차별이 아니면 무엇이 차별이겠습니까? 그런데 이렇게 우리가 당하는 차별에 대해서는 매우 부당하다 느끼면서도, 우리가 저지르는 차별에는 당연하다고 생각하는 경우가 많습니다.

이다혜　제가 영화 「겟 아웃」을 볼 때 흑인 입장에서 영화를 보게 되더라고요. 백인 사회에서 제가 겪었던 일을 생각하면서 말이에요. 그런데 「범죄 도시」는 제가 조선족 입장에서 영화를 보고 있지 않더라고요. 그 사실을 깨닫게 되자 저도 역시 편견을 가지고 있고, 내가 겪는 피해에 대해서는 크게 생각하지만 내가 속한 집단이 가해를 할 때는 반쯤은 눈을 감고 있구나 하는 생각이 들었습니다.

이수정　아주 흥미로운 말씀이네요. 이 두 영화를 함께 보시면 좋을 것 같습니다.

지역 혐오, 여성 혐오, 외국인 혐오의 종합판

이다혜　사실 「범죄 도시」에 내포한 혐오는 중국인 혐오만이 아닙니다. 의류 관련 공장이 밀집해 있던 지역을 중심으로 현재 저소득층과 중국계 이주민들이 밀집해 살고 있는 가리봉동을 범죄 도시라고 명명한 제목부터가 혐오 표현입니다.

이수정　그들은 우리가 아니다, 그렇기 때문에 외면해도 된다, 화젯거리로만 다루겠다, 이런 거죠. 물론 이제는 재개발이 많이 이루어졌고 이 영화를 찍던 당시보다 안전해지고 여건이 많이 좋아졌다는 이야기를 들었습니다.

이다혜　사실 부동산 투기나 주식 불법 증여, 세금 탈루 등도 엄연히 범죄잖아요. 이런 범죄까지 통틀어 보면 범죄 도시라고 부를 수 있는 동네는 이른바 부촌들 아닙니까?

이수정　앞서 이야기한 대로 대한민국에서 일어나는 범죄의 대다수는 대한민국 사람들이 저지르고 있고, 말씀하신 경제 사범들은 대부분 부촌에 살고 있습니다. 피해 규모로 보자면 권력자들이 저지르는 범죄가 제일 심각하고요.

이다혜　2010년 나홍진 감독의 「황해」부터 2017년 김주환 감독의 「청년 경찰」까지, 한국 영화계는 꽤 오랫동안 중국인들을 범죄자로 묘사해 왔습니다. 그런데 그동안 사회적으로 변화가 있었고, 이를 반영하듯 2017년 중국인들과 대림동 주민 60여 명은 「청년 경찰」이 조선족을 혐오적, 악의적으로 묘사해 편견을 불러일으켰다면서 영화 제작사를 상대로 손해 배상 소송을 제기했습니다. 1심 재판부는 표현의 자유 등을 이유로 영화 제작사의 손을 들어 줬지만 2심 재판부에서는 원고 측에 사과해야 한다고 판결했습니다.

이수정　대한민국 재판부가 무척 보수적인데, 특별히 손해 배상을 해야 한다고까지 하진 않았지만 2심 재판부가 원고 측에 사과를 해야 한다고 판결했다는 사실이 굉장히 신선하게 느껴집니다. 소수 계층에 대한 선입견을 부추길 수 있는 주제는 주의해서 다뤄야 하는 것이 분명한 사실이죠.

이다혜　「범죄 도시」에서는 극중 유일한 한국계 조폭이 전라도 사투리를 구사하는데, 이런 지역 비하 및 혐오 문제에 대한 논의는 예전 드라마 「모래시계」까지 거슬러 올라갈 수 있을 것 같습니다. 그런가 하면 「범죄 도시」는 여성 혐오도 만만치 않습니다. 일단 영화에서 비중 있는 여성 캐릭터는 다 유흥업소 종사자이고, 주인공들에게 물건 취급을 받으면서 굉장히 끔찍한 폭력을 겪습니다.

이수정　유흥업소 종사자라고 해서 그 여성들에게 가해지는 혐오와 착취를 외면해선 안 됩니다. 성매매 청소년이라고 해서 우리가 외면하면 안 되는 것처럼 말이죠. 한국 사회의 오래된 가부장적 질서

속에서 가장 힘없고, 가진 것 없고, 배운 것 없는 여성들은 착취 구조의 밑바닥에 있을 수밖에 없기 때문에 늘 편견과 혐오에 시달립니다.

차별금지법이 생기면 혐오가 줄어들까?

이다혜   제가 이 영화에서 제일 이상하게 느낀 캐릭터는 주인공입니다. 마치 정의의 사도처럼 그려지면서, 사람들을 웃기고 공감하게 만드는 마석도는 사실 부패 경찰입니다. 단속 대상인 룸살롱 업주의 뒤를 봐주고, 근무 시간에 성매매를 하고, 폭력을 휘두르면서 강압 수사를 하기도 합니다. 동료 형사들은 이를 묵인하거나 적극적으로 동조하고 있고, 영화는 그것을 정의나 의리라고 이야기합니다.

왜 경찰은 이런 묘사에 대해서 항의하지 않을까요? 대림동 주민들은 영화가 편견을 조장한다고 소송을 제기했잖아요. 그런데 경찰은 아무 대응이 없으니 진짜로 현실을 반영한 것인가 하는 생각이 들기도 했습니다.

이수정   오늘날은 정도를 지키는 경찰들이 그렇지 않은 경찰들보다 훨씬 많기 때문에 실제로 항의하고 싶은 경찰도 꽤 있으리라 생각합니다. 화성 연쇄 살인 사건의 진범인 이춘재의 자백으로 화성 사건이 더 이상 완전 범죄가 아니라는 진실이 밝혀지면서 동시에 수사 과정에서 폭력과 가혹 행위가 관행처럼 일어났다는 사실도 밝혀졌습니다. 그 때문에 범인도 아닌 윤성여 씨가 화성 8차 사건의 범인으로 몰려 20년간 억울한 수감 생활을 하기도 했습니다.

또 화성 연쇄 살인 사건 기간 중인 1989년 7월 7일, 당시 초등학교

2학년이었던 김 양이 귀가 중 실종된 사건이 있는데, 경찰은 단순 가출로 사건을 종결해 버렸습니다. 그런데 30년 만인 2019년에 이춘재가 이 초등학생을 자신이 살해했다고 자백하죠. 그러면서 이 사건이 방송을 타기 시작하자 경찰에서 진상 파악에 나섰고, 그 결과 당시 담당 경찰들이 인근 야산에서 초등학생의 유품과 시신을 발견하고도 유족들에게 알리지 않고 시신 은닉을 했고 조직적으로 사건을 은폐하려고 시도했다는 정황이 나오기 시작했습니다.

이처럼 과한 수사 열의가 초래한 부작용과 희생자들이 지금에 와서 밝혀지고 있습니다. 온 국민이 경악했지만, 경찰 내부에서도 논쟁이 심합니다. 양심에 따라 원칙대로 일하려는 경찰들이 이제라도 옛날의 과오를 밝혀야 한다고 주장해 경찰 총장까지 나서서 사과를 했던 것이고요.

영화 속 마석도는 결코 정의의 사도가 아니며 이런 비리는 용인되어선 안 됩니다. 시민 사회가 이런 영화조차 비판적인 시각을 갖고 볼 수 있는 정도의 역량을 갖고 있어야 한다, 전 개인적으로 그렇게 생각합니다.

이다혜　　그럼에도 불구하고 「범죄 도시」는 흥행에 성공했습니다. 앞서 말한 맥락을 지적하면 어떤 사람은 현실이 그러니 영화라고 별수 있느냐고 말합니다. 예컨대 영화 속에서 여성이 살해당하는 것을 너무 전시하지 말라고 지적하면 실제로 그런 일이 벌어지고 있다고 말합니다.

그런데 현실을 반영한다는 말이 영화가 현실을 꼭 똑같이 그려야 한다는 말이 아니거니와, 영화적 현실은 재현된 것입니다. 이 재현의 과정에서 감독이 적극적으로 재구성할 여지가 생긴다는 점이 중요합니다. 그런 점에서 현실의 혐오를 과도하게 재현하는 이 영화의 태도는 윤리적으로 문제가 있다고 볼 수 있지 않을까요?

이수정 　그렇게 윤리적 잣대를 들이대는 것이 옳은가를 묻는 거라면 전 그렇지 않다고 생각합니다. 경찰들이 비리 경찰에 대한 묘사가 섭섭해도 문제 제기를 안 하는 이유 또한 거기에 있을 겁니다. 픽션인데 거기에 일일이 문제 제기를 하겠어요.

이다혜 　그러면 대림동 사람들은 왜 문제 제기를 했을까요? 내가 주류 사회의 일부일 때는 나에 대해서 안 좋은 이야기가 있다 해도 그렇게 큰 타격이 없습니다. 그런데 소수자이거나 약자일 때는 이게 낙인이 될 수 있습니다.

이수정 　그건 일리 있는 문제 제기라고 생각합니다. 이해가 되고요. 그렇기 때문에 실존하는 동네 이름을 사용할 때는 감독들이 특히 주의해야 한다고 생각합니다. 요즘은 그래서 어딘가를 연상시키는 가상 도시로 설정하는 경우가 많죠.

이다혜 　사회에 여러 가지 혐오가 만연하는 것과 범죄율 사이에는 상관관계가 있다고 보시나요?

이수정 　혐오와 연관된 범죄는 상관관계가 있다고 봐야겠죠. 예를 들면 코로나19 때문에 동양인에 대한 혐오, 마스크를 쓴 사람들에 대한 혐오가 늘어나면서 현재 외국에서는 혐오에 기인한 이른바 '묻지 마 폭행'이 굉장히 많이 일어나고 있습니다. 이런 경우에는 편계가 있다고 볼 수 있겠습니다.

이다혜　최근에 포괄적차별금지법 입법에 관한 논의가 활발한데요. 이런 법안이 혐오가 번지는 걸 막는 데에 도움이 될까요?

이수정　글쎄요. 이 사안은 복잡한 문제인 것 같습니다. 당연히 차별은 금지되어야죠. 그런데 차별금지법이 통과된다고 해서 막연한 혐오 행위들이 막아지겠느냐 하면 생각보다 그럴 것 같지는 않습니다. 아마도 처벌받지 않는 방식으로 혐오의 양상이 교묘하게 발전하겠죠.

혐오란 다른 말로 하면 경쟁 구도라고도 할 수 있을 거예요. 경쟁이 치열하지 않은 사회에는 혐오 범죄가 거의 없습니다. 그런데 경쟁이 치열하면 취약한 구성원들을 배타적으로 몰아낼 수밖에 없게 됩니다. 이익을 같이 나눌 수 없는 상황이기 때문이죠. 저는 차별금지법이 입법된다 해도 치열한 경쟁이 여전하다면 법망을 교묘하게 피해 가는 방식으로 차별이 이어질 거라고 예상합니다.

성 소수자 대상 범죄, 혐오범죄방지 법이 필요하다

소년은 울지 않는다

감독 킴벌리 퍼스 | 미국 | 1999년

작은 시골 마을 폴드, 갓 스물한 살이 된 브랜던 티나는 사귀던 여자의 오빠에게 협박을 받는다. 자신의 여동생을 만나지 말라는 것이다. 그의 원래 이름은 티나 마리. 그는 여자로 태어나 티나라는 이름을 얻었지만 오래전부터 남자가 되기를 소망하며 자신에게 주어진 이름을 브랜던 티나로 바꾸었다. 결국 마을에서 갈등을 해결하지 못한 브랜던은 살던 곳을 도망치듯 떠나 네브래스카주의 링컨에 도착해 이제까지 살아왔던 것과 완전히 다른 삶을 시작한다.

그는 자신의 배경을 모르는 사람들 속에서 이곳에서 남자로 살기 시작한다. 그에게는 새로운 친구들이 생기고 사랑하는 여자도 당당하게 만나게 된다. 그러나 행복은 오래가지 않는다. 과속으로 경찰에 걸린 브랜던은 위조된 면허증을 제시한 것이 발각되어 배경이 탄로 난다. 그동안 함께 어울렸던 남자들은 이 사실을 알고 적으로 변한다. 급기야 어느 날 밤, 그들은 브랜던을 인적이 드문 곳으로 끌고 간다.

이다혜 　오늘은 킴벌리 퍼스 감독 연출, 힐러리 스웽크, 클로에 세비니, 피터 사즈가드 주연의 1999년 영화 「소년은 울지 않는다」와 함께 성 소수자 증오 범죄에 대해 이야기합니다. 당시에 저예산 독립 영화로 공개된 후 주연을 맡은 힐러리 스웽크가 아카데미 여우 주연상을 받으면서 전 세계적으로 알려진 영화입니다.

　이 영화에 대해 조사하면서 새롭게 알게 됐는데, 2019년 미국 의회 도서관에서 「소년은 울지 않는다」를 미국 국립 영화 산업 의무 보존 영화로 지정했다고 합니다. 문화적, 역사적, 미학적으로 중요한 가치가 있음을 입증했다는 평가와 함께 선정되었다고 하는데요. 실제로 이 영화는 미국에서 증오범죄처벌법을 촉구하는 데 큰 힘을 실어주었다고 합니다. 이 영화가 다루고 있는 실제 사건이 영화를 통해 더 널리 알려졌다고 말해야 정확할 텐데, 실제로 성 소수자 대상 증오 범죄는 대략 언제부터 있었다고 볼 수 있을까요? 어떤 범죄가 일어났을 때 성 소수자 혐오 범죄라는 걸 인지해야 이와 관련된 통계치가 생기는 거잖아요.

혐오, 한 가지만 하는 경우는 없다

이수정 　증오범죄처벌법은 꼭 성 소수자에게만 적용되는 건 아니

383

고 인종 차별이라든가 여성 혐오, 소수 민족에 대한 증오 범죄 등도 전반적으로 다 처벌하도록 규율하는 법률입니다. 미국에서 성 소수자에 대한 혐오 범죄가 일어났던 대표적인 사례를 보면 1964년에 레즈비언 커플에 대한 살인 사건이 있었고, 1969년 6월에 뉴욕 경찰이 맨해튼 그리니치빌리지의 작은 게이 바(bar) '스톤월 인'(The Stone Wall Inn)을 진압하면서 벌어진 이른바 스톤월 항쟁* 등이 있었습니다.

> **스톤월 항쟁**
>
> 성 정체성을 이유로 체포되곤 했던 성 소수자들은 1969년 6월 28일 폭력적인 과잉 진압에 항의하며 경찰에 맞서 싸웠고 이는 성 소수자 해방 운동의 시초로 평가받고 있다. 이를 기념하고자 매년 6월에 세계 각국에서 LGBT 프라이드 행진이 열리고 있다. 스톤월 인은 2016년 버락 오바마 행정부 시절 미국 국가 기념물로 지정됐으며 뉴욕 경찰은 2019년 6월 처음으로 스톤월 급습에 대해 공식 사과했다.

이다혜   현재 증오 범죄 추세가 잦아들고 있다고 볼 수 있는 건가요?

이수정   저는 일단 영미권 국가들에서 성 소수자들에 대한 증오 범죄가 과거에 비해 많이 줄고 있다고 생각합니다. 동성 커플의 결혼을 합법화하는 국가와 주가 차차 늘어나면서 새로운 입법의 관례들에 따라 성 소수자들의 권리 주장도 사회적으로 점점 더 설득력을 얻고 있습니다.

　제가 2013년에 미국 일리노이주로 출장을 갔을 때 미국 내에서 열다섯 번째로 동성 결혼을 합법화하는 법률 개정이 있었고 바로 그날 저녁 제가 묵었던 소형 호텔에서 동성 결혼 합법화 축하 파티가 열렸던 기억이 납니다. 작은 호텔이었는데 우리 일행이 묵었던 방 바로 위에 게이 바가 있었거든요. 그날 축하 파티 소리가 너무 요란해서 밤새도록 잠을 못 잤습니다. 그 정도로 그들이 느끼는 차별과 고통은 우리의 상상을 초월했던 것 같아요. 마치 해방된 것처럼 밤새 즐거워하더라고요.

　이다혜　미국의 동성혼 법제화와 관련해서 보면 사회가 진보하는 듯 보이지만 또 아시아인이나 이슬람교인을 타깃으로 한 혐오 범죄자의 총기 난사 사건이 끊이지 않는 것을 보면 차별하는 사람들은 여전히 존재하는 듯 보입니다. 혐오 범죄자들은 보통 한 가지만 혐오하는 게 아니라 혐오하고 싶은 모든 것을 다 혐오하는 것 같아요. 애초에 혐오라는 생각 자체가 나와 다른 것에 대한 거부에서 시작되는 경우가 많기 때문에, 이를테면 여성 혐오를 하는 사람이 인종 차별도 하고 성 소수자 혐오도 하는 경우가 많다는 것이죠. 영화 「쓰리 빌보드」를 보면 거기에 등장하는 인물 역시 인종 차별도 하고 동시에 여성 혐오도 하니까요.

　이수정　편협한 사람들이 누군가를 특정해서 그 사람의 바꿀 수도 없는 고유한 특성에 대해 손가락질하고, 혐오하고, 남들도 그 혐오에 동참하도록 부추기고…… 혐오 범죄는 굉장히 야비한 행위입니다.

이다혜 　 자신은 주류에 속한다는 안도감이 있을 때 가능한 행위죠.

이수정 　 그렇기 때문에 상대의 특성은 별로 중요해 보이지 않습니다. 누군가를 미워하고 혐오를 부추기며 자신의 존재감을 느끼는 것이 목적이기 때문에, 상대가 여자이든, 이민자이든, 성 소수자이든 혐오의 이유는 사실 중요하지 않을 수 있어요. 그저 혐오 자체에 심취하는 것이죠.

'천성과 교육' 논쟁

이다혜 　 알려져 있듯이 「소년은 울지 않는다」는 실제 사건을 극화한 영화입니다. 1972년생인 브랜던 티나라는 미국인은 21세가 된 1993년에 네브래스카주 홈볼트에서 지역 주민 남성들에 의해 폭행, 집단 강간을 당했고 이후 권총으로 살해됐습니다. 감독 킴벌리 퍼스는 이 사건을 다룬 다큐멘터리 영화 「브랜던 티나」를 본 후 이 영화를 만들게 되었다고 하는데요. 몇 가지 설정만 빼면 사건의 실제 과정을 충실히 옮겼습니다.
　브랜던 티나의 실제 성장기를 포함해서 영화가 주목하는 시점의 에피소드를 연대기 순으로 이야기하겠습니다. 브랜던 티나라는 트랜스젠더의 실제 삶을 통해 성 소수자가 성적 정체성을 결정하는 개인적·사회적 배경, 성 소수자에 대한 사회적 인식, 특히 편견이 범죄로 작동하는 양상을 구체적으로 살펴보기 위함인데요. 박사님께서는 쭉 들으시면서 주제와 관련해 중요한 대목이라고 판단될 때마다 코멘트를 해 주시면 좋겠습니다.

일단 브랜던 티나는 생물학적 여성으로 태어났습니다. 아버지는 그가 태어나기 몇 달 전에 이미 세상을 떠났고, 어머니는 그에게 티나 마리라는 이름을 지어 주었습니다. 위로 언니와 오빠가 있었는데요. 언니와 함께 삼촌에게 몇 년간 지속적인 성추행을 당했다고 합니다. 이렇게 어렸을 때 성추행을 당했다든가 하는 경험이 성 정체성과 관련해 중요한 후천적 경험으로 이야기되는 경우가 많은 것 같은데요, 한편으로는 이런 질문 자체가 성 소수자, 특히 트랜스젠더들에 대한 편견이 아닌가라는 생각이 들기도 합니다.

이수정 답은 맞을 수도 틀릴 수도 있습니다. 왜냐하면 오늘날 성 소수자의 성 정체성은 이른바 '천성과 교육'(nature and nurture) 논쟁이 있는 주제이기 때문입니다. 생물학적 배경에 의한 것이라는 주장과 후천적 트라우마나 학습에 의해 공고화되는 것이라는 학습 이론적 주장이 공존하고 있는 것입니다.

예컨대 브랜던 티나가 어린 시절의 성폭력 피해 때문에 결국 성 정체성에 혼란이 와서 생물학적인 성과는 다른 발달 과정을 거쳤다는 주장도 제기될 수 있습니다. 결이 조금 다른 사례이긴 하지만, 정남규는 여성에 대한 적대감으로 연쇄 살인을 저질렀지만 남자 성인에게 성폭행 피해를 당했던 과거가 있기 때문에 그가 진짜로 죽이고 싶었던 사람은 어쩌면 자기를 성폭행했던 남자 성인일 수도 있습니다. 그러나 목적 달성이 쉽지 않다 보니 그 공격성과 폭력성이 만만한 여성들에게 적대감으로 분출되었던 셈이죠. 내가 하찮고 힘이 없어서 공격을 당했으니까, 다른 하찮아 보이는 존재들에게 대체 복수를 하면서 자신을 성폭행했던 가해자와 같은 강력함을 만끽하겠다는 심리일 수 있습니다.

그렇게 보면, 자신을 지속적으로 성폭행한 삼촌에게 보복하고 싶은 마음과 현실적 좌절감, 정신적 혼란 같은 것들이 브랜던 티나의 성 정체성에 어느 정도 영향을 줬다고 볼 수도 있겠죠. 물론 단언할 수는 없습니다. 브랜던 티나의 성 정체성은 순전히 타고난 것일 수도 있습니다.

이다혜　　브랜던은 어린 시절부터 톰보이라는 별명으로 불렸다고 하는데요. 10대 때 사신을 남성으로 정체화했으나 브랜던의 어머니는 이를 인정하지 않으면서 갈등이 시작되었습니다.

이수정　　앞서 말한 바와 같이 자신이 여자였기 때문에 남자인 삼촌으로부터 공격을 받았다고 생각하면 여성성을 받아들이기가 힘들어질 수도 있습니다. 자신이 여성적이라는 건 곧 다시 공격을 받을 수 있다는 뜻이기도 하니까요. 그 결과 자신이 남성적으로 행동하면 공격의 대상이 될 개연성이 떨어지니까 방어 기제 때문에 더더욱 이렇게 여성성을 부인하는 형태로 성 정체성이 형성됐을 거라는 추정도 가능합니다.

젠더 디스포리아와 트라우마

이다혜　　가족의 회고에 따르면 브랜던은 생리할 때 더 적극적으로 여학생과 데이트를 했다고 합니다. 또 고등학교에 진학한 뒤로는 가정만이 아니라 학교에서도 겉돌기 시작했다고 하는데요. 동성애 혐오와 금욕을 종용한다는 이유로 기독교를 거부했고, 여학생다운 복장을 준수하라는 교사의 조언에 반항했다고 합니다. 가부장적이고 기독교적 성향이 강한 미국 중부여서 이런 갈등이 더욱 컸을 것으로 예상됩니다.

18세 생일 직후에는 자원하여 군 입대 시험을 봤지만 시험지 성별 표시란에 자신을 남성으로 표시한 것 때문에 자동 탈락되었다고 합니다. 요즘은 특정 사이트에 가입하거나 할 때 성별을 묻는 질문에 대한 선택지가 예전보다 다양해진 것이 사실입니다. 여성, 남성, 트랜스젠더, '표시하고 싶지 않음' 중에서 선택할 수 있는 사이트들이 늘고 있어요. 그러나 브랜던이 살던 시기에는 그렇지 않았기 때문에 10대 청소년은 스스로 트랜스젠더라고 주장하는데 가족과 학교, 지역 공동체는 이를 인정하지 않고 원하지 않는 방향으로 교정하려 하는 일이 드물지 않게 일어났습니다. 이런 상황에서 브랜던 같은 청소년이 달리 취할 수 있는 더 좋은 방법이 있다면 어떤 게 있을까요?

이수정   사실 당시는 이런 강요가 일반화됐던 시절이기 때문에 개인이 다른 대안을 찾아내기는 어려웠을 걸로 보입니다. 브랜던은 흔히 '성별 불쾌감'으로 번역되는 '젠더 디스포리아'(gender dysphoria), 즉 신체적 성별과 개인의 성 정체성인 젠더가 불일치하는 상태를 느끼고 남성이 되고자 하는데, 이런 성향은 태어날 때부터 타고난 것일 수 있습니다. 그런데 그것과 별개로 어렸을 때 당한 성폭력의 트라우마 역시 틀림없이 있었을 것이고, 그래서 성적인 공격을 받지 않는 강력한 존재가 되고 싶어 했으리라는 느낌이 듭니다. 트랜스젠더라고 해서 다 군인이 되고 싶어 하지는 않으니까요. 그렇기 때문에 군인이 되고 싶다는 브랜던의 욕망 자체가 그런 방어 본능의 연장선상에서

기인한 것 아닌가 하는 생각이 들기도 합니다.

이다혜   1990년에 18세가 된 브랜던은 가슴을 붕대로 동여매는 등 더욱 적극적으로 남자로서 행동하지만 결국 학교에 적응하지 못하고 퇴학을 당합니다. 1992년 스무 살이 되었을 때는 정신 감정 검사 결과 성 정체성 위기를 겪고 있으며 그 정도가 극심하다는 판정을 받기도 합니다. 그리고 이어진 테라피에서 강간을 당한 적이 있다고 고백했다고 합니다.

앞서 언급한 친족 성추행 경험도 그렇습니다만, 타고나는 부분에 대한 연구와 과학적 설명들이 많은데도 트라우마로 인한 정체성 혼란 쪽으로만 포커싱하는 것도 결국은 성 소수자에 대한 편견이나 차별일 수 있다는 생각이 듭니다.

이수정   이게 꼭 성 소수자에 국한된 문제만이 아닌 것이, 뭐든지 좀 설명하기 어려우면 사람들은 그게 다 트라우마 때문이라고 결론짓고 싶어 하는 경향이 있습니다. 그 사람 고유의 어떤 문제 때문에 이런 결과가 나올 수밖에 없었다는 식으로 설명하는 것이 모두에게 편하다는 거죠.

오늘날엔 사이코패스 성향을 타고나는 사람들이 분명히 있고, 그들이 원래부터 공감 능력이 부족하고 잔인하다는 사실을 다수가 이해하게 됐지만, 예전에 지존파 사건이 일어났을 때만 해도 많은 사람들이 가난한 어린 시절의 트라우마가 그들을 연쇄 살인범으로 만들었다는 식의 이야기를 했습니다. 그러나 사실 인구의 몇 퍼센트는 원래 잔인하게 태어난 사이코패스들이거든요.

그런 사실을 인정하지 않는 세상은 슬픈 세상이라고 생각합니다.

모든 것이 획일적으로 규범화되어 있고 거기에서 벗어나는 사람을 몰아붙이는 세상은 좋은 세상이 아닙니다. 현실을 있는 그대로 받아들여야 합니다. 사람을 바라볼 때도 각자의 개성과 다름을 있는 그대로 인정해 줘야 하고요.

사실 저는 개인적으로 차별금지법보다는 혐오범죄방지법이 더 나은 것 같아요. 차별이라는 게 사실은 정의하기가 무척 어려워요. 입증하기는 더 어렵고요. 그래서 법 집행도 무척 어려울 거라는 우려가 됩니다. 반면에 혐오범죄방지법의 경우 일단은 범죄라는 정의가 분명하기 때문에 범행의 동기를 따져 보면 요건 성립이 어렵지 않으니까 법 집행이 한결 용이할 것 같아요. 범죄 구성 요건이 분명해지면 거기에 따른 양형 기준을 정하기만 하면 되는 일이어서 혐오범죄방지법이 오히려 구형 가능한 법률이 아닌가 생각합니다.

이다혜　　하지만 현실적으로 범죄로 인정받기 전에 벌어지는 너무나 많은 차별이 있잖아요. 그래서 저는 차별금지법이 있으면 어쨌든 법에 호소할 수 있는 가능성이 하나 생긴다는 점에서 의미가 있다고 봅니다. 사실 저는 차별금지법과 혐오범죄방지법 둘 다 있었으면 좋겠어요.

네브래스카주의 링컨시에 살던 브랜던은 1993년에 가출해 리처드슨 카운티의 펄스 시티로 갑니다. 영화 「소년은 울지 않는다」가 시작되는 지점이기도 하죠. 떠나온 이유는 누구도 자신의 배경을 알지 못하는 곳에서 남자로 살기 위해서입니다.

한동안은 이 방법이 유효했던 덕에 비슷한 연배의 남성 커뮤니티와 잘 어울립니다. 그러다 전과자 출신인 존 로터와 친해지는데요. 영화를 보면 브랜던은 남성 커뮤니티 안에서 진짜 남자로 보이고 싶은 인정 욕망 때문에 카우보이 모자를 쓰거나 시비에 휘말리면 거침없이 드잡이를 하는 등 다소 과한 행동을 보입니다.

영화에서 브랜던의 생물학적 형이 브랜던에게 넌 여자를 만나고 있으니 레즈비언이라고 말합니다. 그러다 브랜던이 사귀던 여자의 오빠와 친구들이 집을 찾아와 브랜던을 위협하는 일이 벌어지자 결국 이 형은 동생인 브랜던을 집에서 쫓아냅니다. 이런 장면들을 보고 있으면 10대를 간신히 벗어난, 남자가 되고 싶은, 그러나 법적 성별이 여자인 사람에게 가족도, 사회도 적절한 가이드라인을 제시하지 못하는 현실이 안타깝기만 합니다.

다양성이란 선택지를 늘려 가는 것

이수정　전 브랜던이 남자가 되고 싶어 하는 것은 이해하는데 그렇다고 남자가 꼭 카우보이 모자를 쓰고, 시비에 휘말리면 마구 주먹질을 하고 그래야 하는지는 모르겠습니다. 과하게 남성적인 행위를 하려고 하는 욕망 자체가 브랜던의 결핍과 성 정체성의 혼란 같은 것들을 보여 준다는 생각이 들었습니다.

그러니까 꼭 그렇게 세상을 두 쪽으로 나눠서 이쪽이 아니면 저쪽, 남자가 아니면 여자, 이렇게 보여야 한다는 압박감 같은 건 굳이 느낄 필요가 없는데 말입니다. 내가 전형적인 여자가 아니라고 해서 반드시 과한 남성성을 가져야 할 이유도 없다는 거죠. 중간 지대도 얼마든지 존재할 수 있다고 생각하지 못한 것이 아쉽습니다.

이다혜　다양성이라고 하는 건 계속해서 선택지를 늘려 가는 일이라고 생각합니다.

이수정   여기에 딱 들어맞는 이야기는 아니지만, 심리학자 샌드라 벰(Sandra Bem)이 1970년대에 양성성(Androgyny)에 대해 이야기하면서 미래 사회에 가장 잘 적응할 인간 유형은 남성적이면서 동시에 여성적이기도 한 양성적 존재라고 주장한 바 있습니다. 그런 유형이 창의력도 높고 대인 관계도 원만해 생존 가능성이 높다는 주장이었죠. 그런데 나이를 먹다 보니 저도 공감하게 됩니다. 남성성과 여성성이 조화를 이룬 사람이 극히 여성적이거나 남성적인 사람보다 생존에 유리하다는 생각 말입니다.

이다혜   성장 과정에 있는 사람들에게는 성 정체성이 굉장히 절박한 문제일 수 있습니다. 왜냐하면 사회에서 그걸 계속 물어보니까요. 너 여자야, 남자야를 끊임없이 물어보는 사회에서 성장하면서 내가 스스로 느끼고 추구하는 성과 내가 타고난 생물학적 성이 다를 때 느끼는 압박감을 혼자 버티고 헤쳐 나가기란 어렵다고 생각합니다.

이수정   맞습니다. 성장 과정에서 성 정체성이 주는 압박감과 혼란을 사회의 가이드라인 없이 혼자 풀어 나가기 어렵다는 지적에 전적으로 동의합니다.

이다혜   브랜던은 사랑하는 여자 라나 티스델을 만나서 미래를 약속하는 등 한동안 행복하게 잘 지냅니다. 그러다가 생물학적 정체성이 탄로 나는 사건이 발생합니다. 영화에서는 펄스 시티로 오기 전에 있었던 문제로 인해 구치소에 수용되는데요. 이때 경찰이 브랜던을 여성 구치소에 수용하게 되고 이 사실이 전과자 친구에게 알려지면서 비극이 시작됩니다. 실제로는 경찰이 조사에 나서면서 그동안 감추었던 브랜던의 생물학적 정체성이 탄로가 났다고 합니다. 브랜던이 자신의 성 정체성을 강하게 주장했다면 경찰이 다른 조처를 취할 수도 있었을까요?

이수정　　그 당시로서는 별다른 방법이 없지 않았을까 싶습니다. 한국에서도 군대 내에서 고(故) 변희수 하사가 비슷한 일을 겪었다고 볼 수 있겠습니다. 변희수 하사는 젠더 디스포리아로 고민하고 정신과 치료를 받아 오다 소속 대대의 응원을 받으며 태국에서 성전환 수술을 받고 돌아와 국군 수도 병원에서 치료를 받았습니다. 그러나 육군은 2020년 1월 22일 변희수 하사를 강제로 전역 처분했습니다. 군인사법에 의거하여 성전환 수술을 한 변희수 하사가 현역 복무에 부적합하다는 이유에서입니다.

세계보건기구(WHO)는 국제 질병 분류에서 성전환 수술 여부와 무관하게 "트랜스젠더는 정신장애가 아니라는 점이 명백하다."라고 명시하고 있지만, 한국 군은 수술을 택한 트랜스젠더를 '고의로 심신장애를 초래한 자'로 판단한 셈이죠.

이성적 혐오 범죄가 더 무서운 이유

이다혜　　브랜던 티나가 여성이라는 사실을 알게 된 존 로터와 패거리는 그에게 온갖 폭력적인 방식으로 혐오를 표현합니다. 그리고 결국 인적이 드문 곳으로 끌고 가서 폭행에 이어 집단 강간을 자행하는데요. 상징적인 의미에서 남성인 브랜던에게는 물리적인 폭력으로, 또 생물학적 여성인 티나에게는 강간으로 응징한다는 점에서 너무나 악랄한 범죄가 아닐 수 없습니다. 실제로 동성애자나 트랜스젠더 가운데 이런 유형의 피해자가 많은 것으로 알고 있거든요.

이수정   취약한 부분을 공격해 정체성의 총체적 붕괴를 목적으로 하는 악랄한 범죄죠. 성적인 욕구 충족이 목적인 일반적 강간과 달리, 사람의 존재 자체에 대한 공격이라 볼 수 있습니다. 그렇기 때문에 성폭력처벌법 이상의 뭔가가 필요한, 굉장히 엄벌해야 하는 범죄라고 봅니다.

이다혜   브랜던을 살해한 전과자 출신의 남성 존 로터는 영화에선 자기애성성격장애, 분노조절장애가 극심한 수준입니다. 동성애 혐오, 여성 혐오는 기본이라고 볼 수 있을 것 같고요. 실제로 증오 범죄를 저지르는 사람들의 유형이 이런 식인가요?

이수정   이 경우는 단적인 사례에 불과할 뿐, 증오 범죄는 경범죄부터 시작해서 살인에 이르기까지 다양한 방식으로 일어납니다. 이 영화에서는 존 로터가 분노조절장애를 가진 것처럼 나왔지만 그렇지 않은 경우도 많으리라 생각합니다. 굉장히 이성적이고 스스로 사회 질서를 바로잡아야 할 책무가 있다고 느끼는 사람들도 증오 범죄를 저지릅니다. 그저 증오 범죄에 불과할 뿐인데 자신의 행동이 마치 사회에 울리는 경종이라도 되는 양 착각하는 거죠.

이다혜   말씀을 듣다 보니 2차 세계대전 중에 나치가 했던 인종 청소도 마찬가지일 거라는 생각이 듭니다. 자기들은 격분을 한 게 아니라 객관적이고 냉정한 판단을 한 거라고 믿잖아요.

이수정　정치적 목적을 위한 이성적 판단이었죠. 그게 심해지면 종교적 신념처럼 될 수도 있는 것이고요. 그런 이성적 증오 범죄가 오히려 더 문제일 수 있습니다. 테러의 형태를 띠기는 했지만 저는 9·11 테러 사건도 얼마든지 일종의 증오 범죄로 해석할 수 있다고 봅니다.

이다혜　존 로터는 강간 직후에 브랜던과 어깨동무를 하면서 우린 친구고 경찰에 고발할 경우 죽여 버리겠다고 위협합니다. 그리고 우리가 널 강간한 건 젠더를 교란한 너의 잘못이라는 암시를 하기도 합니다. 이것은 일종의 가스라이팅으로 보이기도 하는데요.

이수정　그런데 이 존 로터라는 자는 그냥 비열한 강간범이었던 것 같기도 해요. 만약에 약한 남성이 있다면 동성 간에도 얼마든지 강간을 할 자로 보입니다. 강간을 통해 브랜던을 향한 혐오를 표출했다기보다 자신의 욕망을 당위성으로 포장하여 해소한 잔혹하고 비열한 범죄였다고 보는 게 맞을 것 같습니다.

타인의 사적 정체성에 대한 존중

이다혜　브랜던은 라나의 설득에 못 이겨 피해 사실을 경찰에 신고합니다. 하지만 분통 터지게도, 브랜던과 면담한 보안관은 피해 사실보다 브랜던의 성 정체성에 과도한 흥미를 보였고, 이에 모욕감을 느낀 브랜던은 제대로 응답하지 않았다고 합니다. 더 기가 막힌 건 이후 전과자인 존 로터를 신문하고도 구속조차 하지 않았다는 사실입니다. 결국 브랜던은 존 로터와 패거리에게 무방비로 살해당하게 됩니다.

이수정　한국에서도 예전에는 성폭력처벌법상 부녀자에 대한 강간만 처벌 가능했어요. 그러다 동성 강간이 자꾸 발생하면서 사람에 대한 강제적 성기 삽입을 모두 강간으로 처벌하게끔 바뀌었습니다. 기존의 법 체제 안에 성적 지향에 대한 차별적인 요소들이 없지 않았는데, 사회적 규범이 변화함에 따라 그런 것들이 개정된 것입니다. 실제로 누가 강간을 당했느냐는 중요하지 않습니다. 남자가 당하든, 여자가 당하든, 동성애자가 당하든, 본인의 의사에 반해 폭력이나 협박 혹은 강요에 의해 성기 삽입 또는 유사 강간이 이루어지면 엄벌해야 하는 거죠.

이다혜　지금까지도 FBI가 정한 의무 보고 범죄 사건 가운데 증오 범죄는 포함되어 있지 않다고 합니다. 실제로 FBI에서 매년 집계하는 증오 범죄 사건보다 미국 범죄 피해 조사단에서 집계한 동일 사건이 훨씬 더 많은 것으로 알려져 있는데요. 왜 이런 걸까요? 증오 범죄의 대다수 희생자들이 성 소수자이기 때문일까요?

이수정　그건 아닌 것 같습니다. 브랜던의 사건은 증오 범죄인 동시에 강간 살인 사건입니다. 그러니까 다른 범죄 분류 코드가 주어지기 때문에 증오 범죄라는 코드를 굳이 추기하지 않아도 되었던 것이 아닐까 싶습니다. 다른 중한 죄명들로 코드화가 되기 때문에 증오 범죄로는 통계에 잡히지 않았다고 보는 것이 더 설득력 있을 것 같아요.

이다혜   브랜던 티나 살인 사건이 처음 세상에 알려졌던 1993년 당시 미국 신문의 헤드라인은 "지역 주민들에게 정체를 발각당한 지 2주 뒤 살해된 크로스드레서"[1]였습니다. 브랜던 티나는 법적으로 성을 바꾸지 못하고 사망했습니다만 지금은 당시 사건에 대해 언급할 때 티나 브랜던이 아니라 브랜던 디나라고 쓰고 있습니다.

트랜스젠더의 인권을 대변하는 단체인 글래드(GLAAD)[2]에서 트랜스젠더의 이름이나 트랜스젠더를 지시하는 대명사의 올바른 용례를 가이드라인으로 제시하고 있는데요. 그에 따르면 법적 변경 유무와 상관없이 해당 트랜스젠더 본인이 선택한 이름으로 호명하고, 해당 트랜스젠더가 정한 성 정체성을 존중해 대명사 he 혹은 she를 쓰며, 뭘 써야 할지 확신이 서지 않는다면 직접 물어보라고 합니다.

미국의 경우 성전환 수술이나 호르몬제 복용 여부와 상관없이 본인이 편한 성 정체성을 선택할 권리가 있고 사회는 이를 존중해야 한다는 개념이 정립된 것 같습니다. 한국은 어떤가요?

이수정   아직은 이런 개념이 정립돼 있다고 보기는 어렵지 않나 싶습니다. 그러나 개인의 사적인 정체성을 굳이 캐묻지 않는 정도의 성숙성은 어느 정도 자리 잡은 것 같습니다.

---

1   이성의 복장을 즐기는 사람.
2   'Gay & Lesbian Alliance Against Defamation'의 약자로, 미디어 속 LGBT의 이미지를 감시하고 증진시키기 위한 미국의 비정부 기구.

이다혜　영화 「소년은 울지 않는다」와 함께 성 소수자 대상 증오 범죄에 대해 이야기 나눠 봤습니다. 감사합니다.

서로 연결되어 있는 지역 사회의 기적

동백꽃 필 무렵

극본 임상춘, 연출 차영훈 | 한국 드라마 | 2019년

2013년, 작은 시골 마을 옹산에 아들 필구를 데리고 등장한 미혼모 동백이는 술집 카멜리아를 오픈해 주민들의 따가운 시선 속에서도 6년이나 꿋꿋이 자리를 지킨다. 한편 옹산에는 아직도 범인을 잡지 못한 미제 연쇄 살인 사건이 있다. 첫 희생자는 20대 여성, 연이어 젊은 남성이 살해되더니 아파트 부녀회장, 초등학생, 피부관리사가 속수무책으로 살해되었다. 도무지 피해자 유형을 특정할 수 없는 가운데 사건 현장에는 매번 같은 필적으로 "까불지 마라."라는 메모가 있어 범인은 일명 까불이라는 별명으로 불린다. 무슨 이유에서인지 까불이는 다섯 번째 범행을 끝으로 종적을 감춘다. 그 마지막 사건의 목격자이자 유일한 생존자는 동백이다.

이다혜 임상춘 극본, 차영훈 연출, 공효진, 강하늘, 고두심 씨 주연의 2019년 KBS 드라마 「동백꽃 필 무렵」을 중심으로 범죄와 시민 사회에 관해 이야기해 보겠습니다.

박사님은 평소 동물 프로그램이나 드라마의 경우 「도깨비」처럼 판타지 요소가 강한 작품을 즐겨 보신다고 알고 있는데요. 그런데 동물 프로그램은 리얼리티 쪽 아닌가요? (웃음) 「동백꽃 필 무렵」은 그런 요소가 매우 적고 박사님께는 업무 관련성이 굉장히 높은 드라마 아니겠습니까? 어떻게 보면 시청 자체가 스트레스가 될 수 있었을 것 같은데 그럼에도 불구하고 본방 사수하셨다고요.

지역 사회의 의미를 보여 준 드라마

이수정 제가 정말 업무 관련성이 높은 드라마 별로 안 좋아합니다. 이 드라마도 처음에는 보지 않다가 우연히 보게 됐어요. 대사는 투박한데 그 대사를 해석하는 내레이션이 정곡을 찌르는, 마치 현자가 진리를 이야기하는 것처럼 느껴져서 보기 시작했습니다.

그전에 이 드라마 제작진으로부터 이메일이 온 적이 있는데, '드라마에 출연하지 않겠느냐, 강하늘을 만날 기회를 주겠다.' 해서 '저는 연예인이 아닙니다.' 하고 거절한 적이 있거든요.

이다혜   선생님, 연예인은 아니시지만 BBC 선정 영향력 있는 여성 100인에 포함되셨잖아요.

이수정   또 시작이야……. (웃음) 어쨌든 연예인은 아니니까 드라마 출연을 거절했습니다. 강하늘 씨를 볼 기회를 주겠다는 제안에는 사실 약간 고민이 됐어요. 제안을 받아들여야 하나, 출연은 안 하고 강하늘 씨만 보자고 해야 하나, 여러 가지 생각을 하다가 연락을 하지 못했고요. 당시 제안 온 작품이 「동백꽃 필 무렵」이었다는 건 드라마를 보면서 알게 됐죠. 연쇄 살인범이 등장하고, 그 연쇄 살인범을 쫓는 경찰이 강하늘 씨더라고요. 마지막 편을 보면서 저 정도면 출연을 해도 될 만한 주제다, 그래서 출연을 제안했구나 이해를 했죠.
    보다 보니 드라마의 매력에 빠져서 마지막 방송은 심지어 두 번이나 봤어요. 어제 새벽 3시까지 재방송을 봤습니다. 본방을 보며 눈물이 난 부분은 재방을 볼 때도 눈물이 나서, 감정 포인트는 똑같구나, 그런 생각을 했습니다.

이다혜   선생님, 그럼 다시 제안이 온다면…….

이수정   그래도 역시 출연은 고사하겠지만, 여하튼 제가 제일 좋았던 부분은 '옹벤저스'라고 불리던 아주머니들 캐릭터였어요. 그분들이 바로 시민 사회 그 자체인데, 평범한 시민들이 올바른 방향으로 일종의 집단 지성을 발휘하는 대목이 나오거든요. 저를 그 아주머니들처럼 생각해서 출연하라고 했나 보다 생각하며 공감했습니다.

이다혜   선생님께서는 본인이 옹벤저스 중의 한 명이라고 말씀하시지만, 드라마에서 경찰들도 목 놓아 애타게 찾는 전문가 아니겠습니까. 실제로 대사 중에 이수정 선생님 실명이 등장하기도 했고요. 먼저 드라마 전반에 대해서 여쭤 보면, 박사님은 이런 종류의 영화나 드라마를 보실 때 보통 어떤 부분을 주의 깊게 보시나요? 그러니까 범인이 누굴까, 캐릭터가 말이 되나, 현실 가능성이 있을 법한 이야기인가, 여러 가지 생각이 들 것 같습니다.

이수정　제가 심리학자이다 보니까 캐릭터에 대해서는 눈여겨보는 편입니다. 이 드라마의 연쇄 살인범 캐릭터는 아들이 범인이고 그 배후에 아버지의 영향력이 존재하는 일종의 부자 살인범이잖아요. 상당히 타당성이 높습니다. 외국의 경우에도 그런 공범들이 종종 있고, 아버지의 취약성이 자식에게 세대 간 전이가 된다는 통계 결과들이 워낙 많다 보니 그런 환경에서 그런 아들이 자랄 수 있겠다고 수긍이 되는 캐릭터였습니다.

정신적인 취약성이 범행으로 연결되는 부분들은 소위 묻지 마 범죄나 피해 의식에 사로잡힌 사람들의 돌발 행위로 충분히 해석될 여지가 있고, 일종의 환청 비슷한 증상을 경험하는 것은 비교적 단순화하긴 했으나 이성적인 제어력을 잃는 순간을 표현하고자 노력했구나 싶어 상당히 흥미롭게 봤습니다.

제가 사실 오늘은 칭찬을 하려고 마음먹고 왔어요. 이 드라마의 주제는 연쇄 살인이 아닙니다. 똑같은 범죄를 다루어도 그 범죄의 본질을 어떤 식으로 바라보는지가 중요한데,「동백꽃 필 무렵」은 일반 범죄 영화와는 180도 다른 작품으로 보여서 그 부분을 높이 평가하고 싶습니다.

더구나 드라마를 보면 범죄자나 사이코패스만 있는 게 아니고 다양한 사람들, 범인에 의해 목숨을 잃은 사람들도 있고, 그 가족들도 있고, 범죄자의 이웃도 있고, 지역 사회가 존재하잖아요. 그렇게 총체적으로 다루려 노력한 것을 보면서 작가의 세계관이 넓고 깊이 있다는 생각을 했어요. 제가 시댁이 충청도라서 충청도 사투리가 인상적이기도 했고요.

이다혜   악몽이 되살아나는 느낌이셨나요? (웃음)

이수정   아니요, 저는 '시' 자 들어가는 분들 그다지 악몽으로 생각 안 합니다. 시금치도 잘 먹고요. (웃음) 어쨌든 충청도 사투리가 이렇게 친근하게 들린 건 처음이었어요. 아무래도 그간 약간의 경계심을 갖고 대하다 보니까…….

이다혜   시금치 잘 드신다면서요.

이수정   잘 먹기는 하는데, 본질적인 경계심은 사라지지 않기 때문에……. (웃음) 이렇게 충청도 사투리가 정겨울 수 있다는 걸 느낀 것도 개인적으로 참 인상적이었습니다.

시민 사회가 만들어 낸 기적

이다혜   범인을 잡는 과정을 너무 드라마틱하게 강조하지도 않고, 범인의 이야기를 장황하게 신화적으로 부풀리지도 않고, 사건 이후에도 사람들이 계속 살아가고 있고, 죽은 사람들을 산 사람들이 잊지 않고 있다는 것을 느낄 수 있어서 좋았습니다.

이수정 맞습니다. 향미도 참 좋은 캐릭터라고 생각했던 것이, 많은 경우 그런 직종에 종사하는 여성은 편견의 대상이잖아요. 그럼에도 불구하고 향미의 스토리가 갖는 당위성이 드라마의 퀄리티를 높였다는 생각이 들었습니다. 향미의 죽음을 대하는 동백이 캐릭터를 신파로 그리지 않은 것도 좋았고 결국은 동백이가 범인을 잡잖아요. 그 부분이 저는 굉장히 인상적이었습니다. 또한 작가가 피해는 회복할 수 있다는 것을 정말 강조하고 싶었던 것 같다고 느꼈습니다.

그리고 낭만적인 관계에 있는 남자가 여자를 지켜 주는 게 아니라 자기는 자기가 지키고, 그다음에 법은 법의 일을 하는 걸 보여 줍니다. 동백이는 동백이가 지킬 거라는 대사는 정말 훌륭했습니다.

이다혜 「동백꽃 필 무렵」은 첫 번째 장면부터 범인을 잡는 과정으로 곧바로 진입하는데, 잘 모르는 제 눈에는 증거를 찾고, 단서를 수집하고, 목격자 증언을 조합하는 과정이 굉장히 사실적으로 느껴졌습니다. 선생님 보시기엔 어떠셨나요?

이수정 귀납적 프로파일링의 전형적인 사례로 보입니다. 전문가의 눈으로 피해자 프로파일링을 해 보면 일관성이 전혀 없고, 강간도 일어나지 않았고, 어떤 특이한 다른 이유가 있을 것이다 이렇게 볼 수밖에 없는 사건입니다.

용식이를 포함한 지구대의 형사 네 분은 동네 아주머니들이 가져온 고추를 양지 바른 곳에 펼쳐 말려 주는 동네 경찰이고 전문 프로파일러는 아닙니다. 때문에 그들이 할 수 있는 최선, 예컨대 아는 성

보를 모조리 수집해 이동식 칠판에 붙여 놓고 그 안에 특이한 점이 있는지 계속 살펴보는 식으로 접근합니다.

결국 범인 홍식이의 아버지를 검거하는 실수를 하나, 어쨌든 그 부분부터는 일종의 판타지로 봐야 한다고 생각합니다. 동백이가 희생당할 뻔한 위기의 순간들이 많았으나 향미에 대한 의리를 지켜 나가는 식으로 기적이 일어나죠. 마지막 두 편은 기적이 주제였던 것 같아요. 현실에서도 그런 귀결을 볼 수 있기를 많은 사람들이 기대하며 살잖아요.

이다혜   그렇죠. 선생님께서 눈물을 흘리신 대목이 어디인지 모르겠지만, 저도 드라마를 보다가 울었습니다. 동백이가 어머니 병원에서 이런 이야기를 합니다. '자기는 더 이상 기적 같은 것을 믿지 않는다, 뭘 해도 자기는 한 번도 잘된 적이 없다, 남들한테는 가는 행운이 자기한테는 언제나 비껴간다.'라고요.

그렇게 동백이의 좌절이 이어질 것처럼 보이지만 결국은 말씀하신 것처럼 기적이 일어나잖아요. 남이 가져다주는 게 아니라 자기가 스스로 만들어 내고, 자기가 속한 사회에서 함께 만들어 낼 수도 있는 것이어서 인상적이었습니다.

이수정   현실 안에서 기적이라는 것이 어떻게 이루어질 수 있는지를 보여 주어 감동적이었습니다. 물론 현실에서도 실제로 그런 기적이 일어나곤 합니다. 예컨대 구급차가 지나갈 때 2차선의 중앙이 갑자기 홍해처럼 갈라지는 일은 우리 주변에서도 일어나는 기적이거든요. 누구나 만들어 낼 수 있는 기적이죠.

실은 한국이 그렇게 된 지 얼마 안 됐어요. 시민 사회가 깨어나기 시작하면서 동시에 사람들의 선의로 만들어지는 기적이 일어나기 시작했다는 점에서 대한민국의 미래가 어둡지만은 않다, 높으신 분들만 정신 차리면 한국은 얼마든지 잘 굴러갈 것 같다는 생각을 했습니다.

이다혜 　궁금한 게 있습니다. 수사와 관련된 드라마들을 보면 열에 아홉은 수사실 칠판에다 피해자의 사진이나 현장 사진을 붙이고 사건 순서랑 관계도 등을 화살표로 그려서 표시해 놓잖아요. 실제로도 그렇게 하나요?

이수정 　많이들 하죠. 경찰청이나 지방청이 아니라 지역 사회의 경찰서 혹은 지구대에서 보통 그렇게 합니다. 그래야 한눈에 보기 쉽고, 조직 구성원들이 다 같이 보고 함께 고민할 수 있고, 문제가 있는 지점을 금방 발견할 수 있고, 지나가다 다시 보면 빈틈도 잘 보이기 때문에 좋습니다. 좀 고리타분해 보일 수도 있지만 기억의 인출에도 영향을 줄 수 있습니다. 많은 역할이 사이버 공간으로 옮겨 갔지만 직관적인 아날로그 방식이 필요한 순간이 여전히 있습니다.

이다혜 　기계가 발달하는 속도와 별개로 인간이 그만큼 빨리 진화하지는 않으니까요. 예전의 방식이 계속 효과적일 수 있겠다는 생각이 듭니다.

이수정 　최근에 한 방송사에서 AI로 수사관들의 사고 흐름을 대체할 수 있는 시대가 올지도 모른다는 내용의 특강에 코멘트를 요청해 왔는데 제가 거절했어요. 인간의 직관을 AI가 대체하기 굉장히 어려울 거라고 생각해서였습니다.

앞서 말씀하신 수사실 칠판이 없어질 수는 있겠지만, 그 칠판을 들여다보다가 어느 순간 찾아오는 깨달음 같은 직관적 추론은 AI가 대체하기 어려울 듯합니다. 수사 과정은 바둑과 추론 방식이 다릅니다. AI가 기존의 수많은 데이터를 바탕으로 추론할 수 있다 해도 마지막 순간에 단추를 꿰는 것은 인간의 직관인 경우가 많습니다.

우리는 서로 연결되어 있다

이다혜   선생님은 범인인 까불이의 정체를 언제 눈치채셨어요?

이수정   사실은 거의 막바지까지 까불이의 정체를 파악해 내기 어려웠는데, 까불이라는 별칭으로 미루어 보아 범인의 나이가 많지는 않을 거라는 짐작만 했던 것 같아요. 막상 범인의 아버지 쪽으로 모든 정황이 맞춰질 때는 아무래도 이것은 작가의 트릭일 것 같다는 생각을 했지만, 아들이 그간 선량한 모습을 보여 줬기 때문에 그가 범인이라는 짐작은 하지 못했습니다.

이다혜   드라마 중간에 용식이의 입을 빌려 박사님의 도움이 절실하게 필요하다는 내용의 대사가 나옵니다. 그 장면 보셨을 때 놀라지 않으셨나요?

이수정   제가 보통 밤 10시경에 퇴근을 해요. 그래서 그 시간대에 텔레비전을 틀어 놓고 집안을 정리하는데, 드라마에서 갑자기 제 이름이 들려서 그날 아주 까무러치게 놀랐습니다.

그럴 수도 있지, 하고 넘어갔는데, 그 이후에 제작진에서 전화를 주셨어요. 작가분인지 감독님인지 모르겠는데 여성 목소리였고, 저에게 이러저러한 사정으로 이름을 사용했노라고 양해를 구하는 전화였어요. 그래서 그럴 수 있다고 흔쾌히 받아들이고 마무리했는데, 그때 「그것이 알고 싶다」의 영향력이 대단하다는 생각을 했습니다. 드라마를 보면서 작가분이 「그것이 알고 싶다」와 관련이 있지 않을까 하는 생각도 종종 했고요.

이다혜　「동백꽃 필 무렵」 작가님, 이 방송을 들으신다면 비밀 댓글로 당근을 흔들어 주세요. (웃음) 용식이의 요청대로 만약 저 시점에 박사님이 수사에 개입하셨다면 프로파일러이자 범죄심리학자로서 어떤 도움을 줄 수 있었을까요?

이수정　제가 생각할 때 별 도움을 드리지 못했을 것 같습니다. 아무리 용식이가 저를 애타게 찾아도 그 단계에서는 범인을 특정하기 굉장히 어려웠을 것으로 보여요.

이다혜　「동백꽃 필 무렵」이 귀납적 프로파일링을 보여 준다고 말씀하셨는데, 현실 사건이라면 보통 프로파일러는 어느 정도 시점에 투입되나요?

이수정　초동 단계에서 투입되는 경우도 있고, 일선에서 검거까지 다 해 놨는데 앞뒤가 맞지 않는 부분이 있거나 용의자가 자백을 하지 않거나 하는 거의 마지막 단계에서 투입되기도 합니다. 프로파일러들은 대부분 심리학자 출신이기 때문에 면담을 리드하는 데에 좀 더 익숙합니다. 그래서 범인을 설득하고 라포를 형성해 의견서를 쓰기도 하고 수사가 좀 더 완결성 있게 마무리되도록 도움을 줍니다.

이다혜   드라마로 돌아가 이야기를 해 보면, 「동백꽃 필 무렵」은 선생님께서 말씀하신 바대로 연쇄 살인을 다루고 있으면서도 범인이나 범행 수법, 훼손된 시신, 잔혹한 현장을 선정적으로 표현하기보다는 목격자, 수사관, 지역 주민들 등 사건 관련자들에 집중했다는 점이 굉장히 좋았습니다.

사건 관련자들이 겪는 정신적 고통과 물질적 고통, 그리고 크고 작은 갈등들을 구체적으로 이해할 수 있게 하는 점도 인상적이었습니다. 사건 트라우마나 피해자와 목격자에게 가해지는 낙인, 기자나 수사관들이 드나들며 파괴되는 일상 같은 것들이 정신적 고통에 해당한다면, 사건 발생 지역의 집값이나 땅값 하락, 지역 이미지 추락, 상권 불안 같은 것은 물질적 고통에 포함되겠습니다.

예를 들면 언론은 이런 사건이 발생하면 처음에는 사건의 잔혹성, 선정성을 강조하다가 나중에는 지역 주민들의 이기주의가 발동해서 어떻다는 식의 흐름을 강조하여 보도하기 때문에 전반적인 맥락을 파악하기가 어려운데요, 이 드라마를 보면서 왜 그런 흐름이 생겨나는지를 이해할 수 있었습니다.

이수정   그게 결국 이 드라마가 하고 싶었던 이야기 같아요. 시민 사회가 어떻게 공동으로 위기를 대응할 수 있는지 보여 주는 것이죠. 홍식이는 마지막에 동백이를 죽이려고 하지만 결국 포기합니다. 동백이의 휴대 전화가 계속해서 울려 대기 때문이죠. '밥 먹으러 갈게,

기다려.' 뭐 이런 식으로 옹벤저스가 지켜 줍니다. 동백이가 혼자가 아니라는 걸 인지시키는 그 장면이 많은 것을 시사하는데요. 그게 결국 지역 사회가 해야 하는 일이고, 위험으로부터 구성원을 지킬 수 있는 한 가지 방법이 될 수 있다는 생각에 보면서 굉장히 눈물을 많이 흘렸습니다. 지역 사회가 벌떼같이 일어나서 함께 문제를 해결하기 위한 노력을 하는 것이 얼마나 중요한지 상징적으로 보여 주는 장면이었습니다.

조두순이 출소해 안산 지역으로 돌아가는 것이 확정되면서 해당 지역 사회 거주자들이 굉장히 불안감을 호소하고 있습니다. 아이들을 둔 부모님들 중엔 이사를 생각하는 분들도 있는데, 이 드라마가 보여 주는 교훈이 충분히 좋은 선례가 될 수 있다는 생각을 해 봅니다.

「동백꽃 필 무렵」에는 쪽수의 법칙이라는 것이 나와요. 제가 얼마 전에 강연 요청을 받고 구로구청에서 운영하는 학부형 시민 교육을 하러 간 적이 있는데, 그때도 쪽수의 법칙에 대한 생각을 했습니다. 강연을 들으러 오신 분들은 구로구에 사는 학부형들이었는데, 지역 사회의 안전을 도모하기 위해 자구적 네트워크를 형성하는 노력을 하고 계셨고, 구로구청에서 예산 지원을 하고 있더라고요.

강연 시간에는 요즘 아이들의 여러 가지 온라인 활동이 얼마나 위험할 수 있는지 이런저런 사례들을 들어 설명해 드렸는데, 요즘은 그냥 공기관만 믿고 있으면 되는 시대가 아니잖아요. 지역 사회 전체가 나서서 우리 아이들을 보호하려는 노력이 필요한 시대입니다. 이런 시대에 지역 사회 구성원들의 자구적 노력의 중요성을 보여 주기 때문에 이 드라마가 좋은 영향을 미치고 있다고 생각합니다.

이다혜   동백이의 휴대폰에 계속 문자가 오는 장면은 저도 소름 끼칠 정도로 감동적이었습니다. 서로 연결되어 있는 것이 얼마나 중요한지 잘 보여 준 장면이었죠. 흥식이로 하여금 어떻게 해도 빠져나갈 수 없겠다는 생각을 하게 만들어 범행을 포기하게 만든 거잖아요. 같은 맥락에서 이영학 사건은 '믿을 수 있는 지역 사회'라는 우리의 신뢰를 무너뜨리는 사건이었기 때문에 더 무섭게 느껴졌던 것 같기도 합니다. 학교 친구의 아버지라면 당연히 신뢰할 수 있는 대상이어야 하는데 그 모든 믿음이 무너진 사건이었으니까요.

이수정   게다가 이영학은 굉장히 선량한 보호자인 것처럼 연기를 했습니다. 부모가 나선다고 해도 해결할 수 있는 일보다 해결할 수 없는 일이 훨씬 더 많고, 아무리 조심해도 틀림없이 취약 지점이 있어요. 그러나 탄탄한 거주민 네트워크가 있는 지역과 불특정 다수의 사람들이 들락날락하며 잠시 머물다 떠나는 이동성 높은 지역의 위험도는 분명히 다릅니다. 예를 들어 오원춘 사건은 슬럼화되어 1년 이상 사는 사람이 거의 없던 수원역 앞 구도심 재개발 예정 지역에서 일어난 사건이었습니다.

그렇기 때문에 지자체에서도 지역 사회의 네트워크를 탄탄하게 구축하려는 노력을 해야 합니다. 지자체가 주민들한테 세금 걷고 필요한 문서 떼 주는 정도로 역할을 끝내면 안 됩니다. 아동 학대도 지역 사회 책임으로 넘어갑니다. 그러면 지역 사회에서 아동 학대를 어떻게 퇴출시킬 건지 고민해야 하는데, 아동 학대가 있는 집인지 아닌지는 사실 윗집도 알고 아랫집도 알아요. 그런 안전을 도모할 수 있는 네트워크 구축이 중요하고, 그러려면 쉽게 신고할 수 있는 시스템이 마련되어야 하고, 그러다 보면 어떤 부분에 취약점이 있는지 쉽게 알 수 있게 되는 거죠.

홍식이네 집은 굉장히 위험했어요. 홍식이네 아버지도 정신적으로 취약한 문제가 있던 사람이고, 그의 아들도 역시 제대로 된 사회적 활동을 한 것으로 보이지 않죠. 지역 사회 네트워크가 탄탄하면 그러한 취약 가정을 미리 파악할 가능성이 굉장히 높습니다.

지역 정신보건센터의 중요성

이다혜   말씀하신 것처럼 까불이의 정체는 철물점 홍식이로 밝혀졌는데요. 주어진 정보들을 가지고 프로파일링을 한다면 홍식이는 어떤 사람인가요?

이수정   홍식이의 아버지는 정신병력이 있는 것으로 나옵니다. 아동기에 부모와 정상적인 소통을 거치지 못한 채 거의 방임되었던 것으로 보이고, 아버지를 원망하는 장면을 보면 학대를 당했을 가능성도 배제할 수 없습니다. 홍식이는 어린 시절부터 동물 학대를 해 온 것으로 보이는데, 만약 정상적인 부모라면 자식이 온 동네 고양이들을 데려와서 잔혹하게 죽일 경우 당장 병원에 데리고 가겠죠. 그러나 홍식이의 아버지는 그러지 않았습니다. 그런 종류의 전문적인 도움을 받지 못한 채로 인격이 형성되면 정상적인 범위 내에서 사고하지 못하게 됩니다.

게다가 아버지의 정신병력 때문인지 홍식이는 피해 의식을 느낄 때마다 이명 현상을 경험하는 정신적 취약성을 가지고 있습니다. 조현병처럼 피해망상을 동반하는 증상으로 이명이 있을 수 있습니다.

물론 범행을 할 때만 이명이 있다면 그건 거짓말일 가능성이 굉장히 높죠. 평소에도 환청이나 이명을 자주 경험했을 겁니다.

당연히 진료를 받으러 가야 하는데 홍식이는 병원에 갈 생각조차 안 합니다. 정신과적인 징후가 있는데도 가족에 의해 제대로 인도되지 못해서 치료를 받지 못하는 시민 사회 구성원들이 실제로 존재합니다. 이럴 때 가족이 아니라도 치료로 인도하는 시스템이 존재한다면 선진국일 것이고, 그런 기회 없이 모두가 외면하고 방치한다면 후진국이겠죠.

사실 지역 사회인 옹산에도 정신보건센터가 있어야 합니다. 까불이 사건이 일어났을 때 옹산의 정신보건센터에서 홍식이의 존재를 알고 있었다면 전개가 달라졌을지도 모릅니다. 지역 사회의 공적인 서비스도 구축되어 있고 동시에 시민 의식, 집단 지성도 발동한다면 어느 집에 어떤 취약성이 있는지 좀 더 쉽게 파악해 전문적인 치료로 인도할 수 있는 길이 열리겠죠.

이다혜 　공공정신보건센터가 굉장히 중요하겠네요. 만약 내 아이가 홍식이처럼 어릴 때 동물 학대를 한다면 부모들이 어떻게 해야 하나, 너무 이른 나이에 아이에게 낙인을 찍는 것은 아닌가, 고민하는 분들도 있는 것 같더라고요. 그래서 쉬쉬하고 미루다가 어느 순간 문제가 너무 커지기도 하고요. 전문가의 상담을 받아야 하는 기준이 있을까요?

이수정 　홍식이는 틱 장애, 이명, 피해망상이 있는 걸로 추정됩니다. 성격장애가 있고, 고양이에게 잔혹 행위를 하고, 친구를 사귀지 못하고, 사회적으로 소외된다면 당연히 치료가 필요하고, 부분적으로 약물 복용이 필요할 것으로 추정됩니다. 약을 먹으면 이명이나 틱 장애 같은 물리적인 증상은 현저히 완화될 거고, 사회성 문제는 어릴 때부터 놀이 치료 등의 전문적인 치료를 받으면 어느 정도 개선됩니다.

만약 경제적으로 부담이 된다면 요즘은 아동에게 장애적인 증상이 있을 때 지역 사회에서 제공하는 바우처 사업을 알아보아도 좋습니다. 이를 통해 놀이 치료나 언어 치료 등을 굉장히 저렴하게, 또는 무료로 받을 수 있는 길이 있습니다. 아마도 홍식이가 고양이를 심하게 학대했을 때부터 아버지의 손을 잡고 그런 서비스를 받았다면 연쇄 살인범이 되지 않을 수도 있었을 거라고 봅니다.

이다혜　살인과 그 전에 저지른 네 건의 방화 사건은 연관성이 있다고 볼 수 있나요?

이수정　청소년 비행이 그런 식으로 많이 일어납니다. 동물 학대에서 시작해 청소년기 방화로 이어지고, 흉기를 들고 다니기 시작하면서 그게 상해나 대인 피해로 이어져 결국은 성인 범죄자가 될 수도 있습니다.

사실 홍식이라는 캐릭터는 연쇄 살인범 유영철과도 프로필이 약간 유사하고 일맥상통하는 지점들이 있습니다. 그렇기 때문에 작가가 실재했던 사건들을 아주 치밀하게 조사해서 어렸을 때부터 있었을 법한 행동 징후들 위주로 홍식이 캐릭터 구성을 한 것 같다는 생각이 듭니다. 작가가 심리학 전공자 같기도 하고, 아무튼 범상한 분은 아니라는 생각이 들어요.

이다혜 마지막 회에서 홍식이 부자가 나누는 대화가 참 인상적입니다. 아버지가 "네가 어려서 처음 고양이를 죽였던 그때로 돌아가면 달라질 수 있을까?"라고 물어보자 홍식이가 이렇게 대답합니다. "아빠도 잘 모르겠구나. 내가 이렇게 자란 건지, 아니면 이렇게 태어난 건지."

이수정 이 대사를 들으면서 심리학자들이 매번 고민하는 문제, 즉 '천성과 교육' 문제를 떠올렸습니다. '천성과 교육'이 아예 한 챕터를 차지하는 발달심리학 교재가 많습니다. 그러다 보니 직업병이 도져서 이 작가가 심리학 전공자이지 않을까 하고 작가를 자꾸 프로파일링하게 되더라구요.

이다혜 그런데 천성 문제이든, 교육 문제이든 사실 부모 입장에서는 둘 다 부모 탓이라는 이야기잖아요.

이수정 아니죠. 유전이라면 부모 역시 윗세대에게 물려받은 것이니까 부모의 잘못은 아니죠.

이다혜 내가 물려준 거라는 책임감을 갖게 되는 건 어쩔 수 없을 것 같습니다.

이수정 그렇게까지 모든 것에 책임감을 과하게 느끼면 인생을 제대로 살 수가 없지 않을까요. 자식의 모든 잘못이 내 책임처럼 느껴지는 부모라면 병원 상담을 받아 보는 것이 좋습니다.
그러나 후천적인 학습 부분은 일부 영향을 줄 수 있어요. 홍식이처럼 취약성을 갖고 태어났는데 후천적으로 편부 슬하에서 제대로 된 애착을 형성하지 못한 채 자라면 학교에서도 왕따였을 확률이 높고, 사람들의 괴롭힘을 내내 받았을 가능성이 높습니다. 무시와 냉대 때문에 어린 시절부터 비행을 여러 번 저질렀으나, 동네에서 쟤는 좀 불쌍한 애라는 취급을 받으면서 이래저래 봐주는 바람에 전과가 생기지 않았을 수도 있어요. 그렇게 누적된 문제가 결국은 어느 시점에 폭발하는 상황이 되는 거죠.

가해자 징벌 판타지가 갖는 미덕

이다혜　아들의 범죄를 묵인하고, 도와주고, 허위 자백까지 한 홍식이 아버지는 어떻게 되는지 궁금합니다. 가족이 연쇄 살인범인 걸 알면서도 신고하지 않을 경우에 어떤 죄목이 적용되는지 궁금하다는 청취자 질문도 있고요.

이수정　이 아버지는 단순히 신고를 하지 않은 게 아니고, 시신을 은닉하는 데 적극적인 역할을 했기 때문에 공범이 된 것입니다. 그렇기 때문에 당연히 처벌을 받겠지만, 그저 짐작만 하면서, 뭔가 의심이 된다 하면서도 신고를 안 했다는 이유로 처벌받지는 않습니다.

이다혜　동네에 어떤 사건이 일어났는데 아들이 새벽에 집에 들어와서 옷을 버렸다든가…….

이수정　그런 근거 없는 의심은 아무 의미가 없고요. 버릴 수도 있죠. (웃음) 아무튼 범죄 사실을 명확히 알게 됐다면 신고를 하는 것이 자식을 위해서도 도움이 됩니다. 화성 연쇄 살인 사건을 보더라도 모든 진실은 언젠가는 밝혀질 수밖에 없어요. 그러니 자식이 더 많은 범죄를 저지르지 않을 수 있게 빨리 신고해서 처벌을 받게 하는 것이 자식을 위하는 길이라는 말입니다.

이다혜   보통 연쇄 살인범들이 범행을 중단하게 되는 이유는 죽거나 다치거나 감옥에 갇혔을 것이라는 유추를 하는데, 까불이는 셋 다 해당되지 않음에도 살인을 중단합니다. 까불이는 항상 아버지 신발을 신고 나가서 범행을 저지르는데 여차하면 아버지에게 죄를 덮어씌우려는 것으로도 보입니다. 그런데 아버지가 공사장에서 일하다가 사고로 다리에 장애를 입자 범행을 중단하는 대신에 길고양이를 잡아 죽입니다. 이런 식의 전환이 있을 법한 일인가요?

이수정   중간에 연쇄 살인이 중단되는 경우들이 가끔 있죠. 이춘재도 결혼을 하면서 중간에 3년 정도 살인을 중단했습니다. 거주지를 이전하거나, 자신의 욕구를 대체할 수 있는 대상이 생기면 잠시 다른 양식으로 대체가 되는 것일 뿐 결국에는 계속 발현됩니다.

이다혜   까불이가 동백이를 죽이려는 이유는 "저한테 왜 항상 서비스를 주셨어요?"라는 대사로 설명됩니다. 네가 뭔데 날 얕잡아 보고 동정하느냐는 식인데, 저는 이게 5년 동안 별러 온 살해 동기라는 사실이 놀라웠어요. 그런데 실제로 이런 식의 이유를 대는 사람들이 많단 말이에요.

이수정　'날 무시했다.'가 살인의 이유라는 것이 일반인들로서는 도저히 상상하기 어렵죠. 그런데 묻지 마 범죄자들 중에 이렇게 이야기하는 사람들이 생각보다 많아요. 이 부분을 봐도 작가가 상당 부분 뭔가를 알고 있다는 생각이 드네요.

이다혜　여러분은 지금 「작가가 누군지 알고 싶다」 특별편을 듣고 계십니다. (웃음) 까불이로부터 동백이를 지켜 낸 것은 크게 세 가지입니다. 첫 번째는 앞서도 저희가 이야기했듯이 동백이 자신입니다. 살인범의 표적이 된 걸 알고 난 뒤에도 숨거나 도망치지 않고 그냥 일상을 계속해 나가고, 가게를 열고, 쉬지 않고 일을 합니다. 쉽지는 않겠지만 끔찍한 상황에 놓였을 때에도 삶을 지키겠다는 의지가 정말 중요하구나 하는 생각을 하게 됩니다.

이수정　일종의 판타지죠. 피해자가 결국엔 가해자 징벌에 성공한다는 판타지. 그런데 전 그것이 이 드라마의 미덕이라고 생각합니다. 이런 비슷한 경험을 하신 피해자나 피해자 가족들에게는 어떤 면에서 위안이 되는 드라마였을 거라고 생각합니다. 일반적으로 피해를 당하면 세상과 등지는 경우가 많지만 동백이는 그러지 않았습니다. 사회적으로 그다지 잘난 것 없는 동백이도 이렇게 제 힘으로 일어나 결국은 향미의 복수를 대행해 준다, 사실은 그 부분이 가장 기적이고 일종의 판타지인 것이지요.

이다혜　그래서 두 가지 생각이 동시에 들었습니다. 첫 번째, 동백이라는 인물은 너무 훌륭하다, 그렇기 때문에 동백이처럼 살도록 노력할 수는 있겠지만 그것을 강요할 수는 없다는 것입니다. 피해를 입은 후 도망가고 싶거나 구설로부터 숨고 싶은 마음은 너무 당연해 보이고, 그렇게 한다고 해서 잘못된 것도 아니라는 거죠. 그런데 동백이는 이렇게 숨지 않고 당당히 살아가는 것으로 어떻게 보면 복수할 수 있는 기회를 잡았기 때문에 굉장히 기적 같은 일인 것이고요.

두 번째는 그 이웃들도 훌륭하다는 것입니다. 문제의 게장 골목 어벤저스들은 자경단을 만들어서 동백이를 보호합니다. 서로가 서로의 보호자가 되어 줄수록 확실히 범죄로부터 안전해진다는 실감을 하게 되는 대목이었습니다.

아이가 자라는 데는 한 마을이 필요하다

이수정　지금 꼽은 점들은 모두의 희망 사항이지만 실현되기는 무척 어려운 게 사실입니다. 현실 세계에서 이런 생태계를 구축하려면 일단 구성원들이 최소 몇 년 이상 한 동네에 살아야 하고, 집집마다 어떤 사람들이 사는지 알아야 하고, 서로가 신뢰할 수 있는 대상이라는 것을 믿어야 하는데, 그 모두를 충족시키기란 굉장히 어렵습니다.

이다혜　공동체의 구성원으로 인정을 받는 것이 첫 번째 난관인데, 이 드라마가 재미있는 것이, 동백이가 동네에 처음 자리를 잡기 시작할 때 게장 골목 사람들이 동백이에게 호의적이지 않잖아요. 어떤 편견들을 가지고 있기도 하고요.

공동체의 구성원이 되려면 항상 문제가 되는 것이, 시시콜콜한 질문에 답을 해야 한다는 점일 겁니다. 솔직히 이야기하면 저는 그 단계가 너무 피곤해요. 저는 지금 혼자 살고 있는데, 하루는 너무 밥하기 귀찮아서 집 앞 곰탕집에 가 1인분만 포장해 달라고 했어요. 그랬더니 주인이 "남편 주게?" 이렇게 물어보더라고요. 제가 사러 갔는데 왜 남편을 줘요. 그래서 "제가 먹을 건데요." 하고 답했더니 남편 주려는 줄 알았다고 하더라고요. 저는 그 순간에도 혼자 산다고 말하는 것이 나을지 아닐지를 생각했고요.

사실 전 동백이가 옹산에 가서 초반에 겪는 상황들을 보다가 너무 스트레스가 심해서 안 봤어요. 그러다가 다시 보기 시작했지만요.

이수정 　생각해 보면 저도 그 지점 때문에 초반에 잠시 안 본 것 같습니다.

이다혜 　그래서 이 드라마가 무척 사실적이라는 생각도 들었습니다. 옹산 사람들이 다 천사라서 처음부터 으쌰으쌰 도와준 것이 절대 아니고, 낯선 동백이, 아이 하나 데리고 와 술집을 차리는 동백이를 초반에 적대시하는 과정이 현실적으로 그려지니까요.

이수정 　차별과 편견이 어떻게 구성되는지, 그리고 그걸 극복하는 과정이 어떻게 진행되는지를 굉장히 심도 있게 다루었다는 차원에서 이 드라마는 심리학적으로도 꽤 완성도가 높다고 보입니다.

이다혜 　유발 하라리의 『사피엔스』라는 책을 보면 소문이 공동체의 빅 데이터 역할을 한다고 주장합니다. 어떤 문제가 발생한 경우에 그걸 응징할 순 없지만 소문을 통해 문제가 있는 사람에 대해서 이야기를 퍼뜨리면서 위험을 피해 갈 수 있다는 거죠.

앞서 말씀하신 것처럼 조두순 같은 범죄자가 특정 지역으로 돌아가 살게 되었을 경우 그걸 법적으로 막을 수는 없다 해도, 그 동네에 사는 사람들이 경각심을 갖고 누구를 조심해야 하는지에 대해서 이야기할 수는 있다는 것입니다. 그런 점이 소문의 긍정적인 역할이라면, 사실 「동백꽃 필 무렵」 초반에 나왔던 추측, 선입견, 헛소문 같은 것에 시달리는 사람들한테는 소문이 부정적인 존재일 수밖에 없겠죠. 어떤 것이든지 좋은 면만 있지는 않으니까요.

이수정　동백이가 내레이션으로 아무 연고 없이 여기 와서 살게 됐지만 옹벤저스를 포함한 동네 사람들이 내 토양이 됐다, 그래서 뿌리를 깊게 내려 옹산의 구성원이 됐다, 라고 말하는데 그 대목이 무척 감동적이었습니다.

사람은 다 낯선 세계에 태어나는 거잖아요. 그러나 결국은 공동체가 나의 뿌리가 될 수 있다는 것, 뿌리가 깊어야 나무가 잘 자라듯, 개인이 공동체에 뿌리 내림으로써 좀 더 건강하게 성장할 수 있다는 사실을 보여 주는 내레이션이었다고 생각합니다.

동백이가 친엄마에게 신장을 떼어 주고 병원에 입원해 있을 때 동네 아주머니가 필구 밥을 챙겨 줍니다. 고두심 씨가 맡은 곽덕순 캐릭터가 꼬마 필구랑 뚝방길을 걸어가면서 "여덟 살짜리가 해야 하는 일은 밥 잘 먹는 것밖에 없다."라고, 밥만 잘 먹으면 된다고 말하는 장면은 정말 감동적입니다. 그게 사실은 아이를 보호하는 공동체의 마음인 거죠. 꼭 엄마만 양육을 해야 하는 것은 아니잖아요. 아이가 자라는 데는 한 마을이 필요하다는 말이 있듯이, 꼬마 필구는 공동체의 사랑 속에서 잘 자라납니다.

이다혜　그런데 여자들만 공동 양육에 동참하는 듯 보일 때가 적지 않아요. 아빠들은 다 어디 갔을까요?

이수정　왜요, 황용식도 필구랑 아이스크림 같이 나눠 먹다 숟가락 부러지잖아요.

이다혜　이 드라마에서 황용식 캐릭터가 가장 현실에서 찾기 어려운 캐릭터이긴 하죠. 일단 얼굴이 강하늘 씨고. (웃음) 저는 온 마을이 함께 아이를 키워야 한다는 말이 맞다고 생각합니다. 미성년인 사회 구성원을 어떻게 대하느냐가 그 사회의 많은 것을 말해 준다고 보고요. 어쨌든 아이가 세상에 나오기 위해서는 두 성별이 필요한데, 아이를 기르는 문제에 여성들만 적극적이고, 남성들은 정작 역할이 적지 않나 싶고요.

이수정　통장에 늘 500만 원씩 잔고를 채워 주는 야구 선수도 드라마에 나오기는 하죠.

이다혜　마지막으로, 용식이로 대변되는 공권력이 끈기 있게 사건을 해결하고자 하는 의지를 보인다는 점도 이 드라마가 가지고 있는 선한 에너지라고 생각했거든요.

이수정　그건 정말 저의 희망 사항입니다. 공권력이 정의롭다고 우리가 신뢰할 수 있으면, 그리고 무능하지 않다고 믿을 수 있으면 정말 좋겠습니다.

이다혜 　까불이에게 날린 일침도 굉장히 속 시원했습니다. 마지막에 까불이가 일부러 면회를 신청해서 용식이에게 까불이는 어디에나 있고, 누구나 될 수 있고, 계속 나올 거라고, 자기가 무엇이라도 되는 것처럼 말합니다. 이런 장르에선 세상에 어둠이 있고, 어둠을 들여다보면 너도 어둠이 되고, 하는 식의 말이 자주 나오는데, 「동백꽃 필 무렵」에선 용식이가 이런 겉멋을 단칼에 잘라 버립니다.

"네가 막판에 무슨 여운 같은 걸 남기고 싶은 모양인데, 너희들이 많은 것 같냐, 우리가 많을 것 같냐. 나쁜 놈들은 백 중에 하나 나오는 쭉정이시만 착한 놈들은 끝도 없이 백엽이 돼. 우리는 떼샷이여." 이렇게 말하죠. 시시한 악당의 말에 괜한 의미를 부여하지 않은 것도 좋았고, 세상은 다 썩었고 구제 불능이라고 말하는 대신 시민들의 선의를 믿는 작가의 세계관도 굉장히 좋다는 생각을 했습니다.

이수정 　「동백꽃 필 무렵」의 미덕이 바로 할리우드식 영웅 중심 드라마가 아니라는 점입니다. 어떤 면에선 '선량한 떼'라는 게 이 드라마의 주제라고도 보여요. 그런 차원에서 상당히 선한 영향력을 행사했고, 그랬기 때문에 우리 프로그램에서도 이렇게 언급하고 있는 것 아닐까요.

이다혜 　백 중에 하나 나오는 쭉정이는 끝도 없이 백엽되는 착한 놈들 손에 결국 뽑힌다는 것, 잊지 말아야겠습니다. 그리고 「동백꽃 필 무렵」 작가님 혹시 이 방송을 들으신다면 심리학을 전공했거나 특별히 공부하신 적이 있는지, 「그것이 알고 싶다」의 작가를 잠깐 하신 적이 있는지, 그것만 비밀 댓글로 알려 주시면 저희의 호기심이 해결될 것 같습니다. (웃음)

작가 후기

그들이 우리에게 남기고 싶었던
이야기는 무엇이었을까?

다시금 만나 이렇게 또 다른 결실을 내어놓을 수 있을 줄은 꿈에도 몰랐다. 각자의 길을 가던 중 어떤 인연인지, 우연히 만나 꽤 긴 기간 동안 한 주에도 몇 시간씩 생각을 나누고 말을 섞고 이제는 글까지 공유하니 아마도 전생에 우리는 그저 남남만은 아니었던 것 같다.

마음 속 깊이 혼자 느끼고 숨겨 두었던 이야기들을 올올이 꺼내 엮어 나가다 보니 이런 결실까지 낳게 되어 그저 감동이다. 꼰대 같은 늙은이와 함께 해준 젊은 동료들에게 감사한다. 영화라는 매개물을 빌미로 여러 가지 잊힌 사건들을 돌이켜 보는 일이 내겐 특별한 경험이었다. 이제는 이 세상 사람이 아닌 그들이 우리에게 남기고 싶었던 이야기는 무엇이었을까? 종종 생각해 본다. 그 생각을 옮겨 놓은 것이 바로 이 「이수정 이다혜의 범죄 영화 프로파일」이다.

첫 시즌의 반응은 가히 놀라운 것이었는데, 두 번째 시즌 역시 많은 분들이 청취해 주셨다니 신기한 일이다. 넋두리 같은 이야기를 풀어놓을 수 있게 매회 정성스럽게 영화 이야기를 준비해 준 작가 분들께 감사드린다. 특유의 맛깔스러운 비평으로 나의 十태의언한 실명에

알록달록 수를 놓아 주신 이다혜 기자님께도 큰 고마움을 드린다.

또 공감하면서 들어주신 모든 분들께 감사함과 존경을 드린다. 여러분들의 공감을 절대 저버리지 않도록 앞으로도 어느 구석에선가 지금처럼 계속 성실한 시간들을 보낼 것을 약속드린다.

정말 그동안 고마웠습니다.

— 이수정

낮은 목소리,
떨리는 목소리에 귀를 기울이다

탁틴내일에서 주관하는 '2021년 아동·청소년 대상 성범죄 신고 의무 및 성 범죄자 취업 제한 대상 기관 교육'을 받았다. 청소년을 대상으로 하는 강연 등 진행을 하는 사람들이 의무적으로 받아야 하는 교육이다. 나는 영상자료원에서 1년 넘게 청소년 대상의 영화계 직업 탐구 프로그램 라이브 프로그램을 진행하던 터라, 줌 라이브로 2시간 동안 교육을 받았다. 이 프로그램에는 청소년이 이용하는 미디어와 성에 대한 내용이 포함되어 있었는데, 「이수정 이다혜의 범죄 영화 프로파일」을 진행하면서 이수정 박사님께 들은 내용도 포함되어 있었다. 이런 수업을 들을 때의 교훈은 늘 비슷하다. 내가 청소년이던 시절의 경험으로 미루어 짐작하지 말 것. 2020년대를 사는 10대가 놓인 환경은 많은 것들이 변화한 결과이고, 때로 나는 아무것도 모르는 사람에 가깝다. 잘못된 성 지식을 설명하는 유튜버, 성인용품 리뷰나 성매매 업체 이용 후기, 카카오톡을 이용한 영상이나 사진 보내기, 불법 촬영 영상 유출 및 전달, 그리고 기프티콘을 얻기 위해 건네는 개인 정보가 모두 나의 10대 때는 없던 것들이다. 이런 배움의 기회는 잘 짜인 교육 프로그램만큼이나 「이수정 이다혜의 범죄 영화 프로파일」에서 얻어 왔다. 이 팀의 일원으로 보낸 시간 동안,

내가 잘 모르던, 혹은 알고자 하지 않았던 세계에 대해 배웠다.

　바라기로는, 이 책이 앞으로 쭉 이어질 수 있도록 「이수정 이다혜의 범죄 영화 프로파일」이 계속되었으면 한다. 그도 그럴 것이 시즌 1 때 프로그램에서 강조한 의제강간연령 상한, 시즌 2 때 강조한 스토킹방지법이 모두 입법되었기 때문이다. 이 프로그램이 아니어도 이수정 박사님의 활동에 꾸준히 관심을 가져 주시기를 바란다. 시즌 2 마지막회에 김진숙 민주노총 부산지역본부 지도 위원님이 출연하셨을 때 언급하신, 중대재해기업처벌법 개정안과 비정규직보호법 개정안 역시 조만간 볼 수 있게 되기를 바란다.
　「이수정 이다혜의 범죄 영화 프로파일」을 단행본으로 묶기 위해 정리한 원고를 읽으며, 또 새로 배우는 것들을 발견한다. 눈에 훤히 드러난 곳에 숨어 있는 온갖 범죄들, 보호받아야 할 가족들로부터 상처받는 사람들의 이야기가 이 책에 있다. 영화나 드라마가 극화하는 과정에서 누락한 사람들의 목소리 역시 책을 읽으시는 분들께 전달되었으면 한다. 낮은 목소리, 떨리는 목소리에 귀를 기울이는 사람들이 늘어나야 세상도 그만큼 바뀔 가능성이 생긴다고 믿는다. 특히 기업 범죄에 대한 이야기는, 수돗물부터 생활용품까지, 그리고 개개인의 생업과 관련해 가장 범죄 같지 않아 보이는 영역에 대한 논의다. 앞으로 이 문제에 대해서는 더 많은 이야기가 나왔으면 한다.

　하나의 프로그램을 만든다 해도 「이수정 이다혜의 범죄 영화 프로파일」 팀의 네 사람은 저마다 생각이 다른 부분이 있다. 큰 틀에서의 문제의식이 일치하는 사람들이 모여서 각자의 의견을 개진하고, 다른 의견에 귀를 기울이며 찬성 혹은 반대의 의견을 피력하는 일이

매 녹음마다 있었다. 같은 사안에 대해 궁금한 것도 조금씩 달랐다. 주로 이수정 박사님의 말을 경청하는 입장이었지만, 잘생긴 남자 배우에 대한 박사님의 편향적 호의에 대해서만큼은 질타하는 바이다. (농담입니다.) 마이크에 다 담기지는 않았지만, 녹음 때마다 짧은 시간이나마 서로의 안부를 확인하고, 좋고 궂은 소식을 나누고, 실제 사건에 대한 의견을 공유하던 시간이 있었다. 아마도 속 편하게 웃으며 대화하는 시간은 그 짧은 10여 분뿐이었지 싶다. 그만큼, 영화 이야기라고는 해도 실제 범죄와 엮어서 이야기하는 자리의 무게를 가볍게 희석하지 않으려고 노력했는데, 이런 마음이 많은 분들께도 닿았으면 한다.

여전히, 범죄에 대한 뉴스만큼이나 범죄에 대한 서사도 자극적으로 표현되기 일쑤다. 그래야 주목을 끌 수 있기 때문이다. 피해자를 노출시키지 않고도 범죄의 참혹함을 이야기하고, 나아가 앞으로 바꾸어야 할 제도와 인식에 대해 머리를 맞댈 수 있는 시간을 청취자 여러분과 공유할 수 있었다는 점에서 큰 감사를 드린다. 오랜 시간 동안 나 같은 사람들의 무지와 무관심 속에서 꾸준히 피해자들을 위한 온갖 활동을 해 오신 이수정 선생님, 피해자 입장에서 생각하는 범죄 관련 프로그램을 뚝심 있게 기획해서 시즌 2까지 성실하게 끌어 주신 최세희, 조영주 작가님께 존경과 사랑의 마음을 보낸다. 시즌 2 마지막회에 출연해 주신 김진숙 지도 위원님의 건강을 빈다.

— 이다혜

연대하면 좋은 일을 할 수 있고
변화를 꿈꿀 수 있음을

1.

2020년 여름, 내가 구성 작가로 일하고 있는 방송국 로비에서 박사님을 뵈었다. 「네이버 오디오클립: 이수정 이다혜의 범죄 영화 프로파일」 시즌 1을 마치고 첫 책이 나온 지 얼마 되지 않은 때였다. 로비에서 만난 박사님은, 행복해 보였다. 내가 박사님을 뵌 날을 통틀어 그날, 가장 순수하게 행복해 보였다. 의제강간연령을 만 13세에서 16세로 상향하는 개정안이 통과된 직후였다. 박사님은 "이렇게 빨리 개정안이 통과되어서 너무 기분 좋다."면서 "범죄 영화 프로파일이 큰 역할을 했다."고 단언하셨다.

와!
설마?

2.

시즌 2 마지막 회를 기획하면서, 조영주 작가가 말했다. 시즌 3을 기약힐 수 없으니 '진짜' 마지막 회라 생각하고 더 의미 있게 마무리하자고. 그렇게 정한 영화가 「나는 나를 해고하지 않는다」였고, 영주'는 특

별히 제안했다. "김진숙 민주노총 지도 위원을 게스트로 모십시다!"

과연!
과연?

그리고 한 달 만에, 마지막 녹음을 위해 모인 스튜디오에서 김진숙 지도 위원님을 뵈었다. 동지라는 호명도 송구했지만 「이수정 이다혜의 범죄 영화 프로파일」을 처음부터 한 회도 빠짐없이 다 챙겨 들었다고 말씀하신 순간은 나만이 아니라 모두의 가슴에 영광스러운 인장으로 찍혔을 것이다.

「이수정 이다혜의 범죄 영화 프로파일」의 마지막 회를 빛나는 코다로 만들어 주신 김진숙 지도 위원님께 다시 한번 감사드린다.

여전히 시즌 3을 기약할 수 없는 상황에서, 이 두 가지 기억을, 기념품으로 간직하려 한다. 이 두 사건이 가능했던 건, 이수정 박사님, 이다혜 기자님, 조영주 작가님과 더불어, 뜨겁게 연대한 청취자 분들 덕분이다. 번번이 그 사실을 잊고 쉽게 회의했던 스스로를 반성한다. 아울러 이렇게 말할 수 있어서, 아니 단언할 수 있어서 기쁘다. 방송 작가라는 일이 밥벌이 이상은 아닌 것으로 작정하고 살았던 나는 연대하면 좋은 일을 할 수 있고 변화를 꿈꿀 수 있음을 처음으로 믿게 되었다. 시즌 3만이 아니라, 그 이상의 지속가능성을 모색하는 이유도 그래서다.

— 최세희

너그럽고 흔쾌한 마음들이
하나둘 모여 만든 신비한 여정

"참 신기한 일이야."

시즌 2 막바지에 이수정 선생님이 자주 하신 말씀이다. 처음에는 흘려들었는데 두 번 세 번 반복되자 궁금했다. 뭐가 그리 신기하실까. "모르는 사람들끼리 여기까지 왔다는 게 아무리 생각해도 신기하잖아." 선생님의 대답이었다.

2019년 봄, 모르는 사람들과 팟캐스트를 시작할 때 나 역시 이렇게 멀리 올 줄은 몰랐다. 초창기 이수정 선생님의 우려처럼 누가 이 어둡고 무거운 이야기에 귀를 기울이겠나 싶었다. 하지만 예상은 일찌감치 어긋났고 뜻밖에 길어진 여정에서 나도 여러 신비를 경험했으니, 우선 모르는 사람을 신뢰하는 게 가능하다는 사실을 알게 됐다. 계산 없이 지지하는 관계가 존재한다는 것, 사적 친분 없이 공적 관계를 유지할 수 있다는 것, 그렇게 뜬금없이 만나도 반가울 수 있다는 것, 하나의 목적과 문제의식이 수많은 이들과의 연대를 자아낼 수 있다는 것도.

이 경험이 너무나 경이로워서 시즌 2를 이어 가기가 겁이 났다. 모든 게 착각이었을까 봐, 작은 성취에 도취돼 매너리즘에 빠질까 봐

두려웠다. 작가로서 이런 두려움에서 벗어날 길은 좋은 대본을 쓰는 것뿐이라 스며드는 공포를 떨치기 위해 최선을 다했다. 하지만 아무리 공들여 쓴들 대본은 어디까지나 가이드라인일 뿐 의미 있는 통찰은 언제나 글씨 너머에서 흘러나왔다. 이수정, 이다혜 두 분 진행자는 우리의 여정을 여기까지 이끌어 온 한쪽 노다.

2021년 초 네이버로부터 시즌 2를 끝으로 계약을 종료하겠다는 통보를 받았다. 어쩌면 마지막이 될지도 모르는 방송인데 초특급 게스트와 함께 화려하게 마무리 짓고 싶었다. 김진숙 민주노총 지도 위원을 시즌 2 마지막 방송에 모신 이유다. 섭외 전화를 했을 당시 김진숙 지도 위원은 막 수술을 마치고 병실에서 의식을 회복하던 중이었다. 왠지 죄송스럽던 내 심정과 달리 김 지도 위원께서는 활기찬 목소리로 대번에 출연을 허락하셨다. 그리고 한 달 뒤 "오늘밤부터 짚신 삼아 팔조령 넘고 추풍령을 굽이굽이 넘겠다."라는 약속대로 부산에서 서울까지 머나먼 길을 달려와 아름답고, 놀랍고, 비통한 이야기를 들려 주셨다.

김진숙 지도 위원의 너그럽고 흔쾌한 마음에 감사드린다. 이 모든 너그럽고 흔쾌한 마음들이 우리의 여정을 여기까지 이끌어 온 다른 쪽 노다.

— 조영주

**이수정 이다혜의
범죄 영화 프로파일 2**

1판 1쇄 찍음 2021년 10월 25일
1판 1쇄 펴냄 2021년 11월 10일

지은이   이수정, 이다혜, 최세희, 조영주, 김진숙
발행인   박근섭, 박상준
펴낸곳   (주)민음사

출판등록   1966. 5. 19. 제16-490호
주소   서울특별시 강남구 도산대로1길 62(신사동)
         강남출판문화센터 5층 (우편번호 06027)
대표전화   02-515-2000 ㅣ 팩시밀리 02-515-2007
홈페이지   www.minumsa.com

한국어 판 © 이수정, 이다혜, 최세희, 조영주, 김진숙 2021. Printed in Seoul, Korea

ISBN 978-89-374-4234-6 (03330)